Ulrich Baer, Brigitte Schorn, Marietheres Waschk

Spiele und Aktionen im Ganztag

Grundlagen – Erfahrungen – Spielvorschläge

mit Illustrationen von Katharina Becker

Klett | Kallmeyer

Bibliografische Information der Deutschen Nationalbibliothek
Die Deutsche Nationalbibliothek verzeichnet diese Publikation in der Deutschen Nationalbibliografie; detaillierte bibliografische Daten sind im Internet über http://dnb.d-nb.de abrufbar.

Impressum

Ulrich Baer, Brigitte Schorn, Marietheres Waschk
Spiele und Aktionen im Ganztag
Grundlagen – Erfahrungen – Spielvorschläge
mit Illustrationen von Katharina Becker

2. Auflage

Cover: © iStockphoto.com/Wavebreakmedia
Illustrationen: Katharina Becker
Morgenmuffelradio, S. 31: Radio AG Grundschule Heiligenhaus

Redaktion: Sebastian Thede, München
Realisation: André Klemm
Beltz Grafische Betriebe GmbH, Bad Langensalza
Printed in Germany

ISBN: 978-3-7727-1152-7

Ulrich Baer, Brigitte Schorn, Marietheres Waschk

Spiele und Aktionen im Ganztag

Grundlagen – Erfahrungen – Spielvorschläge

mit Illustrationen von Katharina Becker

Klett | Kallmeyer

Gefühle
Du !!

Liebe Leserinnen und liebe Leser,

das Buch, das Sie jetzt in den Händen halten, ist eines der derzeit noch wenigen Praxishandbücher, in dem die Methoden speziell für die Bildung im Ganztag ausgewählt wurden.
Wir haben Spiele, kreative Aktionen, Projektideen und best-practice-Berichte erarbeitet und recherchiert, die die besonderen Bedingungen der Ganztagsbildung berücksichtigen.
Wir wissen: Die offene Ganztagsschule ist im Idealfall mehr als eine lediglich verlängerte Halbtagsschule. Diese Schulform vereint Bildung, Betreuung und Erziehung – durch Träger aus dem Bereich der Jugendhilfe und in gelingenden Bildungspartnerschaften mit Kooperationspartnern aus der kulturellen Bildung, Sportvereinen oder Musikschulen. Die non-formale Bildung findet dort als Anbieter und Gestalter eines kreativen Nachmittagsangebots ihren wichtigen Platz.
Wir hoffen, dass bei diesem anspruchsvollen Vorhaben mehrere Ziele zu einer großen Bildungsreform zusammengeführt werden: Die Unterstützung der Selbstständigkeit und der Eigenverantwortung der Kinder, ihre individuelle Förderung und der Versuch, der Chancengerechtigkeit ein Stück näher zu kommen. Die individuelle Förderung funktioniert dort besonders gut, wo eine Verbindung von offenen Angeboten und Unterricht gelingt, wo vielfältige Bildungserlebnisse aus dem Ganztag auch im Unterricht thematisiert und vertieft werden und wenn der Ganztag mit thematischen Spielen und kreativen Aktionen zur Allgemeinbildung der Kinder beiträgt.
In Spielen und in kreativen Aktionen machen Kinder Erfahrungen im Umgang mit Personen, Sachen, Räumen, Zeiten, Prozessen und Ideen. Sie können ihr Verhalten erproben und dessen Wirkung dabei erkennen lernen. Aus dieser Erkenntnis werden Schlüsse für das eigene Handeln gezogen, Orientierung gefunden und Einstellungen entwickelt. Die Spielprojekte, die wir hier für Sie erarbeitet, ausgesucht und beschrieben haben, orientieren sich an der Lebenswirklichkeit der Kinder und verschaffen ihnen neue, ganzheitliche Bildungserlebnisse.
In einer Spieleerfinderklausur haben wir zehn exemplarische Spielprogramme entwickelt, die Themen aufgreifen, die die Kinder bei der Entwicklung der wichtigsten Fähigkeit des Menschen unterstützen – nämlich bei der Fähigkeit, ein gelingendes gutes Leben zu führen. Natürlich kann es nicht bei diesen zehn Themenbereichen bleiben, aber sie sind ein Anfang und sie können im Unterricht ergänzt, vertieft und ausdifferenziert werden.
Wir schlagen Ihnen in jedem Themenbereich zehn Spiele und Aktionen vor, die zusammen ein mehrwöchiges Programm für den Ganztag bilden, aber auch einzeln oder ganz neu kombiniert durchgeführt werden können. Zu jeder Methode haben wir Varianten und Erweiterungen beschrieben, die je nach Gruppensituation und -zusammensetzung Sinn ergeben. Wir können hier nur die Ideen liefern, ihre flexible und differenzierte Umsetzung müssen wir Ihnen überlassen. Wir wünschen Ihnen dafür ein kooperatives Kollegenteam und allen dann einen großen, nachhaltigen Erfolg.

Ohne großartige Unterstützung wäre auch dieses Buch nicht zustande gekommen: In der Klausur hat uns unser Kollege Günter Kistner aus Bad Kreuznach geholfen, wofür wir uns hier herzlich bedanken. Und für die erläuternden Zeichnungen zu den Spielvorschlägen konnten wir dankenswerterweise Katharina Becker gewinnen, die auch die drei Bände *Kooperative Abenteuerspiele* von Rüdiger Gilsdorf und Günter Kistner illustrierte.

Ulrich Baer, Brigitte Schorn,
Marietheres Waschk

1

Grundlagen zum Spiel in der Ganztagsschule

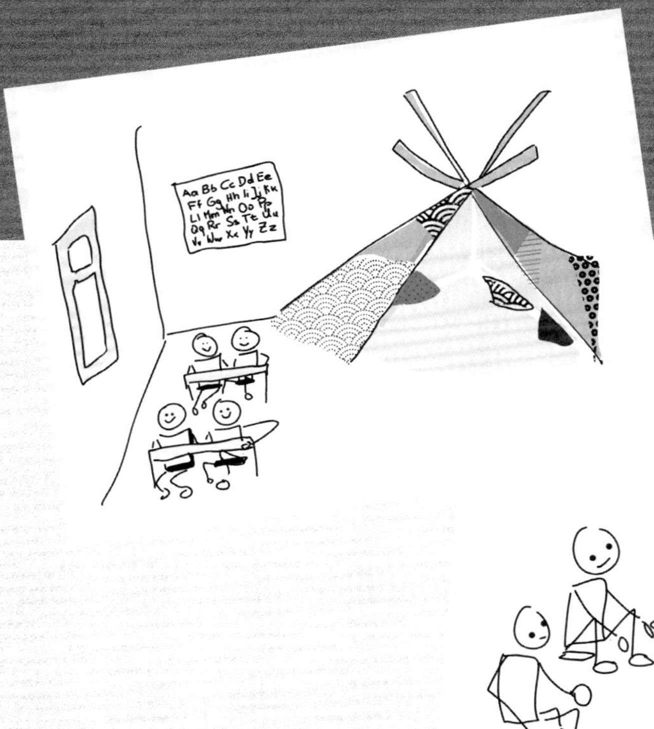

Ein Buch für die Ganztagsbildung

Im Titel dieses Buches kommt eine Abkürzung vor – nämlich das Wort „Ganztag". Darunter wird in der pädagogischen Alltagssprache zunächst einmal die Über-Mittag-Betreuung und die offenen oder verpflichtenden Nachmittagsangebote in den Grund- und Sekundarschulen verstanden. Wir meinen damit jedoch mehr. „Ganztag" ist für uns der organisatorische Rahmen für eine umfassende „Ganztagsbildung", und zwar so, wie er in dem Handbuch *Grundbegriffe Ganztagsbildung* (Coelen, Otto 2008) ausführlich dargelegt wird.

In der Ganztagsbildung geht es um viel

(A) Es geht zunächst um die inhaltliche und organisatorische Kooperation von Schule, Jugendeinrichtungen und Kulturinstitutionen auf lokaler Ebene, also im Stadtviertel oder Ortsteil. Die Mitarbeiter und Verwaltungen aller örtlichen Bildungseinrichtungen sollen in sogenannten Bildungslandschaften zusammenarbeiten – schließlich haben sie eine gemeinsame Adressatengruppe, die von den einen „SchülerInnen" und von den anderen „Kinder und Jugendliche" oder „junge Besuchergruppe" genannt wird, obwohl es natürlich dieselben jungen Menschen sind.
Diese kommunalen Kooperationen werden aktuell vom finanziell gut ausgestatteten, langfristig angelegten Programm des Bundesbildungsministeriums „Kultur macht stark – Bündnisse für Bildung" bundesweit gefördert. Der Qualitätsverbund für dieses bundesweite Programm hat eine Methodenkartei online zur Verfügung gestellt, die auch für die Ganztagsbildung verwendbare Projektvorschläge enthält (siehe Literaturhinweise).

> **Tipp**
>
> Alle Einzelheiten zum Konzept und zur praktischen Umsetzung von Bildungslandschaften finden Sie in den Veröffentlichungen der Deutschen Kinder- und Jugendstiftung, z. B. im Buch *Wie geht's zur Bildungslandschaft?*.

(B) Mit der Ganztagsbildung geht ein weitgreifender sozialpolitischer Anspruch auf die Verwirklichung einer umfassenden Bildungsgerechtigkeit einher. Damit ist der große Inklusionsanspruch gemeint: „Wir lassen kein Kind zurück!" Durch das Zusammenwirken von Schule, Jugendhilfe- und Kultureinrichtungen soll es allen Kindern und Jugendlichen ermöglicht werden, „die Mehrheitsnormalität von Bildung und Ausbildung in einem gemeinsamen institutionellen Setting zu erreichen" (Otto 2017). Hierin eingeschlossen ist auch die pädagogische Integration von zu uns geflüchteten und immigrierten Kindern und Jugendlichen: Ziel ist, sie „schulisch und in der personalen Entwicklung mit den gleichen Chancen auszustatten, die ihnen ein Leben ermöglichen können, das ihnen Wert erscheint, es zu realisieren" (ebd.).

(C) Mit dieser anspruchsvollen, weitgefassten Bildungsförderung kommen noch weitere individuelle Formen der Aneignung in den Blick: Informelles Lernen geschieht in allen Sozialräumen und Lebenswelten der Kinder und Jugendlichen – in der Familie, in den genutzten Medienwelten und in allen Gesellungsformen junger Menschen, aber auch auf der sogenannten „Hinterbühne" der formalen Bildungseinrichtungen (z. B. in der Pause, beim Treffen von Cliquen). Die Aktivität Spiel ist keineswegs nur als Freizeitaktivität zu verstehen, sondern ist eine institutionsunabhängige Handlungsweise von Kindern, die informell ausgeübt wird. Mit der Einbeziehung dieser Aktivitätsform „Spiel" in die Ganztagsbildung wird ein Teil des alltäglichen informellen Lernens konzeptionell integriert.
Ganztagsbildung will subjektorientiert und chancenausgleichend sein und dazu formales, non-formales und informelles Lernen zusammenwirken lassen (vgl. Scherr 2008). Da-

mit dies gelingt, sind einige Voraussetzungen zu erfüllen: neue Organisationsformen mit kompatiblen Grundeinstellungen und einer systemischen Denkweise bei allen pädagogisch Agierenden. Erforderlich ist häufig eine inhaltliche Koordination zwischen allen Akteuren und beteiligten Einrichtungen. Hilfreich ist eine detaillierte, auf die individuellen Lerner bezogene Diagnostik und Evaluation. Nicht zuletzt wird eine neue didaktisch-methodische Vielfalt benötigt, die inklusive Gruppenzusammensetzungen differenziert berücksichtigt und informelles Lernen anerkennend mit einbezieht.

Spielerische Methoden und kreative Aktionen können zu diesen vielfältigen Lernarrangements und zu dem hierbei erforderlichen Methodenrepertoire beitragen. Die außerschulische Kinder- und Jugendarbeit sowie die außerschulischen Kulturangebote können dazu viele Erfahrungen beisteuern, denn bei ihnen gehören Spiel und Kreativität zu den alltäglichen Arbeitsweisen (vgl. Uhlendorff/Rosenbauer 2008).

Derzeit entwickelt sich die Ganztagsbildung in Deutschland vor allem in den schulischen Ganztagsangeboten und denen der lokalen Bildungsbündnisse. Für diese beiden sich überschneidenden Bildungsräume haben wir in diesem Buch passende Methoden und Projektideen zusammengestellt, um die folgenden bildungspolitischen Grundsätze der aktuellen Bildungsreformbemühungen zu unterstützen:

- Kein Kind zurücklassen (Chancengerechtigkeit)
- Erziehungsunterstützung für alle Kinder aus sozial- und bildungsbenachteiligten Familien (auch für diejenigen Kinder, die von der außerschulischen Jugendhilfe bislang nicht erreicht wurden)
- Förderung der Zusammenarbeit von Einrichtungen formaler und non-formaler Bildung durch Einbeziehung lokaler Kinder- und Jugend- sowie Kultureinrichtungen des Stadtteils

Von kulturpädagogischen Konzepten, die sich vor allem in außerschulischen Kinder-, Jugend- und Kultureinrichtungen verorten, erhält die Ganztagsbildung derzeit viele nützliche Impulse. Wir verweisen hier auf die Beiträge in dem umfassenden kulturpädagogischen *Handbuch Kulturelle Bildung* (siehe Literaturhinweise) und auf die *Zehn Gebote für eine sozial verantwortliche Jugendkulturarbeit* von Ulrich Baer, die Sie im Downloadbereich dieses Buches finden.

Warum Spiele und kreative Aktionen im Ganztag und in den Bildungspartnerschaften?

Was wir im Folgenden für das Spiel beschreiben, trifft für die meisten Merkmale kreativer Aktionen und kultureller Projekte ebenfalls zu – weshalb wir uns in diesem Abschnitt auf die Wesensmerkmale des Spiels konzentrieren.

Jedes Spiel ist eine eigene erfundene Welt, mit bestimmten Regeln, Personen und Handlungen. Dabei ist es egal, ob es sich um ein Brettspiel, ein Rollenspiel, ein Computerspiel oder das Spiel mit Puppen und Bauklötzen handelt. Spiel ist „so tun als ob". Im Spiel wird eine eigene Wirklichkeit in den Gedanken und Handlungen der Spielenden konstruiert. Und: Sich vorstellen, annehmen, sich ausdenken kann man alles bis zu den Grenzen der Fantasie. Das Spiel ist der große Freiraum zum Experimentieren, zum Erproben, zum Ausleben, zum Erholen von den Begrenzungen der alltäglichen Realität. Im Spiel kann man schalten und walten wie man will mit den Symbolen aus der Realität. Diese Freiheit gibt es sonst nur noch in der literarischen und audiovisuellen Fiktion, im Traum und in der Meditation, dort jedoch nicht aktiv beeinflussbar und nicht selbst bestimmbar.

Der Form nach betrachtet, kann man das Spiel also zusammenfassend eine freie Handlung nennen, die als „nicht so gemeint" und außerhalb des gewöhnli-

chen Lebens stehend empfunden wird und trotzdem den Spieler völlig in Beschlag nehmen kann, an die kein materielles Interesse geknüpft ist und mit der kein Nutzen erworben wird, die sich innerhalb einer eigens bestimmten Zeit und eines eigens bestimmten Raums vollzieht, die nach bestimmten Regeln ordnungsgemäß verläuft und Gemeinschaftsverbände ins Leben ruft, die sich ihrerseits gern mit einem Geheimnis umgeben oder durch Verkleidung als anderes als die gewöhnliche Welt herausheben.
Johan Huizinga: Homo ludens, 1956 (Orig. 1938), S. 52.

Wie sieht diese Spielwelt aus? Sie ist meistens angereichert mit Materialien oder Symbolen aus der realen Umwelt: Spielzeugautos und Puppen, Material zum Bauen und Experimentieren. Dabei benutzen Kinder die vorgefertigten Spielzeuge oder verwenden Alltagsgegenstände und Materialien in ihrem Sinne. Sie selbst spielen oft auch in dieser ausgedachten Welt mit – in vielen Fällen kopieren sie dabei Aktivitäten und Rollen von Erwachsenen. Im Spiel bilden Kinder symbolisch und vereinfacht einen Ausschnitt aus dem komplizierten Erwachsenenleben nach. Und deshalb ist Spiel so schwer zu definieren – ebenso schwer wie das Leben selbst.
Worum geht es in diesen Spielwelten? Kinder spielen, um sich das Leben handhabbar zumachen, um die vielen tagtäglichen neuen Eindrücke zu verarbeiten, um sich das Leben durch Wiederholung mit eigenen Mitteln zu eigen zu machen. „Zu eigen machen" heißt: es selbst zu beherrschen und nicht von fremden und unbegriffenen Mächten beherrscht zu werden. Spiel ist für Kinder ein Hilfsmittel auf dem langen Weg in ein selbstständiges Leben, also ein richtiges „Lebens-Mittel". Das Spielen ist damit für Kinder ein wesentlicher Teil des Sozialisationsprozesses.

Im Spiel geht es immer auch um die Bewältigung von (oft selbst gesetzten oder von Erwachsenen abgeschauten) Aufgaben: Es wird Leben nachgespielt, und zwar auf einem mittleren Spannungsniveau. Das heißt: Die Probleme und Aufgaben im Spiel werden gelöst und bewältigt, das Ziel wird erreicht, aber es bleibt das Risiko des Scheiterns – genau das macht jedes Handeln im Spiel so spannend, interessant und lustvoll. Diese Dynamik ist ein weiteres wichtiges Kennzeichen (neben der erwähnten Als-ob-Realität) des Spiels: Erscheinen die zu bewältigenden Aufgaben zu leicht, verliert das Spiel an Spannung und wird als langweilig bezeichnet. An- und Entspannung wechseln durch Herausforderung und Bewältigung, durch eigene Aktivität, durch die Eigendynamik des Spiels und durch die Konfrontation mit der Umwelt (dem Spielmaterial, den Mitspielenden, der Natur).
Schauen wir uns noch weitere Merkmale des Kinderspiels an: Spielen ist in den meisten Fällen eine freiwillige Handlung – vielfach ohne ein vorzeigbares Ergebnis: Nicht ein Produkt ist das Ziel, sondern die Aktivität, der Ablauf selbst verschafft Befriedigung und wird deshalb auch gern oft wiederholt und geübt, solange, bis die Bewältigung der Aufgaben zu leichtfällt und keine spannende Herausforderung mehr darstellt. Das Spiel macht Spaß, es wird von angenehmen Gefühlen begleitet oder ruft sie hervor. Die meisten Spiele beanspruchen den ganzen Menschen, seine kognitiven, psychischen und motorischen Ressourcen – weshalb die Spieltätigkeit auch als ganzheitlicher Prozess betrachtet wird. Beim Zusammenspiel mit anderen kommt es grundlegend auf die sozialen Fähigkeiten zur Kooperation und auf die besondere Fähigkeit zu einer gemeinsamen Fantasie bei allen Mitspielenden an. Im Einzelspiel kann sich jeder ausdenken, was er will, aber beim Zusammenspiel in der Gruppe wird eine hochkomplexe Kommunikations- und Interaktionsfähigkeit benötigt (vgl. Baer/Thole 1985). Die Spieltheoretiker Jürgen Fritz (2004), Ulrich Heimlich (2015) und Rimmert van der Kooij (1983) sind sich in den vorgenannten Eigenschaften des Spielprozesses einig.

Was lernen Kinder in Spielprozessen?

Um zu klären, ob das Spiel – traditionell beheimatet im Freizeitbereich der Kinder außerhalb der Schule – in der Ganztagsbildung eine nützliche Rolle einnehmen kann, müssen wir zunächst diagnostizieren, was im Spiel gelernt wird. Bestimmte Lernbereiche werden wegen der speziellen Eigenschaften von Spielprozessen besonders gut gefördert:

Soziales Verhalten

Viele Spiele geschehen in Gruppen. Das legt nahe, dass soziales Verhalten dadurch besonders viele Erprobungsmöglichkeiten erhält. Unterstützt wird das aber noch durch eine spieltypische Eigenschaft, nämlich die relative Sanktionsarmut von Spielhandlungen. Das heißt: Im Spiel können leicht Verhaltensweisen ausprobiert werden, für die man im richtigen Leben gleich bestraft würde. Tabus können probeweise verletzt werden, Handlungsgrenzen ausgelotet werden, denn ohne Gesichtsverlust können sich die Spieler schnell wieder mit der Bemerkung zurückziehen, es sei ja nur Spiel. Rücksichtnahme, Durchsetzung, bestimmen und bestimmt werden – alle diese Regelungsweisen des Zusammenlebens lernen Kinder im Spiel, beim Spiel, durch das Spiel.

Wahrnehmung und Geschicklichkeit

Bei jedem spielerischen Umgang mit Material beobachten, erforschen, planen, experimentieren Kinder. Ob sie „Ich sehe was, was du nicht siehst" oder mit einem Metallbaukasten spielen – die Wahrnehmung mit allen Sinnen wird trainiert, ausdifferenziert und neu erschlossen. Augenfällig ist ferner, dass alle Bewegungsspiele Fein- und Grobmotorik üben und verbessern.

Ausdrucksfähigkeit

Ob im Rollenspiel, Schattenspiel, Theater oder Pantomime, aber auch im Sing- oder Malspiel: Es wird ständig die Ausdrucksfähigkeit mit Bewegungen, Sprechen, Singen, Malen, Materialgestaltung usw. geübt und verbessert. Während in den entsprechenden Schulfächern oder gar in der Berufsausbildung die Darstell- und Ausdrucksfähigkeiten in den meisten Fällen individuell geübt werden, geschieht es im Kinderspiel in der Gruppe. Die gemeinsame Gestaltung steht hier im Vordergrund. Sich in der Darstellung zu einigen, sich aufeinander zu beziehen, zusammenzuarbeiten etc. stellen entsprechende Abläufe dar. Günstig für das Lernklima und den Lernerfolg wirkt sich beim Spiel auch aus, dass nicht systematisch und nur selten spartengetrennt gelernt wird. Im ganzheitlich beanspruchenden darstellenden Spiel werden Kunstsparten noch nicht künstlich getrennt und das experimentelle und oft aktionistische Tun wird dem systematisch erarbeiteten ästhetischen Produkt vorgezogen.

Tipp

In einem zweijährigen Modellprojekt der Akademie Remscheid mit dem Titel „Ganzheitliche Frühförderung kultureller Intelligenz" wurden vor allem fachübergreifende, spielerische Methoden erarbeitet, erprobt und publiziert, die durch Wahrnehmung und anschließende Gestaltung intensive kulturelle Bildungsprozesse ermöglichen (vgl. Baer 2007).

Tipp

Auf der folgenden Seite haben wir in einer komplexen Grafik den subjektiven, sozialen und pädagogischen Wert des Spiels für Kinder dargestellt. Diese Grafik steht auch ausdruckbar als Downloadmaterial zu diesem Buch zur Verfügung.

Das Gedanken-Labyrinth zum Wert des Spiels und des Spielens

(ULRICH BAER)

Alle Spiele haben während des Spielens eine Wirkung, einen Effekt. Wenn sie oft wiederholt werden, haben sie wahrscheinlich auch eine tiefergehende, nachhaltige Wirkung.

→ Die Wirkung der Spiele ist je nach Spielweise, Spielinhalt und Spielmaterialien unterschiedlich. Zumal unter Berücksichtigung verschiedener Menschen und unterschiedlicher Spielsituationen.

Kann man also gar keine allgemeinen Aussagen über den Wert des Spiels machen?

Doch. Kann man, wenn wir uns dabei bewusst sind, dass wir diese Einschätzung mit unserem kulturellen Hintergrund, unserem Menschenbild und unseren gesellschaftlichen Vorstellungen vornehmen.

→ Die Wirkung des Spiels ist im Vergleich zu anderen Aktivitäten besonders intensiv, weil das Spiel meistens mit Lust und Freude einhergeht.

Was passiert beim Spielen?

- Sich vielfältig bewegen, z.B. bei allen motorischen Spielen
- Probleme lösen, z.B. bei kooperativen Abenteuerspielen oder Interaktionsspielen
- Gemeinsame Entwicklung einer Fantasiesituation („so tun als ob")
- Rollen ausprobieren, z.B. bei allen Formen des darstellenden Spiels
- Aushandeln von Regeln, Sanktionen und Teilnahmebedingungen
- Etwas erraten, sich ausdenken, erfinden, neu kombinieren
- Hoffnung auf ein Erfolgserlebnis, z.B. bei Glücks- und Zufallsspielen
- Taktisches und strategisches Handeln ohne reale negative Folgen, z.B. im Computer- und Brettspiel
- Umgang mit Material ausprobieren, experimentieren, planen, konstruieren, bauen und gestalten
- Manchmal ist Spiel auch einfach nur zielloses Herumspielen mit Material oder zufälligen Gegenständen

Welche Wirkung können Spiele haben?

psychisch

- Individuelles Lustempfinden, Freude und positive individuelle Stimmung
- Entlastung durch gespieltes Ausagieren tabuierter oder unerlaubter Handlungen
- Erfolgserlebnisse im Spiel können reale Frustrationen kompensieren
- Erlebnis von Spannungsauf- und -abbau ohne reale Risiken
- Erlebnis der Selbstwirksamkeit bei Denk-, Bewegungs-, Konstruktions- und Strategiespielen

↓ **Subjektiver, psychischer Wert**
Hoher Erlebnis- und Unterhaltungswert

sozial

- Erlebnis von Geselligkeit mit vielen Kommunikations- und Interaktionsanlässen
- Positive Verstärkung des Gruppengefühls und Schaffung einer angenehmen Atmosphäre
- Möglichkeit zu vorsichtigen, weil spielerischen Kontakten und Beziehungen in der Gruppe
- Ausformung von realem Status und Rollen in der Gruppe
- Möglichkeit zum Leistungsvergleich

↓ **Sozialer Wert**
Wertvolle Wirkung auf das Verhalten in der Gruppe

pädagogisch

- Lernen: Üben, vertiefen, differenzieren und ergänzen von Fähigkeiten und Fertigkeiten
- Entstehung von Offenheit und Bereitschaft für kreative Ideen und Handlungen
- Bestätigung und Veränderung von Einstellungen und Verhaltensdispositionen
- Aktiver statt rezeptiver Zeitvertreib
- Wissenserweiterung

↓ **Pädagogischer Wert**
Wertvoll für das Hineinwachsen ins Erwachsenenleben bzw. für die eigene Sozialisation

Zeitschrift für kreative Gruppenarbeit
gruppe & spiel

gruppe & spiel 4/2016, S. 25

Fantasie und Kreativität

Die vor allem von der Spielwarenindustrie oft strapazierte Behauptung, dass ihre Spiele die Kreativität anregten, muss sehr differenziert betrachtet werden. Ob ein Spiel Fantasie und Kreativität fördert, hängt von Spielablauf, -regel und -inhalt ab. Viele Spielprozesse haben überhaupt nichts mit Kreativität zu tun, sind zufallsgesteuerte Brettspiele, sind die Absolvierung vorgeregelter Geschicklichkeitsleistungen, sind Leistungswettbewerb nach vereinbarten festen Regeln. Es gibt jedoch Spiele, Spielformen und Spielweisen, bei denen kreatives Verhalten nötig ist und also dabei geübt und gelernt werden kann. Das sind vor allem Spiele, bei denen neue Lösungswege gesucht werden müssen.

Neben diesen vorgenannten Lernbereichen transportieren die verschiedensten Spielformen auch Wissen: Informationen über z.B. die gesellschaftliche Wirklichkeit, über naturwissenschaftliche Zusammenhänge und technische Prozesse.

Spiele schaffen Bildungsmöglichkeiten: Eine solche Aussage muss allerdings differenziert werden. Es existieren verschiedene Forschungsergebnisse zur Bildungswirkung einzelner Spiele, Spielarten, Spielformen und Nutzung bestimmter Spielmaterialien (vgl. Retter 1979, van der Kooij 1983, Baer/Thole 1985). Aber bei komplexen Spielhandlungen und den zahllosen Einflussfaktoren stößt die empirische Sozialforschung schnell an ihre Grenzen. Dennoch liefern langfristige Beobachtungen und systematische Erfahrungen von pädagogischen Fachkräften sowie viele spielpädagogische Fallstudien bestandskräftige und vor allem praxisrelevante Aussagen zur möglichen Bildungswirkung von verschiedenen Spielen unter günstigen äußeren Bedingungen. Diese Zuweisung von Bildungswirkungen zu einzelnen Spielen und Spielformen findet man in den letzten Jahren verstärkt in den Spielesammlungen für Spielaktivitäten und -projekte, so auch in den Spielkarteikarten, die jedem Heft der Zeitschrift *gruppe & spiel* (Friedrich-Verlag) beiliegen, oder in der weitverbreiteten Sammlung kooperativer Gruppenspiele *666 Spiele* (Baer 1994/2013).

Spiele verändern das Leben in der Schule

Spiel in der Schule ist nicht selbstverständlich, außer in den Pausen zwischen den Unterrichtsstunden. Die Wesensmerkmale des Spiels stehen mit der traditionellen Organisationsform von Schule und Unterricht im Konflikt. Die Unterschiede zu den formellen Lernformen im Unterricht werden offensichtlich, wenn wir uns noch mal zusammenfassend die Eigenschaften von Spielen und kreativen Aktionen vor Augen führen:

Spiele und kreative Aktionen…

- wirken nicht selektierend, weil die damit vollführten und vollbrachten Leistungen nicht benotet werden und nicht für Bildungsabschlüsse mit negativer Wirkung herangezogen werden,

Tipp

Die positive soziale Wirkung von Spielen im Ganztag kommt besonders eindrucksvoll bei den kooperativen Abenteuerspielen von Gilsdorf und Kistner zur Geltung, deren Spielesammlung inzwischen auf drei Bände angewachsen ist. Sie sind im gleichen Verlag erschienen wie das vorliegende Buch. Bei diesem Spieltypus stellt sich der Spielgruppe eine Aufgabe, die am besten durch eine gemeinsame Lösungsstrategie bewältigt wird (vgl. Gilsdorf/Kistner 2013).

- beanspruchen die Spielenden ganzheitlich, also nicht überwiegend kognitiv – wie sonst die Mehrzahl der schulischen Aktivitäten,
- bilden in ihrer Gesellungsform und den symbolischen Interaktionen eine nicht ernste Wirklichkeit, die Entlastung und alternative Erfahrungen verschafft,
- werden strukturiert durch flexible Regeln für Interaktion und Kommunikation, die zum Teil von den Spielenden im Prozess entwickelt und verändert werden – wobei die Einhaltung der Spielregeln und die Bewertung der Spielleistung von der Spielgruppe selbst kontrolliert und sanktioniert werden kann,
- werden nicht an die Sozialform Schulklasse, sondern an individuelle Spielteilnehmer adressiert, ermöglichen deshalb relativ leicht die Berücksichtigung individueller Mitmachmöglichkeiten, also eine inklusive Beteiligung und Mitbestimmung,
- sind Handlungen, deren Inhalte fach- und disziplinübergreifend sowie kinder- und jugendweltlich orientiert sein können,
- sind Handlungen, die oft intrinsisch motiviert sind und an denen überwiegend freiwillig teilgenommen wird,
- werden von Kindern und Jugendlich als angenehme und unterhaltende Tätigkeit empfunden, weil sie mit relativ viel Bewegung, großen Selbststeuerungsanteilen, hochfrequenter Interaktivität und abwechslungsreicher Erlebnisqualität einhergehen,
- sind Handlungen, bei denen ein Zugewinn an Wissen, Einsichten und Fähigkeiten nicht im Vordergrund steht, sondern sich unsystematisch als Nebeneffekt einstellt,

Tipp

In den Kopfdaten zu jeder Spielbeschreibung in Teil 3 dieses Buches finden Sie einige Stichworte zu den Bildungschancen, die unserer Einschätzung nach mit den Spielen und Aktionen ermöglicht werden. Auf den Vorseiten zu jedem der zehn Spielprogrammkapitel werden weitere Förderbereiche genannt.

- können sehr leicht in Projektformate eingebunden werden und entfalten im Projektzusammenhang ihre Wirkung besser als in taylorisierten Unterrichtsstunden,
- sind ein niederschwelliges Bildungsangebot und damit ein Schlüssel für Kinder aus „bildungsbenachteiligten“ Milieus bzw. für Kinder mit einem weniger kognitiv akzentuierten Lernzugang.

Ein im Spiel entstehendes Produkt oder Ergebnis sowie deren Bewertung hat zwar auf das Selbstwertgefühl und die psychische Stimmung der Spielenden eine erhebliche (jedoch nicht sehr lang andauernde) Wirkung, stellt aber für die Entwicklung der Spielenden im realen Leben keine gravierenden Weichenstellungen oder Störungen dar. Allerdings haben Spielprozesse Auswirkungen auf die soziale Stellung, Rolle und Handlungsspielräume des Einzelnen in formellen und informellen Gruppenstrukturen. Diese Wirkung wird gruppenpädagogisch vor allem durch den Einsatz von Kennenlernspielen, Rollen- und Interaktionsspielen genutzt.

Am Unterricht wird in der Regel nicht freiwillig teilgenommen, Inhalte und Abläufe sind im Vergleich zu Spielprozessen strenger geregelt und von den Schulgesetzen und Verordnungen vorgegeben. Die Gruppenzusammensetzung ist vorgegeben und die Interaktion wird durch die sozialen Rollen „Lehrer“ und „Schüler“ in hohem Maße vorherbestimmt. Im Vordergrund steht für alle die formelle Lernleistung, die unter anderem durch Benchmarking kontrolliert wird, was bedeutet, dass der individuelle Lernfortschritt weniger als die vergleichende Messung in die Bewertung eingeht. Die Motivation zur Leistung erfolgt häufig extrinsisch und die standardisierten Kontrollen sind oft angstbesetzt. Formen und Inhalte des Schulunterrichts haben bekanntlich erhebliche nachhaltige Auswirkungen auf Leistungsvermögen, Motivation, Fähigkeiten, Wertvorstellungen, Interessen und Meinungen der Schülerinnen

und Schüler und auf ihre späteren beruflichen und sozialen Chancen.
Aufgrund dieser Unterschiede zwischen Unterrichts- und Spielsituationen kommt es zu verschiedenen Urteilen über den Sinn und Nutzen von Spielaktivitäten im schulischen Tagesverlauf bei Lehrkräften, Eltern und der Schülerschaft.

Vorbehalte, übertriebene und berechtigte Hoffnungen

Derartigen Spielaktivitäten werden seitens mancher Mitglieder der Schulverwaltung und der Lehrerschaft zuweilen einige Vorbehalte entgegengebracht: Spiele würden schnell eine gewisse Eigendynamik entwickeln und die Schülergruppe sei dann schwieriger „zu bändigen“. Spiel sei oft mit viel Lärm und Unordnung verbunden und beanspruche große Raum- und Flächenkapazitäten. Spiel sei als Unterhaltung und Kompensation zu Unterrichtsaktivitäten okay, meinen einige, bringe jedoch nichts für die Förderung einzelner Schüler oder für die systematische Stoffvermittlung. Selbst thematische Spielaktionen, hören Spielanimateure oft als Einwand, seien im Verhältnis zu ihrer Bildungswirkung viel zu aufwändig in der Vorbereitung, und wenn es sich dann um große oder mehrere Spielgruppen handelt, müsse ja ein Team von spielpädagogisch ausgebildeten Fachkräften die Leitung übernehmen, das jedoch an der Schule oft nicht verfügbar sei. Und: Werden solche Spielaktivitäten in das Bildungskonzept der Schule wirkungsvoll eingebunden, komme man um viele Vorbereitungssitzungen und die Arbeitszeit der Lehrerschaft belastende Planungsgremien nicht herum. Diese durchaus richtigen Einwände werden nicht immer offen ausgesprochen und müssen deshalb umso klüger einkalkuliert werden, wenn mehr Spiel in Ganztagsschulkonzepte integriert werden soll.

Tipp

Eine ausführliche Darstellung der komplexen Relevanz des Spiels in pädagogischen Zusammenhängen finden Sie im *Handbuch Kulturelle Bildung* (vgl. Baer 2012).

Wenn spielpädagogisch ausgebildete Fachkräfte (z. B. aus der mit der Ganztagsschule kooperierenden Jugendeinrichtung) zusammen mit traditionell schulpädagogisch ausgebildeten Lehrern und Lehrerinnen gemeinsam ein Konzept für die Ganztagsbildung an der Schule erarbeiten, entstehen nicht nur Organisations- und Finanzierungsschwierigkeiten. Hier treffen auch verschiedene Auffassungen vom Sinn und Nutzen des Spiels aufeinander: Die einen meinen, Spiel sei nur Spaß, Ablenkung, vielleicht sogar eine Flucht vor dem Ernst des Lebens und es werde dabei nichts „Richtiges“ gelernt, denn „richtiges“ Lernen funktioniere nur mit Befriedigungsaufschub. Dagegen setzen andere ihre Meinung, dass im kooperativen Spiel wertvolle soziale Lernprozesse stattfinden und eine differenzierte Wahrnehmungs- und kreative Ausdrucksfähigkeit gefördert werden. Damit es nicht nur zu einer Duldung von Spielaktivitäten in der Nachmittagsbetreuung kommt, sondern zu einer Kooperation mit dem Vormittagsunterricht oder sogar zu einem rhythmisierten Ganztag, sollten diese verschiedenen Auffassungen diskutiert werden.
Die bildungsreformerische Wirkung eines verstärkten Einsatzes von Spielen und krea-tiven Aktionen darf allerdings auch nicht überschätzt werden. Die systematischen Lernprozesse in den Unterrichtsfächern Kunst, Musik und Sport können dadurch nicht ersetzt werden. Auch der im Unterricht unterdrückte Bewegungsdrang kann nicht allein durch Tanz- und Spielaktionen am Nachmittag kompensiert werden. Insgesamt können auch jugendkulturelle Inhalte der Aktionen und Projekte im Ganztag nicht als Alibi für eine Lebensweltorientierung des schulischen Curri-

Tipp

In Kapitel 2 dieses Buches werden die Bedingungen für das Gelingen einer guten Ganztagsbildung ausführlich dargelegt.

Tipp

Eine Liste mit aktuellen Weiterbildungsmöglichkeiten, Material- und Literaturhinweisen zur Spielpädagogik finden Sie im Downloadbereich.

culums herhalten. Das spielerische Lernen und die kreativen Aktivitäten im Ganztag können nicht die vielfach noch ausstehende Reform des Schulunterrichts ersetzen oder auch nur kompensieren, aber befördern und anregen. Und dann ist es notwendig, Schulleitung und Lehrerschaft davon zu überzeugen, dass es sich beim Spiel von Kindern nicht nur um „Spielerei“ handelt, sondern um eine etwas andere Art des Lernens und um eine wirksame Persönlichkeitsbildung.

Ort für diese Überzeugungsarbeit ist die regionale Fortbildung, in der Spielaktivitäten von den Fortbildungsteilnehmenden selbst geplant und „am eigenen Leib“ erprobt werden.

In diesen Seminaren muss es vor allem darum gehen, die Vorstellungskraft von Pädagogen für die Bildungswirkung der einzelnen Spiele und Spielformen zu erweitern, damit sie dem Spiel in ihrer Schule einen seriösen Stellenwert beimessen können.

Sobald die Sinnhaftigkeit der Spiele für die Ganztagsbildung durch das Mitspielen selbst erfahren wird, fällt es leicht, die organisatorischen Unwägbarkeiten und den zusätzlichen Aufwand von Spielaktionen hinzunehmen – und auch der Elternschaft die Bildungswirkung der Spielaktivitäten zu vermitteln.

So lautet schließlich unsere Bewertung: Wenn im Rahmen der Ganztagsbetreuung oder besser noch im Zuge eines rhythmisierten Ganztags häufiger Spiele und kreative Aktionen stattfinden, kommt es zu einer positiven, weil menschenfreundlichen Veränderung des Schulalltags, ja der gesamten Schulkultur.

Literatur

Baer, Ulrich (1994, erweiterte Auflage 2013): 666 Spiele, für jede Gruppe – für alle Situationen. Seelze: Klett Kallmeyer.

Baer, Ulrich (Hrsg.) (2007): entdecken – gestalten – verstehen. Kreative Bausteine für die kulturelle Bildung in Kita, Hort und Grundschule. Münster: Ökotopia.

Baer, Ulrich (2012): Spiel und Bildung. In: Bockhorst, Hildegard/Reinwand, Vanessa-Isabelle/Zacharias, Wolfgang (Hrsg.): Handbuch Kulturelle Bildung. München: kopaed, S. 680–686.

Baer, Ulrich/Thole, Werner (Hrsg.) (1985): Kooperatives Verhalten im Spiel. Projektergebnisse, Spielaktionen, Brettspiele. Remscheid: Akademie Remscheid.

Bockhorst, Hildegard/Reinwand, Vanessa-Isabelle/Zacharias, Wolfgang (Hrsg.) (2012): Handbuch Kulturelle Bildung. München: kopaed (Zugehörige Onlineplattform: www.kubi-online.de).

Braun, Tom (Hrsg.) (2011): Lebenskunst lernen in der Schule. München: kopaed.

Coelen, Thomas/Otto, Hans-Uwe (Hrsg.) (2008): Grundbegriffe Ganztagsbildung. Das Handbuch. Wiesbaden: VS Verlag für Sozialwissenschaften.

Deutsche Kinder- und Jugendstiftung (Hrsg.) (2012): Wie geht's zur Bildungslandschaft? Seelze: Klett Kallmeyer.

Fritz, Jürgen (2004): Das Spiel verstehen. Weinheim: Juventa.

Gilsdorf, Rüdiger/Kistner, Günter (2013): Kooperative Abenteuerspiele 3. Eine Praxishilfe für Schule, Jugendarbeit und Erwachsenenbildung. Seelze: Klett Kallmeyer.

Heimlich, Ulrich (2015): Einführung in die Spielpädagogik. Bad Heilbrunn: Klinkhardt.

Huizinga, Johan (1956): Homo ludens. Vom Ursprung der Kultur im Spiel. Reinbek: Rowohlt.

Kooij, Rimmert van der (1983): Die psychologischen Theorien des Spiels. In: Kreuzer, Karl Josef (Hrsg.): Handbuch der Spielpädagogik, Band 1–4. Düsseldorf: Schwann, Band 1, S. 297–336.

Otto, Hans-Uwe (2017): Bildung, Jugendhilfe und Schule. In: Hollenstein, Erich/Nieslony, Frank/Speck, Karsten/Olk, Thomas (Hrsg.): Handbuch der Schulsozialarbeit. Band 1. Weinheim, Basel: Beltz Juventa, S. 350.

Qualitätsverbund „Kultur macht stark". In: http://www.qualitaetsverbund-kultur-macht-stark.de/materialpool/ (Abruf 22.2.2017).

Retter, Hein (1979): Spielzeug. Weinheim: Beltz.

Scherr, Albert (2008): Subjekt- und Identitätsbildung. In: Coelen, Thomas/Otto, Hans-Uwe (Hrsg.): Grundbegriffe Ganztagsbildung. Das Handbuch. Wiesbaden: VS Verlag für Sozialwissenschaften.

Uhlendorff, Uwe/Rosenbauer, Nicole (2008): Didaktische Konzepte in der Kinder- und Jugendarbeit. In: Coelen, Thomas/Otto, Hans-Uwe (Hrsg.) (2008): Grundbegriffe Ganztagsbildung. Das Handbuch. Wiesbaden: VS Verlag für Sozialwissenschaften.

2

Didaktik und Best-practice-Beispiele

Vom Mehrwert des Ganztags

Was ist an Spiel und kreativen Aktionen, also allgemein an kultureller Bildung in offenen Ganztagsschulen, zusätzlich möglich, was sonst unter Halbtagsbedingungen nur schwer oder nicht möglich wäre? Wodurch unterscheidet sich das zusätzliche Angebot von dem regulär-curricularen Angebot in den Fächern?

Vieles ausprobieren und Interessen finden

Die große Vielfalt an Angeboten ermöglicht es den Schülerinnen und Schülern, vieles auszuprobieren und erproben zu können. Sie können sich in einzelne Teilgebiete einer kulturellen Sparte einschalten und – wenn sie es toll finden – die Verbindlichkeit eingehen und länger an dem Angebot teilnehmen oder aber sich z. B. nach einer Schnupperphase wieder zurückziehen.

Aktiv sein ohne Zeitdruck

Aktivitäten in der Schule finden meistens unter Zeitdruck statt; oft wird die Erfahrung gemacht, dass die Zeit nicht reicht. Im offenen Ganztag sind die Zeiträume disponibler. Zwar gibt es auch Rahmensetzungen, aber diese sind weniger vorstrukturiert und lassen viel individuelle Flexibilität. Außerdem gibt es zusätzliche unverplante Zeit, die den Zeitbedarfen gerade der kulturellen Vorhaben sehr entgegenkommt.

Eigene Wege gehen können/ Fehlerfreundlichkeit/Stärkenorientierung

Das Mehr an Zeit macht es möglich, dass die Schülerinnen und Schüler auch ihre eigenen Wege gehen können. Gerade in den Angeboten, bei denen es wenige Vorgaben gibt, kann auch in individuellem Tempo vorangeschritten werden, kann experimentiert und „auch mal etwas verworfen und neu angesetzt werden“. Das stärkt die Freude am Entwickeln und Gestalten. Darüber hinaus bedeuten in diesen Prozessen die Aspekte der Stärkenorientierung und Fehlerfreundlichkeit eine Veränderung des Blickwinkels auf die Schülerinnen und Schüler. Nicht zu fragen, was der Betreffende nicht kann, sondern zu sehen, welche Fähigkeiten und Stärken er oder sie in welcher Situation zeigt, wie viel er oder sie wann zu tun oder zu leisten in der Lage ist – das bringt eine neue Lernkultur in die Schule.

Chancen für sonst eher benachteiligte Schülerinnen und Schüler

Schülerinnen und Schülern, denen der Zugang zu den Angeboten kultureller Bildung eher verwehrt bleibt, können im Ganztag z. B. ein Instrument ihrer Wahl erlernen, sie spielen Theater oder nehmen teil an Medien- oder Tanzworkshops. Nicht selten gelingt darüber auch der Zugang zur Jugendkunstschule, zur Musik- oder Tanzschule, ins Museum und ins Theater.

Spontane Bedürfnisse aufgreifen

Viele der außerunterrichtlichen Angebote sind strukturiert und perspektivisch angelegt. Es gibt jedoch gerade im offenen Ganztag Zeitfenster, die unverplant sind und für spontane kulturelle Aktivitäten genutzt werden können.

Arbeiten in kleinen, altersgemischten Gruppen

In einigen Angeboten ist es von Vorteil, dass die Schülerinnen und Schüler aus verschiedenen Schuljahren kommen. Man lernt mit- und voneinander, die Größeren helfen den Kleineren. Für viele Angebote der kulturellen Bildung ist es wichtig, dass die Gruppengröße überschaubar ist. Kleinere Gruppen können konzentrierter arbeiten und ermöglichen den Schülerinnen und Schülern, sich wohlzufühlen und Wertschätzung zu erfahren.
Ein wesentlicher Vorteil der kulturellen Angebote am Nachmittag besteht auch darin, dass die Schülerinnen und Schüler meist freiwillig anwesend sind. Der große Unterschied liegt in der Art der Motivation, und Motivation scheint erforderlich, um kreativ „bei der Stange zu bleiben“.

Kontinuität und Spezialisierung schaffen
Durch das Prinzip der Freiwilligkeit, gepaart mit Interesse, Motivation und Kontinuität, lassen sich Strukturen aufbauen, die eine Entwicklung der Schülerinnen und Schüler in Richtung spartenspezifischer Spezialisierung ermöglichen.

Keine Benotung, aber fachliche Rückmeldungen
Das Arbeiten ohne Noten in den künstlerisch-kreativen Angeboten führt dazu, dass inhaltliche, fachbezogene, aber auch Rückmeldungen bezogen auf individuelle Fortschritte, an Wert gewinnen, denn auf Rückmeldungen wollen die Schülerinnen und Schüler nicht verzichten.

Mehr Freiräume und Offenheit
Die Fachkräfte in den kulturellen Angeboten haben immer auch Ziele vor Augen, aber sie wollen ebenso, dass häufiger losgelöst von fest verankerten Kompetenzerwartungen gearbeitet werden kann, d.h. dass die Schülerinnen und Schüler an den Dingen verweilen können, sich Zeit lassen können, sich nicht gedrängt fühlen müssen. Die Wege zu den Zielen sind nicht unterrichtsähnlich geplant und es gehört zum künstlerischen Prozess dazu, dass der Weg von A nach B nicht von vornherein festgelegt ist.

Ganztag als Anregungsmilieu für erweiterte kulturelle Aktivitäten
Durch die Angebote des offenen Ganztags kann für ein erweitertes kulturelles Arbeiten sensibilisiert werden. Dies geschieht z.B. dadurch, dass die kulturellen Angebote auch zwischendurch schon mit kleinen Aufführungen in der Schulöffentlichkeit Präsenz zeigen und damit bei anderen Schülerinnen und Schülern der Schule Interesse wecken.

Wie Spielen im Ganztag gelingt

Spiel und kreative Aktionen brauchen Zeit, Raum und Partner. Schulen, die den Ganztag der Schülerinnen und Schüler lebendig gestalten wollen, sorgen für die richtigen Rahmenbedingungen. Dazu gehört:

- Spiel ist im Schulprogramm verankert. Dort wird der Stellenwert des Spiels für die individuelle Entwicklung und das soziale Miteinander beschrieben. Damit schafft die Schule einen Rahmen, mit dem sich spielerische Angebote begründen lassen.
- Die Schulleitung und/oder besonders beauftragte Personen sorgen dafür, dass Spiel und kulturelle Bildungsangebote stattfinden können. Im Laufe eines Schuljahres werden entsprechende Angebote und Formate geplant und verbindlich in den Schulalltag integriert.
- Es werden externe Partner fest in das Schulleben eingebunden. Spielpädagogen und Künstler sind wichtige Partner und arbeiten eng mit den schulinternen Lehr- und Ganztagskräften zusammen. Wichtig ist, stabile Arbeitsstrukturen mit den externen Kooperationspartnern zu schaffen.
- Spiel braucht Platz. Es müssen Räume für unterschiedliche Spielformen und Aktionen zur Verfügung stehen. „Wenn wir keine Bühne hätten, keine Aula und keine Turnhalle, hätten viele Projekte nicht stattfinden können.“ Ein entsprechendes Raumangebot und die damit verbundene Raumausstattung sind ein wesentlicher Bestandteil für die Umsetzung spielerischer und kultureller Angebote. Wichtig sind auch „Multitasking-Räume“, die schnell den Anforderungen entsprechend umgestaltet und genutzt werden können.
- Eltern brauchen Transparenz. Sie müssen wissen, welchen Mehrwert das Spielen der Kinder hat und dass es zur Entwicklung und zur Bildung in allen Facetten unbedingt dazugehört.

Tipp

Spielstunde für Eltern

In der Daniel-Schürmann Grundschule in Remscheid spielen die Eltern mit! Alle Eltern, deren Kinder in der Offenen Ganztagsschule angemeldet sind, haben einmal wöchentlich die Gelegenheit, verschiedene Gesellschaftsspiele gemeinsam mit ihren Kindern auszuprobieren und zu spielen.

Bei der Auswahl von Lehrern und Lehrerinnen, bei der Anstellung von Erzieherinnen und anderen Fachkräften des Ganztags wird Wert darauf gelegt, dass sie entsprechende Kenntnisse und Fähigkeiten mitbringen.
Lehrerinnen und Lehrer und Fachkräfte des Ganztags nehmen regelmäßig an Fortbildungen zum Thema „Spielen im Ganztag“ teil.
Wichtig ist auch, die Ergebnisse von Spielprojekten und künstlerischen Aktivitäten in der Öffentlichkeit bekannt zu machen. Pressemitteilungen, Flyer, Plakate etc. machen die Einzigartigkeit der Schule sichtbar.
Spiel, Theater, Tanz, Musik – künstlerisch-kreative Aktionen im Ganztag sind nicht umsonst. Schulen, die größere Projekte umsetzen wollen oder mit außerschulischen Partnern kooperieren, müssen entsprechende Förderprogramme kennenlernen und sie müssen lernen, Antrage für zusätzliche Mittel zu stellen.
Informationen zum Thema Finanzierung finden Sie hier: www.kulturellebildung-nrw.de.

Die Bedeutung externer Kooperationspartner

Ohne die externen Kooperationspartner (Spiel- und Theaterpädagogen, kulturelle Einrichtungen, Künstler/innen) sind zusätzliche kulturelle Angebote im offenen Ganztag kaum denkbar, auch wenn für einzelne Kunstsparten (z.B. Spiel, Theater, Instrumentenlernen, Musical, Zirkus) eigene Kompetenzen in der Schule vorhanden sind. Die folgenden Punkte beschreiben den Gewinn, der dadurch in das kulturelle Angebot des offenen Ganztags gelangt.

Künstler/Kulturschaffende als „Motivationskünstler“
Externe werden von den Schülerinnen und Schülern als neue Ansprechpartner gesehen. Externe wirken z.T. durch ihre besondere Authentizität, mit der sie die Schülerinnen und Schüler in ihren Bann ziehen. Zusammen mit dem Expertenstatus strahlen sie so einen motivationalen Einfluss aus, der die Schülerinnen und Schüler vor allem mutiger werden lässt.

Künstler/Kulturschaffende stehen für eine andersartige Professionalität
Die externen Partner weisen Kompetenzen auf, die im Kollegium nicht vorhanden sind. Aus dieser ganz anderen Grundsituation heraus haben sie – so wird behauptet – meist auch eine völlig andere Perspektive auf die Kinder, auf die Schule und das Lernen. Dies macht sie auf der einen Seite interessant und zeigt aufgrund eines anderen Bildungsverständnisses einen unvoreingenommenen Blick auf die Schülerinnen und Schüler, auf der anderen Seite schaffen sie für die Lehrkräfte Kontrastbilder.

Künstler/Kulturschaffende bringen einen anderen Arbeitsstil in die Schule
Für die Lehrkräfte ist es interessant zu sehen, dass die externen Kräfte z.T. vollkommen anders arbeiten, indem sie die Schülerinnen und Schüler stärker einbinden und selbst stärker aktiv werden. So stellen die Lehrkräfte z.B. fest, dass die externen Kräfte sich häufiger an Interessen der Schülerinnen und Schüler orientieren und deshalb nicht stringent planungsgebunden arbeiten. Zudem versuchen sie, die Schülerinnen und Schüler zu Beginn der Stunde auf das jeweilige Angebot einzustimmen. Es gibt eine Art Aufwärm- oder Sensibilisierungsphase, um die Schülerinnen und

Schüler in den Kontext einzuführen und sie somit überhaupt erst in die Lage zu versetzen, kreativ und gestalterisch aktiv zu werden.

Künstler/Kulturschaffende eröffnen Möglichkeiten für den Anschluss und Aufbau
Durch die externen Künstler werden häufig Basiskompetenzen, z. B. für das Erlernen eines bestimmten Instruments, gelegt. Durch ihre direkte Anbindung an eine Einrichtung können sie den Schülerinnen und Schülern dann Wege für ihre weitere Entwicklung aufzeigen.

5 Thesen zur Kooperation mit Partnern

1. In multiprofessionellen Teams im Ganztag gelingt es, Kinder und Jugendliche ganzheitlich zu unterstützen und zu fördern. Eine Vielfalt erwachsener Vorbilder und pädagogischer Zugänge zeichnet den Schulalltag aus.
2. Kooperation ist keine zusätzliche Aufgabe, sondern selbstverständliches, den Alltag absicherndes Leitbild bei der Gestaltung des Ganztags.
3. Außerschulische Partner sind nicht mehr „Gäste" oder „Dienstleister", sondern mitverantwortlich für gelingendes Lernen am Ort Schule. Sie haben ein klares Bild voneinander. Die Partner wissen, was sie voneinander erwarten können – und wo die jeweilige „Kultur" Handlungsgrenzen mit sich bringt.
4. Notwendige gegenseitige Unterstützungsprozesse werden in strukturell verankerten Kooperationsgremien gemeinsam entwickelt. Schule wird zu einem Lern- und Lebensort, an dem die jeweiligen idealtypischen Handlungsgrundsätze kein Gegensatz mehr sind, sondern vielmehr in einem bunten Angebotsprogramm zur Geltung kommen und eine neue Bildungsqualität ermöglichen.
5. Statt sich aneinander zu reiben, ist für alle beteiligten Partner die Frage handlungsleitend, was Kinder und Jugendliche für ein gelingendes Aufwachsen brauchen. Die „Augenhöhe", Macht(-verlust) usw. spielen für die Zusammenarbeit keine Rolle mehr.

Im Downloadmaterial finden Sie eine Checkliste für Kooperationsverträge.

Den Vor- und Nachmittag verbinden

Auch wenn das außerunterrichtliche Angebot in offenen Ganztagsschulen den Schülerinnen und Schülern vor allem Ergänzendes und Neues bieten soll und die Möglichkeit gibt, neue Interessen und Begabungen zu entfalten, so besteht aber auch der Anspruch, Unterricht und außerunterrichtliches Angebot zu einer pädagogischen Einheit zu verbinden. Dafür gibt es in der Praxis bereits eine Reihe von Ansätzen:

Verzahnung durch Arbeitsteilung zwischen Unterricht und außerunterrichtlichem Angebot
Gute Verzahnungsmöglichkeiten zwischen Unterricht und dem außerunterrichtlichen Angebot ergeben sich vor allem dort, wo sehr viele Schülerinnen und Schüler der Schule oder einer Klasse den offenen Ganztag besuchen. So kann z. B. für ein selbstentwickeltes Theaterstück im Unterricht das Drehbuch geschrieben werden, während am Nachmittag in der Thea-ter-AG in der Regel die Probenarbeiten dazu stattfinden.

Verzahnung über Personen
Einige Schulen versuchen über einen verstärkten Einsatz von Lehrkräften in den außerunterrichtlichen Angeboten eine stärkere Präsenz im Ganztag und einen engeren Kontakt zu den Fachkräften am Nachmittag zu erreichen. Teilweise wird in den Angeboten dann zu zweit gearbeitet. Eine Lehrkraft ist z. B. regelmäßig in der Theater-AG zugegen, unterstützt und begleitet die Theaterpädagogin und kann – dadurch, dass sie ihr ständig „über die Schulter schaut" – zusätzlich Kompetenzen in einem neuen Feld erwerben.

Verzahnung durch Weiterführung eines Angebots im außerunterrichtlichen Bereich
Manche Angebote werden bewusst für die Verzahnung konzipiert. Im Anschluss an den Flötenkurs, der für alle Schülerinnen und Schüler der Schule in den Klassen 1 bis 3 verbindlich ist und dem die Aufgabe zukommt, Basiskompetenzen zu entwickeln, gibt es im außerunterrichtlichen Angebot des offenen Ganztags ein Blockflötenangebot zur Vertiefung. Hier haben Interessierte die Möglichkeit, weitere Aufbau- und Professionalisierungsschritte zu gehen.

Verzahnung bei den Tagesevents
Eine gute Möglichkeit der Zusammenarbeit ergibt sich bei Veranstaltungen, die sich auf die gesamte Schule beziehen (z. B. Tag des Vorlesens). Das Personal des offenen Ganztags ist bei diesen Veranstaltungen einbezogen und stellt sich mit seinem Angebot auf diesen besonderen Tag ein. So kann z. B. am Tag des Buches ein Buch, das am Vormittag gelesen wurde, am Nachmittag weitergeführt werden.

Verzahnung durch Erörterung von Fachbegriffen
Auch dies ist eine Form der Verzahnung: Die Leitung einer AG wendet sich an die Fach- und Klassenlehrer und bittet diese, Fachbegriffe, die in den Angeboten des Nachmittags vorkommen, mit den Schülerinnen und Schülern zu besprechen.

Verzahnung über die Schülerzeitung
Die Schülerzeitung oder das Schülerradio sind Medien, die die gesamte Schule betreffen. Da die Inhalte am Nachmittag erarbeitet werden, können auch regelmäßig Schülerinnen und Schüler aus dem offenen Ganztag mitarbeiten und über ihre Erfahrungen in den außerunterrichtlichen Angeboten berichten.

Verzahnung durch Anregung und Vertiefung
Bei einem Tanzprojekt zu einem bestimmten Thema, das die Schülerinnen und Schüler mit Tanzpädagogen gemeinsam entwickeln, leistet der Fachunterricht Zuarbeit, indem die Schülerinnen und Schüler Bilder- und Kinderbücher zu dem Thema lesen, intensiv darüber sprechen und sich so auch Anregungen für die Entwicklungsarbeit beim Tänzerischen holen.

Verzahnung über kulturbetonte Aktivitäten des Schullebens
Mit ihren Angeboten bietet die kulturelle Bildung ein Reservoir von Aktivitäten, von denen die Schule insgesamt profitieren kann. Durch besondere Aufführungen (z. B. bei Einschulungs-, Abschluss-, Adventsfeiern), Ausstellungen (z. B. Tonarbeiten in den Vitrinen) oder auch durch Kunst am Bau (z. B. durch ein Steinmosaik) tragen die kulturellen Angebote zur Bereicherung des Schullebens bei und stellen so eine Art Klammer dar, mit der die Einheit von Schule und Ganztag demonstriert werden kann.

Bedacht werden sollten auf jeden Fall die notwendigen Grenzen von Verzahnung. So sollen die Schülerinnen und Schüler in den außerunterrichtlichen Angeboten gerade mit neuen und anders gearteten Inhalten und Aktivitäten in Kontakt kommen können, die ihnen sonst im Schulalltag nicht begegnen. Bei einem Zuviel an inhaltlicher Verzahnung besteht die Gefahr, dass die Schülerinnen und Schüler mit Unterricht überfrachtet werden.

Tipp

Literaturhinweis: Arbeitsstelle „Kulturelle Bildung in Schule und Jugendarbeit NRW“ (Hrsg.): Kulturelle Bildung im offenen Ganztag – Strukturen, Arbeitsweisen und Gelingensbedingungen im Primarbereich. Remscheid 2013.
Eine Checkliste für die räumliche Ausstattung einer Schule für kulturelle Bildung finden Sie im Downloadmaterial.

Spiele auswählen und anleiten

Piraten erleben eine Überfahrt, entern eine Insel und bergen einen Schatz. Geheimagenten schleichen in ein Haus, bezwingen das Laserlabyrinth und finden die geheime Superformel. Unterwegs im Weltraum lernt man neue Begrüßungsrituale, muss seinen Raumkreuzer an die Raumstation andocken lassen und rettet den Planeten vor der Zerstörung …
In Spielgeschichten und Spieleketten kann eine Gruppe unterschiedlichste Erfahrungen sammeln und ausloten, Gruppenprozesse werden gezielt in Gang gebracht. Bewegungs- und Kooperationsspiele reihen sich an Spiele zur Wahrnehmungsförderung und zur Förderung der Kreativität. Die Gruppe reflektiert ihr Gefüge und ihre Verhaltensweisen, es wird in einem non-formalen Bildungsprozess mit Spaß und Freude am Prozedere und der Gruppe gelernt. Inhalte aus unterschiedlichen Sparten, Fächern und Themen können in Spieleketten transportiert werden.
Wichtig ist, einen roten Faden in der Spielkette zu haben, der sich durch alle Spiele zieht. Auch eine Rhythmisierung ist wichtig: Auf Anspannung folgt Entspannung, auf viel Aktivität ruhigere Momente. Es gilt bewusst, einen Anfang und ein Ende zu setzen.
Doch es tauchen bei den ersten Ideen zu Spielaktionen Fragen auf:

- Wie vermittele ich als Spielleiter Spielfreude?
- Welches Spiel ist für diese Gruppe jetzt genau richtig?
- Wie präsentiere ich gekonnt eine Spielidee?

Der Spielleiter erfüllt eine bestimmte Rolle: Ein Spiel wird ausgewählt, der Gruppe vorgestellt oder präsentiert, gespielt und beendet. Und im Anschluss gern auch noch reflektiert.
Es gibt nicht *das* ultimative Spielleiterverhalten, das für jeden, der Spiele in der Praxis einsetzen möchte, passt. Wichtig ist, dass ich auch in meiner persönlichen Anleiterrolle authentisch bin und mich selbst wohlfühle. Als extrovertierter und sehr präsenter Typ Mensch, kann ich beispielsweise in laute Rollen schlüpfen, etwa einen Piratenkapitän, der seiner wilden Horde Piraten Aufgaben zum Lösen gibt. Bin ich stattdessen eher ein ruhiger Typ, benötigt diese Spielaktion ein anderes Setting, in dem ich mich als Anleiter wohlfühle. So werden die Piraten dann zu ruhigen Geheimagenten und ich, in der Rolle des Geheimdienstchefs, kann dann ebenso entspannt und überlegt agieren.
Wichtig sind einige Punkte, die Rahmenbedingungen kennzeichnen, die für jeden Spielleiter und zur Vorbereitung von Spielsituation hilfreich sein können.

Meine Spielgruppe
Ich muss wissen, was für eine Gruppe ich vor mir habe. Kennen sich alle? Gibt es Konflikte? Wie alt sind die Teilnehmer? Was machen sie gerne? Können in meinen ausgewählten Spielen alle Teilnehmer entsprechend ihrer Fähigkeiten aktiv sein?

Ziele
Welche Ziele verfolge ich mit meinem Spiel-angebot? Was möchte ich bei der Gruppe erreichen? Auch Auflockerung und einfach ein neues Spiel kennenzulernen, dürfen dabei Ziele sein.

Repertoire
Als Spielleiter sollte ich über ein Repertoire an unterschiedlichen Spielen verfügen. Ruhige und bewegte, kreative und knifflige. Diese Spiele sollte ich im Vorfeld schon mal ausprobiert haben, am besten selbst schon einmal mitgespielt haben, um ihre Wirkung am eigenen Leib schon erlebt zu haben.

Regelsicherheit
Um ein Spiel sicher anleiten zu können, muss ich die Regeln so klar wie möglich transportieren können. Dabei hilft das Prinzip KISS = keep it simple & short. So einfach und kurz wie möglich werden die Inhalte transportiert.

Vorbereitung
Ich muss über Raum, Zeit und Material Bescheid wissen. Welche Möglichkeiten bietet der Raum? Gibt es dort vielleicht auch Verletzungsgefahren, die ich vorher beseitigen oder auf die ich hinweisen muss? Was brauche ich an Material? Wie viel Zeit habe ich zur Verfügung? Ein Spielfluss wird unterbrochen, wenn ich mir erst während der Aktion das Material zusammensuchen muss. Besser ist, es in Griffweite zu haben.

Spiele beenden können
Einige Spiele haben ein Ende aus ihrem Spiel heraus, zum Beispiel die Reise nach Jerusalem. Bei anderen Spielen kann dies jedoch ein schwieriger Punkt sein, wenn die Teilnehmer ein Spiel sehr gern spielen. Aber ein Spiel, das immerzu gespielt wird, kann auch irgendwann sehr langweilig und eintönig werden. Wichtig ist, die Gruppe zu beobachten und kurz nach dem schönsten Moment zu beenden. Bei Spielen, wo Teilnehmer abwechselnd im Mittelpunkt sein dürfen, kann auch angesagt werden: „Nur noch dreimal ... Nur noch zweimal ... Nun ist das die letzte Runde.“ Schön ist, wenn man ein kleines Abschiedsspiel noch zum Abschluss setzen kann.

Spielfreude
Zu guter Letzt bleibt nur zu sagen, dass ich als Spielleiter auch selbst Freude am Spielen besitzen muss. Nur wenn ich selbst Spielfreude empfinde, kann ich diese auch andere erleben lassen!

Didaktische Prinzipien für die Organisation von Spielaktivitäten im Ganztag – eine Zusammenfassung

Hier unsere zehn wichtigsten didaktischen Grundsätze. Die Reihenfolge stellt keine Rangfolge dar:

- kooperative Spiele, kreative Aktionen und kommunikative Gruppenprojekte im Ganztag bevorzugen, als Gegenerfahrung zum Leistungswettbewerb im Unterricht und dessen klassenverbandlich vergleichendem Benotungssystem
- selbstorganisierten Aktivitäten, freien Spielräumen/-zeiten und partizipativen selbstgesteuerten Projekten Raum geben und zu diesen anleiten und motivieren und bei ihnen unterstützen
- Berücksichtigung der vielfältig zusammengesetzten Gruppen in Spielaufgaben und Spieldurchführung (Differenzierung der Spielaufgaben mit Erleichterungen und mit Zusatzaufgaben, leichte Spielregelsprache, Empathie untereinander fördern durch Produktion für andere Schülergruppen und interkulturelles Zusammenwirken)
- Bezüge zu Fachcurricula/Fachlehrkräften herstellen und erlebbar machen
- Erholung, Rekreation und Bewegungsvielfalt ermöglichende Spiel- und Aktionsformen vorschlagen und anleiten
- Räume, Medien und Materialien „subversiv“ umfunktionieren und damit Kinder bei ihrer kreativen Aneignung unterstützen
- vielfältige Nutzung digitaler Medien für Recherche und kreative Medienproduktion (wobei auch die digitale Entwicklung kritisch reflektiert werden kann)
- Erfahrungsräume ins Schulgelände und den Stadtteil ausweiten, auch durch die Zusammenarbeit mit anderen Kultureinrichtungen (siehe Bundesprogramm „Kultur macht stark“)
- die Inhalte und Themen von Spielen und kreativen Projekten lebensweltorientiert

und unterrichtsergänzend auswählen oder vorschlagen

- Selbstdarstellungsmöglichkeiten für die Kinder-, Gruppen- und Werkpräsentation und für eine in die lokale Öffentlichkeit wirkende Dokumentation von Anfang an mitdenken

Ausführlichere Tipps und Kniffe für den Spielleiter finden Sie in:

Hechenberger, Alois/Michaelis, Bill/O'Connell, John M. (2001): Bewegte Spiele für die Gruppe. Aachen: ökotopia.

Gilsdorf, Rüdiger/Kistner, Günter (2013): Kooperative Abenteuerspiele 3. Eine Praxishilfe für Schule, Jugendarbeit und Erwachsenenbildung. Seelze: Klett Kallmeyer.

Und sollte Sie nun der Spieleifer und die Spielfreude gepackt haben, empfehlen wir die Fortbildung zum Spielpädagogen an der Akademie der Kulturellen Bildung des Bundes und des Landes NRW e.V. http://kulturellebildung.de/fachbereiche/spiel/aktuelles/

Weitere Informationsquellen zur Spielpädagogik finden Sie im Downloadmaterial.

Praxisbeispiele

Praxisbeispiel: Theaterpädagogische Spiele in der Übermittagsbetreuung

Claudia Lüth

Um es gleich vorweg zu sagen: Die Möglichkeiten, theaterpädagogische Spiele in der Mittagspause umzusetzen, sind eingeschränkt. Es können immer nur Ansätze sein, die in dieser Zeit von maximal 30 bis 40 Minuten – nach Abzug der Zeit für das Mittagessen – umgesetzt werden können. Kontinuität und ein geplantes, aufeinander aufbauendes Arbeiten sind in der Mittagspause nicht möglich, und jede Form der Verpflichtung und Verbindlichkeit machen in diesem Zeitraum wenig Sinn. Die Mittagspause ist Freizeit für die Schüler. Sie wollen entspannen, wollen entweder gar nichts tun oder nur das, was ihnen wirklich Spaß macht.

Trotz dieser eingeschränkten Rahmenbedingungen: Auch in der Mittagspause sind kulturelle Angebote realisierbar. Am Beispiel der theaterpädagogischen Übungen und Spiele soll der Umfang und auch der Charakter eines kulturpädagogisch geprägten Übermittagsangebots skizziert werden.

Möglichkeiten theaterpädagogischer Übungen in der Mittagspause

Theaterpädagogische Angebote in der Mittagspause sind in erster Linie ein Spielangebot für die Kinder. Anders als in einer Theater-AG wechseln die Teilnehmer und Teilnehmerinnen während des Schuljahres; manche kommen immer, manche nur sporadisch. So ist der Leiter jedes Mal aufs Neue gefordert, auf die jeweilige Gruppenzusammensetzung einzugehen.

Bei einer neuen oder öfter wechselnden Gruppe bietet es sich an, mit Anwärmspielen (Körper- und Bewegungsspielen) zu starten. Sie haben die Aufgabe, in neuen und im Spiel ungeübten Gruppen das Kennenlernen zu beschleunigen, die Atmosphäre aufzulockern, Spielspaß und Spielbereitschaft zu entwickeln.

Anwärm- und Konzentrationsspiele haben einen Bezug zum Theater, denn sie greifen Facetten des Theaterspiels auf, wie die Pantomime oder Improvisation, das Einfühlen in Situationen oder Personen.
Anfängliche Hemmungen vor dem darstellenden Spiel können überwunden werden, wenn Aufgaben und Regeln einfach und einprägsam sind, sodass niemand überfordert wird, alle Spieler zur selben Zeit oder nacheinander das Gleiche tun und der Spaß am Spiel im Vordergrund steht.
Anwärmspiele, die das Gespür füreinander vertiefen, sind zum Beispiel:

- Nach Ansage begrüßen sich die Kinder untereinander auf verschiedene Weise, z. B. durch Zuzwinkern, Hände schütteln, Krabbeln durch Beinpaare, Rücken gegen Rücken drücken, den anderen in einer Nonsenssprache ansprechen ...
- Die Kinder erkunden den Raum; auf ein Zeichen hin ändern sie die Geschwindigkeit oder Gangart, springen wie Frösche, watscheln wie Enten, traben wie ein Pferd. Auf ein Zeichen hin „gefrieren" die Kinder in der Bewegung, schleichen durchs Unterholz, rennen zum Bus, gehen durch einen reißenden Bach, tasten sich durch die Dunkelheit ...
- Die Kinder stellen sich Rücken an Rücken. Einer geht dabei vorwärts, der andere rückwärts, oder beide gehen seitwärts, ohne den Kontakt zu verlieren.
- Einen Kreis bilden: Ein Spieler gibt eine „Stell-dir-vor"-Überlegung vor, die anderen steuern reihum ihre Idee dazu bei, z. B.: Stell dir vor, du könntest die Gedanken anderer Menschen lesen ..., du könntest 300 Jahre alt werden ..., du müsstest ein Jahr auf einer einsamen Insel verbringen ...
- Hopp und Stopp: auf allen Vieren durch den Raum bewegen (kriechen, krabbeln, robben, über andere hinweg walzen). Auf ein Zeichen hin greift sich jeder blitzschnell an den Kopf, den Fuß oder die Beine und „friert ein". Bei Hopp wird weitergekrabbelt.

Konzentrationsspiele, die zugleich der „Rollenarbeit" dienen, weil sie Bewusstheit für sich selbst und die anderen unterstützen, sind zum Beispiel:

- Die Kinder setzen oder legen sich hin. Stille. Dem Atem der anderen wird gelauscht. Sie räkeln und strecken sich.
- Ein Kind macht langsame Bewegungen, die die anderen möglichst genau nachahmen – Stille, Zeitlupentempo. Abwechseln (z. B. morgens beim Zähneputzen, beim Pizza zubereiten, beim Schuhe anziehen ...).

Wenn die Gruppe sehr aufgekratzt ist und sich am liebsten viel bewegen und lachen möchte, warum dies nicht für das Spiel nutzen? Spiele zum Toben und Lachen sind zum Beispiel:

- Kindergarten: Die Kinder imitieren Dreijährige im Kindergarten, die Sprecher der „revolutionären Pimpfe Pusteblume" sind. Sie erzählen ihre Alltagssorgen und Kampfforderungen – mit dem einfachen Sprachvermögen und der überzeugenden Sichtweise von Dreijährigen.
- Wahrsager: Die Kinder spielen der Reihe nach Wahrsager. Befragt werden sie zu grundsätzlichen Daseinsfragen.
- Sprachfehler oder Tick: ein Fehler oder Tick wird bei einem Vortrag zu einem bestimmten Thema eingebracht. Dabei halten die Kinder intensiven Augenkontakt zu den Zuhörern. Das Thema kann sich jeder selbst auswählen – oder es werden Ideen an die Tafel geschrieben.

Mangels Zeit können Rollenspiele/Improvisationen immer nur in kleinem Rahmen stattfinden. Die Vorschläge dafür können vom Spielleiter kommen, aber auch von den Kindern. Haben die Kinder besonderen Spaß an einer bestimmten Aufgabe, wird sie gern an mehreren Tagen aufgegriffen und dabei variiert.
Pantomimische Spiele machen allen viel Spaß, sie werden allein von Gestik und Mimik getragen. Die Bewegungen werden betont langsam ausgeführt, überflüssige Bewegungen bleiben

aus. Die Scherzpantomime kommt besonders gut an, denn hier geht es um den Spaß am Raten: Es werden zwei gleichstarke Gruppen gebildet. Jede denkt sich eine lustige Tätigkeit aus, die den anderen gestenreich vorgeführt wird. Die andere Gruppe muss raten, den anderen aber Zeit geben, die Situation auszuspielen. Beispiele:

- das Suchen und Wiedereinsetzen einer verlorengegangenen Kontaktlinse
- das Einfädeln durch ein zu enges Nadelöhr
- Klebstoff, der nicht von den Fingern abgeht usw.

Kleine pantomimische Übungen, ebenfalls auf Zetteln vorbereitet, sind zum Beispiel:

- einen Säugling wickeln
- ein Essen zubereiten
- einen Reißverschluss einnähen
- einen Pudel scheren (oder das Meerschweinchen kämmen)
- einem Pferd die Hufe beschlagen
- Wespenattacke im Porzellangeschäft usw.

Kurze, eine Spielsituation vorbereitende Improvisationen sind zum Beispiel:

- Die Teilnehmer bauen in kleinen Gruppen „stumme Statuen“ zu einem bestimmten Begriff (Baum, Flugzeug, Kanufahrt, Fisch, Heiliger, Eisenbahnfahrt ...). Die anderen müssen raten oder sich eine Variante dazu überlegen.
- Tiere und ihre Verhaltensweisen nachahmen, zuerst allein, dann Spielsituationen zu zweit umsetzen: Wespe ärgert Hund, eine Wildsau verfolgt ein Huhn ... Anschließend baut die ganze Gruppe ein Spinnennetz.
- Verschiedene Stimmungen darstellen, allein oder zu mehreren. Die anderen müssen sie erraten, den Vorführenden aber auch etwas Zeit geben, sie zu entwickeln, auch wenn sie leicht zu erkennen sind.
- Mädchen- und Jungenverhalten in bestimmten Situationen nachahmen lassen (im Laden, in der Klasse, in der Disco; wie begrüßen sich Jungen, wie Mädchen?)
- Generationenspiel: Die Kinder gehen alle Phasen vom Baby bis zum Greis durch und probieren entsprechende Körperhaltung, Gestik und Mimik aus.

Kleinere Improvisationen, die Kindern Spaß machen:

- Alltagsszenen (je eine Situation auf eine Karte schreiben, für jeweils 2 – 3 Spieler):
  - die Familie beim Frühstück oder Fernsehen, im Zoo oder in der Oper
  - im Wartezimmer
  - drei Patienten im Zimmer eines Krankenhauses
  - im Fahrstuhl, der stecken geblieben ist
  - Wartende an der Bushaltestelle, es regnet aus Kübeln
- Die Kinder entwerfen gerne verrückte Spielkonstellationen. Die Eckdaten – Ort, Zeit, beteiligte Personen je nach Gruppenstärke, ein oder zwei Gegenstände, die eine Rolle spielen sollen – werden von ihnen an die Tafel geschrieben (verdeckt). Dann werden die Rollen verteilt und es kann losgehen.
- Psychodramatische Situation: Die Teilnehmer müssen sich auf eine ungewohnte Sprachrolle und Situation einstellen. Die Sprachrolle wird per Zettel, der gezogen wird, zugewiesen (überheblich, schüchtern, zärtlich/sanft, gelangweilt, zackig, vornehm, aggressiv, weinerlich, ironisch, betont albern). Alle einigen sich auf ein Diskussionsthema, über das sie in ihrem Sprachmodus etwa zehn Minuten sprechen. Dann Austausch über das Erlebte.
- Bekannte Märchen oder Filmausschnitte werden nachgespielt.

Hilfreich sind vorbereitete Ideenkarten. Sie enthalten für jedes Kind oder jede Gruppe eine entsprechende Spielaufgabe. Man kann selbst daraus vorlesen, oder sie den Kindern geben, wenn sie verschiedene Aufgabenstellungen erhalten. Nach einer kurzen Vorbereitungszeit kann die Improvisation beginnen.

Es spielt die ganze Gruppe oder eine Hälfte schaut zu und muss evtl. eine Spielsituation erraten: Um was geht es hier? Grundlage für Stegreifspiele können reale, groteske oder utopische Handlungen und Situationen sein.
Ist eine Gruppe laut und aufgedreht, hilft es, die Aufgaben lediglich pantomimisch umsetzen zu lassen. So konzentrieren sich die Kinder mehr auf sich und das Geschehen. Oder es werden Spiele angeboten, bei denen sie sich austoben können.
Fazit: Das Spielerische steht im Rahmen der Übermittag-Angebote immer im Vordergrund. Die Aufgabenstellungen müssen in jedem Fall überschaubar, d.h. leicht verständlich, zugleich anregend und „spannungswechselnd" sein (laut, leise, konzentriert, albern ...). Dann kann ein theaterpädagogischer Übermittag sehr unterhaltsam und entspannend für alle Beteiligten sein.
Für das Gelingen eines theaterpädagogischen Angebots in der Mittagspause ist eine personelle Kontinuität das A und O. Nur eine Anleitung durch eine Fachkraft mit theaterpädagogischer Qualifikation ist in der Lage, auf die wechselnde Gruppenzusammensetzung, das offene Setting entsprechend zu reagieren und die Balance zu halten zwischen Spaß, Erholung und Weiterentwicklung der spielerischen Fertigkeiten der Schüler und Schülerinnen.
Weitere Anregungen und Spielideen zum Improvisieren befindet sich im Spielprogramm „Wie man was erfindet" (siehe Seite 183).

Praxisbeispiel: Kleine Kulturforscher unterwegs

Peter Steuwer

Für die Schülerinnen und Schüler der dritten und vierten Klassen bietet die Vennbruch-Grundschule in Duisburg-Walsum ein ganz besonderes Ganztagsangebot. Regelmäßig fahren 40 Kinder Freitagsnachmittags (oder auch mal an einem Samstag oder Sonntag) gemeinsam mit dem Schulleiter und einer Ganztagskraft zu kulturell interessanten Orten in Duisburg. Besucht werden das Stadttheater, die Oper, das KOMMA-Kindertheater, das Museum Küppersmühle, das Lehmbruckmuseum, die Kubus Kunsthalle, das Rathauses, die bedeutendsten Gotteshäuser (Merkez-Moschee, Synagoge, Salvatorkirche), das kommunale Kino oder besondere Ausstellungen in der Umgebung.
In den Kultureinrichtungen sind die Kulturforscher mittlerweile bekannt. Die Besuche sind zu einer Gewohnheit geworden. Genau das ist das Ziel: Türöffner für Kinder zu sein, denen sonst niemand die Möglichkeit gibt.
In der Schulgemeinde hat sich das Projekt seit Jahren einen Namen gemacht und erfährt hohe Anerkennung. Der Bedarf ist höher als die vorhandenen Plätze! Bereits die Kleinen wissen, was die Kulturforscher sind.
Ein positiver Nebeneffekt: Im Lehrerkollegium sind die Kulturangebote der Stadt viel präsenter. Neu eingestellte Kolleginnen und Kollegen erfahren, wie reichhaltig das Angebot in Duisburg ist. Sie nutzen die Anstöße auch für eigene Unternehmungen mit der gesamten Klasse im Vormittagsbereich.
Finanziert wird das Angebot durch einen kleinen Eigenbeitrag der Eltern (15 Euro fürs Schuljahr) sowie über kommunale Sprachfördermittel (Fahrtkosten, pädagogische Führungen, Workshops), denn die Besuche bieten Anlass und Anregungen zum Gespräch und eröffnen neue Sprachwelten. Die Kinder erzählen im Morgenkreis von den Besuchen und führen ein Kulturtagebuch.

Praxisbeispiel: Das Morgenmuffel-Radio

Anne Lachmuth

„An der Gemeinschaftsgrundschule in Overath-Heiligenhaus hören die Kinder jeden Donnerstag in der Frühstückspause Radio – aber nicht irgendein Radio, sondern das Morgenmuffel-Radio. Das Besondere an diesem Radio ist, dass es von den Grundschulkindern selbst gemacht wird. Die Kinder der Radio-AG treffen sich dafür jeden Mittwochnachmittag im Tonstudio der Schule und bereiten die Sendung für den nächsten Tag vor. Sie suchen die Themen und die Musik für die Sendung am

nächsten Tag aus, schreiben Texte und führen Interviews.
Am Donnerstag geht es dann immer um 10:20 Uhr auf Live-Sendung mit Nachrichten, Wetterbericht, Interviews, Reportagen und viel cooler Musik, die sich die Hörer wünschen dürfen. Nicht selten tanzen dann die anderen Schüler in den Klassen zur Musik und immer haben sie viel Spaß beim Hören." (Julius, 8 Jahre)

Im Schnitt sind es knapp 200 Schulkinder plus Kollegium, die den jungen Technikern hinter Mischpult und CD-Player und den Moderatoren am Mikro lauschen, wenn es wieder heißt: „Hier ist das Morgenmuffel-Radio. Jetzt gibt's was auf die Ohren!"
„Die Kinder haben sehr viel Spaß, trainieren unbewusst demokratisches Miteinander und erleben vor allem wie es ist, reale Projekte umzusetzen und einem Publikum zu präsentieren", sagt Anne Lachmuth. „Das macht Kinder stark – und medienkompetent!" Sie ist Theater- und Medienpädagogin sowie Schul- und Jugendprojektleiterin (Hörfunk) der Landesanstalt für Medien NRW und leitet das Projekt im Rahmen des Nachmittagangebots der DRK-Offenen Grundschule.
Tatsächlich ist jeden Donnerstagmorgen in der Grundschule Showtime, wenn das fünfzehnminütige Radioprogramm von Kindern für Kinder über die Sprechanlage live in allen Klassen zu hören ist. Das Programm für die einzelnen Radiosendungen wird zuvor an der offenen Ganztagsgrundschule zusammengestellt.
2017, nach fünf Jahren und 150 Sendungen, kann das Morgenmuffel-Radio auf viele schöne Momente zurückblicken: drei Karaoke-Wettbewerbe, fünf Auszeichnungen, neun Hörspiele, 27 Klassensendungen (denn jede Klasse gestaltet eine eigene Radiosendung im Schuljahr) und 65 Witze. Außerdem Umfragen, Quiz-Duelle, Nachrichten, Geräusche-Rätsel und natürlich zahlreiche Interviews, unter anderem mit dem Polizisten Stefan Meyer-Reumers oder der Schulrätin Ursula Resch. Auch Prominente wie Cornelia Funke, Markus Majowski, Ralph Caspers, Udo Schöbel, Cat Bal-lou oder der aktuelle Kinderkarnevalsprinz von Heiligenhaus Tim I. waren schon zu Gast im Morgenmuffel-Radio.

Praxisbeispiel: Theaterprojekt „TraumSpielplatz“

Katrin Temme, Angelika Jany, Rüdiger Ewald

Ein Projekt der Tanz- und Theaterwerkstatt e.V. in Kooperation mit dem Improvisationstheater WildWechsel und der Eichendorff Grundschule Ludwigsburg.

Die Projektidee

Kinder leben im Moment, sind emotional und begeisterungsfähig. Sie erfahren den Alltag intensiv, denn sie haben Fantasie und können grenzenlos träumen und wünschen. Kinder mit Fluchterfahrung haben trotz oder gerade aufgrund ihrer Geschichte gleichfalls Träume und Wünsche, wie sie ihr Leben im Jetzt und in der Zukunft gestalten. Dabei spielt einerseits das Zurückgelassene eine wichtige Rolle. Andererseits gilt es, in ihrer neuen Umgebung anzukommen, diese zu erkunden und kennenzulernen.

Das Projekt „TraumSpielplatz“ ist ein Theaterprojekt, bei dem mit den Mitteln des Improvisationstheaters und mithilfe musikalischer Elemente die Träume und Wünsche dieser Kinder gemeinsam mit anderen Grundschülern zwischen 6 und 10 Jahren von Schauspielern und Kindern in Szenen umgesetzt und gespielt werden. Dabei lernen die Kinder im Laufe eines Schuljahres in einer wöchentlichen AG das Medium Theater/Improvisationstheater kennen und präsentieren schließlich das Gelernte im Rahmen einer Aufführung für Mitschüler und Eltern. In der AG sollen bewusst Kinder mit und ohne Fluchterfahrung zusammengebracht werden. Im Zusammenspiel mit Kindern, die hier in Deutschland aufgewachsen sind, können so Gemeinsamkeiten und Unterschiede erfahren werden. Dabei können beide Seiten voneinander lernen. Die Kinder ohne Fluchterfahrung sind in der AG eine Art Pate für die Kinder mit Fluchterfahrung.

Im Verlauf des Projektjahres lernen die beteiligten Grundschüler die Techniken des klassischen Theaters und des Improvisationstheaters kennen. Mittels Gefühls-, Sprach-, Struktur- und Statusspielen werden Methoden zur Rollenarbeit erworben. Dabei werden gemeinsam mit den Kindern verschiedene (Traum)-Geschichten erarbeitet, die für die Aufführung am Ende der Probenzeit einen thematischen Rahmen vorgeben können.

Aus der langjährigen Erfahrung mit dem Medium Improvisationstheater wird deutlich, welches Potenzial in dieser interaktiven Theater-form steckt, um bestimmte Themen von und mit Kindern spielerisch aufzubereiten. Es unterstützt und fördert die von Kindern oft angewandten Rollenspiele. In die Rollen eines anderen zu schlüpfen ist faszinierend, die Kinder können ungelebte Fähigkeiten an sich entdecken, Neugierde und Offenheit der Beteiligten werden gefördert. Zusätzlich wird mit musikalischen Elementen gearbeitet, da einige Kinder noch keine deutschen Sprachkenntnisse haben. Vor allem zu Beginn des Projekts wird daher mit einer zusätzlichen Übersetzungshilfe gearbeitet.

Die vielseitigen Lebensformen in den Geschichten und die professionelle Begleitung durch die erfahrenen Projektleiter des Improvisationstheater WildWechsel motivieren die Kinder und machen Lust auf verbales Experimentieren und sinnliches Begreifen. Die Vielfalt und Eigenart ihrer Umwelt wird mit allen Sinnen erfahren, erlebt und somit auch verinnerlicht.

Der zeitliche Ablauf

Meilenstein 1, Kontaktaufnahme: Vorbereitung und Organisation der Theater-AG in Zusammenarbeit mit der Grundschule und dem Flüchtlingsheim in Grünbühl.

Meilenstein 2, Theater-AG: Die Kinder werden im Laufe eines Schuljahres Theater und Improvisationstheater näher kennenlernen. Sie erfahren hierbei die Bandbreite der Ausdrucksmöglichkeiten und probieren sich in Pantomime, Körpersprache oder Rollenarbeit. Die Schüler lernen, für die Aufführung mit der Spontaneität auf der Bühne umzugehen und diese zu nutzen. Hierbei werden gemeinsam mit den Schülern immer neue Geschichten und Situationen erprobt.

Meilenstein 3, Traumgeschichten: Gemeinsamer Besuch eines Theater-Auftritts in der Tanz- und Theaterwerkstatt Ludwigsburg und gemeinsame Nachbereitung.

Meilenstein 4, Aufführung: Am Ende des Schuljahres ist eine Aufführung im kleinen Rahmen vorgesehen, bei der die Kinder eine gemeinsame Geschichte präsentieren. Diese ist für Eltern, Geschwister und Freunde der Familien vorgesehen, mit anschließendem Zusammensein, Essen und Trinken.

Meilenstein 5, Nachbereitung und Besprechung: Im Laufe des Projektjahres werden regelmäßige Gespräche zwischen Kulturpartnern und den beteiligten Einrichtungen durchgeführt, um den Projektverlauf ggf. anzupassen und sich auszutauschen. Insbesondere die Rücksprache mit den Lehrern sowie mit der Sozialarbeiterin und den Mitarbeitern des Flüchtlingsheims ist hier von Bedeutung.

Zielgruppe

Zielgruppe sind Kinder, die an der Eichendorff-Grundschule in Ludwigsburg Grünbühl in einer sogenannten Vorbereitungsklasse (VKL) unterrichtet werden. Diese VKL-Klassen dienen Schülern ohne ausreichende Sprachkenntnisse zur Vorbereitung auf den Übergang in die Regelklasse. In diesen VKL-Klassen sind im Moment hauptsächlich Kinder mit Fluchterfahrung, die im neu eingerichteten Flüchtlingsheim in Grünbühl/Sonnenberg leben. Daneben nehmen Schüler der 2. bis 4. Grundschulklasse teil. Hier ist es von Bedeutung, dass gemeinsam mit der Schulleitung und den Lehrerinnen Kinder ausgesucht werden, die selbst weniger belastet sind und auf die Kinder mit Fluchterfahrung offen und hilfsbereit zugehen können. In Anlehnung an ein bereits existierendes Projekt der Eichendorff-Grundschule, „STARK“, in welchem lernstarke Kinder lernschwachen zur Seite stehen, können diese Kinder den Kindern mit Fluchterfahrung als Paten dienen, die auch im weiteren Schulalltag zur Seite stehen und das Ankommen der Kinder erleichtern.

Die Schauspieler des Improvisationstheaters WildWechsel haben ebenso langjährige Erfahrung in der Arbeit mit Kindern und Jugendlichen, insbesondere in sogenannten Brennpunktstadtteilen mit hoher Arbeitslosigkeit und hohem Migrationsanteil. Federführend bei diesem Projekt werden die Schauspielerin Angelika Jany sowie der Musiker, Theater- und Friedenspädagoge Andreas Beier sein. Der Schauspieler Rüdiger Ewald wird ebenso beratend dem Projekt zur Seite stehen.

Die Tanz- und Theaterwerkstatt Ludwigsburg führt seit einigen Jahren mit verschiedenen Künstlern Tanz- und Theaterunterricht an den Vorbereitungsklassen einer Grundschule und einer Werkrealschule in Ludwigsburg durch. Aus diesem Projekt konnten sehr viele Erfahrungen gesammelt werden, die in die neu aufzunehmende Arbeit mit Schülerinnen und Schülern der VKL Klasse der Eichendorffschule mit einfließt, die erst vor kurzem dort entstanden ist. Da es hier dezidiert Kinder mit Fluchterfahrung sind, die auch im selben Flüchtlingsheim leben, ist es uns besonders wichtig, eine AG mit Kindern mit und ohne Fluchterfahrung zusammenzustellen. Insbesondere vor dem Hintergrund, dass die Einrichtung des Flüchtlingsheimes in Grünbühl bei den Bewohnern des Stadtteils stark umstritten war. Durch den direkten Kontakt kann ein gegenseitiges Aufeinander-Zugehen und Voneinander-Lernen spielerisch gefördert werden.

Ziele

- Förderung der Kreativität und Vorstellungskraft durch das Erlernen von Techniken wie Pantomime, Körpersprache, Ausdrucksarbeit für die Rollenarbeit
- Schaffung eines geschützten Raumes für die Kinder, in denen sie frei von Leistungsdruck experimentieren können

- Stärkung des Selbstbewusstseins: Förderung der Koordination, des Körpergefühls sowie der Konzentrations- und Ausdrucksfähigkeit durch die Theaterarbeit, Aufführung eines Theaterstücks vor Mitschülern sowie vor Eltern, Geschwistern
- Entwicklung eines Gemeinschaftsgefühls in der Gruppe beim gemeinsamen Arbeiten: Soziale Kompetenz, aufeinander hören, Toleranz gegenüber anderen, neue Freundschaften zu Mitschülern
- Kinder mit und ohne Fluchterfahrung auf spielerische Art und Weise zusammenbringen
- Spracherwerb und -förderung mit sprachlichem und kommunikativem Reifungsprozess: Sprach- und Ausdrucksstile motivieren die Kinder und machen Lust auf verbales Experimentieren.
- Entwicklung der kulturellen Bildung: Improvisationstheater als einfacher und lustvoller Zugang zu (Theater-)Kultur und kultureller Bildung für Kinder bildungsferner Schichten und Kinder mit Fluchterfahrung

Kontakt

Projektleitung: Katrin Temme
Tanz- und Theaterwerkstatt e. V.
Hindenburgstraße 29
71638 Ludwigsburg
Tel.: 07141 78891–40

Praxisbeispiel: Die Generationen-Werkstatt

Jörg Alvermann

Eine Kooperation der Katholischen Grundschule Mettmanner Straße und Keywork – Soziale Plastik im Quartier e. V., Künstlern und weiteren Einrichtungen, Düsseldorf

Zeit für sich zu haben und selbstbestimmt zu agieren, das bedeutet Freiraum. Freiraum bietet die Katholische Grundschule in Düsseldorf. Sie hat sogenannte Werkstätten eingerichtet, in denen die Kinder allein das Sagen haben. Die Räume der Generationen-Werkstatt sind an drei Nachmittagen in der Woche von 14:30 bis 16:30 Uhr für alle Kinder der Schule geöffnet. Der Besuch ist freiwillig, über die Dauer des Besuchs bestimmen die Kinder selbst.

Die Räume sind im Sinne einer vorbereitenden Umgebung übersichtlich gestaltet und bieten vielfältige Möglichkeiten der künstlerischen, handwerklichen und forschenden Betätigung. In der offenen Kunstwerkstatt bewegen sich die Kinder völlig frei: Sie entscheiden nicht nur selbstständig, wann sie kommen und gehen, sie wählen zudem aus, womit sie sich beschäftigen und was mit ihren Arbeiten nach Fertigstellung geschieht. Sie können sich aktiv beteiligen oder auch einfach nur zuschauen. Ähnliche Regeln gelten für die Holzwerkstatt. In der Forscherwerkstatt treffen die Kinder gemeinsame Absprachen über die aktuellen Projekte. Besonders beliebt bei ihnen ist es, nützliche Gegenstände für die Schule und ihr Zuhause herzustellen, zum Beispiel Möbel, aber auch eigene Kleidung oder Schmuck. Einige Unikate, wie Regale, Stühle und Tische, schmücken bereits die Klassenräume.

In den Werkstätten arbeiten die Kinder wie Künstler und Forscher: Mit Neugier, Freiwilligkeit, „Selbstbeauftragung“ durch eigene Ideen und Motive. Sie nehmen sich Zeit, machen Fehler, halten inne, finden Neues oder Überraschendes heraus, ändern die ursprünglichen Pläne und stellen den Dialog, das Spiel und Experiment in den Mittelpunkt. Die Wünsche, Fragen und Motive der Kinder sind entscheidend für das aktuelle Angebot und die langfristige Weiterentwicklung der Werkstätten. Bildende Künstler und freiwillig Unterstützende stehen den Kindern bei der Realisierung ihrer eigenen Werke und Projekte auf ihren Wunsch zur Seite.

Mit der Generationen-Werkstatt reagiert die Schule auf einen gängigen strukturellen Trend der offenen Ganztagsschulen: In der Regel verbringen Kinder zwischen dem Mittagessen und dem Schulende ihre Zeit in Betreuungsgruppen oder 90-minütigen AGs. Deren Besuch ist verpflichtend. Entgegen diesem starren System stellt die Schule den Kindern offene, von ihnen freiwählbare, Lernfelder zur Verfügung. Die Generationen-Werkstatt etabliert einen Ort in der Schule, an denen Partizipation und Selbstorganisation dauerhaft ausgeübt werden können.

Zur Umsetzung und Weiterentwicklung der Werkstätten ist im Stadtteil ein heterogenes Netzwerk entstanden. Es besteht aus engagierten Senioren, Künstlern, dem Keywork e. V., dem Zentrum Plus der Diakonie und dem Evangelischen Erwachsenen Bildungswerk (eeb Nordrhein). Seit August 2015 öffnet die Generationen-Werkstatt sich weiter nach außen: An einem Nachmittag in der Woche können nach Schulschluss Helfer der Werkstatt eigene Projekte umsetzen. An einem weiteren soll die Werkstatt interessierten Bürger aus dem Stadtteil, insbesondere Flüchtlingen, die im Stadtteil untergebracht sind, zum gemeinsamen Werken, Fahrräderreparieren und zur Entwicklung neuer Ideen offenstehen.

Beispielgebend ist, dass das durchstrukturierte System des Ganztags hier durchbrochen wird, indem es den Kindern die Entscheidung überlässt, ob, wann und wie lange sie aktiv werden möchten oder nicht. Die Generationen-Werkstatt ermöglicht Freiraum – und einen Ort der Begegnung mit anderen Generationen und Themen.

Praxisbeispiel: Das Malspiel – der Malort nach Arno Stern

Frauke Ratzke, Armin Kaster

„Ich kann nicht malen!“ So denken viele Menschen heute bereits im Kindesalter über sich. Oft liegen dem unangenehme Erfahrungen zugrunde. Eltern, Großeltern, Lehrer und Erzieher fragen: „Soll das ein Hund sein?“ oder: „Sitzt der Schornstein nicht ein bisschen schief auf dem Dach?“. Im Malort hat das Gemalte keinen Adressaten und dient nicht der Darstellung. Es ist somit auch keine Kunst.

Das Malspiel im Sinne von Arno Stern ist ein Freispiel. Es ist frei von Urteil und Beeinflussung. Es hat keine Zielsetzung und verfolgt keinen Zweck. Die Abwesenheit dieser Faktoren macht ein hingebungsvolles Tun und die Erfahrung von innerem Frieden möglich, woraus sich eine hohe Konzentrationsfähigkeit entwickeln kann.

Der Malort ist ein geschützter Raum, in dem sich Konzentration und Stille entfalten können. Dabei bietet der in der Mitte stehende Tisch den Malenden alles, was sie brauchen: Pinsel in verschiedenen Stärken sowie 18 unterschiedliche Farben. Mischt man diese nach eigenen Vorstellungen, so entstehen unzählige neue Farbkombinationen, die auf die an die Wände gepinnten, 50 x 70 Zentimeter großen, weißen Papierbögen aufgetragen werden können. Im Malort sind Menschen jeden Alters eingeladen, die Hektik der Außenwelt hinter sich zu lassen, um das zum Ausdruck zu bringen, was in uns verborgen liegt und formuliert werden will. Der MalOrt ist frei von visuellen und akustischen Reizen von außen. Es gibt hier keine Bewertung, keinen Vergleich. Hier darf sich jeder angenommen fühlen und ungestört der eigenen, inneren Malspur folgen.

Das Malspiel ist getragen von seinem Ritualcharakter. Ein stilles Pendeln zwischen dem Palettentisch, dem geschäftigen Zentrum des Raumes, an dem nach festen Regeln interagiert wird, und dem intimen, ganz persönlichen Blattraum, wo niemand eingreift und die individuelle Spur frei fließen kann.

Praxisbeispiel: Kulturelle Bildung im Ganztag der Gemeinschaftsgrundschule Vennbruchstraße Duisburg

Christoph Honig, Katharina Termath

Die städtische Gemeinschaftsgrundschule Vennbruchstraße liegt in einem typischen Ruhrgebietsstadtteil ganz im Norden von Duisburg in Walsum-Vierlinden. Rund 250 Schüler- und Schülerinnen, davon deutlich mehr als die Hälfte mit einem Migrationshintergrund aus den verschiedensten Ländern, gehen hier zur Schule. Den offenen Ganztag besuchen 120 Kinder. Jedes Jahr ist die Nachfrage größer als die zur Verfügung stehenden Plätze. Die (steigende) Zahl der Kinder mit sonderpädagogischem Förderbedarf liegt bei derzeit knapp 30 Schülern, die vorwiegend auch im offenen Ganztag sind.

Seit 2003 realisiert die Vennbruchschule gemeinsam mit „Aktion und Kultur mit Kindern e.V." (Akki) aus Düsseldorf das Ganztagsangebot. Dazu hat Akki e.V. ein Konzept kultureller Bildung entwickelt. 2006 wurde dieses Konzept von MIXED UP, einem bundesweiten Wettbewerb für Kooperationen zwischen Kultur und Schule, ausgezeichnet.

Ein ganzjähriges Schwerpunktthema

Akki e.V. arbeitet in jedem Schuljahr mit einem Jahresprojektthema wie z. B. „Elemente", „Kinderliteratur", „Kinder(um)welten" oder „Helden". Das jeweilige Thema gliedert sich in drei- bis siebenwöchige Projektphasen, wobei sich jede Phase einem besonderen Aspekt des Jahresthemas widmet. Jeweils drei Künstler aus unterschiedlichen Kunstsparten erarbeiten mit Kindern in verschiedenen Räumen das gemeinsame Thema. Die Künstler illustrieren mit ihren Könnerschaften die Möglichkeiten des Themas und erarbeiten mit den Kindern gemeinsam kreative, fantastische Ideen. Choreografien oder Theateraufführungen, Seifenkistenparcours oder Hörspiele, Reisen in neue Umwelten, Mitmach-Ausstellungen oder Geräuschinszenierungen sind in diesen Workshops entstanden.

Jede der Projektphasen endet mit einer Werkschau, in der die Kinder zeigen, was sie erarbeitet haben.

Das Schuljahr bei Akki e.V. startet mit vier Schnupperwochen, in denen die Kinder für die kommenden Workshops nötige Kenntnisse und Fertigkeiten erwerben und sich mit Werkzeugen, Materialien und den Werkräumen vertraut machen. Alle Angebote finden täglich von 13:45 bis 16:00 Uhr an vier Tagen in der Woche, jeweils von Montag bis Donnerstag statt. Parallel zu den Workshops gibt es offene Spielbereiche. So haben die teilnehmenden Kinder jederzeit die Möglichkeit, sich freiwillig und selbstbestimmt für ein Angebot zu entscheiden. Sie können sich an und in den arbeitsteilig organisierten künstlerischen Workshops gestalterisch, handwerklich oder organisatorisch beteiligen oder ein offenes Spielangebot nutzen. Wann, wo, wie viel und wie lange sie in den jeweiligen Aktivitäten mitwirken, bleibt die Entscheidung der Kinder. Während der täglichen Anfangsrunde werden alle möglichen Aktivitäten kurz vorgestellt, sodass die Kinder einen Überblick erhalten und sich danach für eines der Angebote entscheiden.

Das Leitbild im offenen Ganztag

Ein wesentliches Ziel des Ganztags an der Vennbruchschule ist die Bündelung verschiedener pädagogischer Kompetenzen (Lehrkräfte, sozialpädagogische Kräfte, Künstler und Menschen mit besonderen handwerklichen Fertigkeiten) unter einem Dach.

Schon vor vielen Jahren hat die Schule sich für den inhaltlichen Schwerpunkt „kulturelle Bildung" entschieden, um fehlende Erfahrungen und Erlebnisse im musikalisch-künstlerischen Bereich zu kompensieren. Die räumliche Entfernung zu Kulturinstitutionen in Duisburg (15 km zur Stadtmitte) erschwert die Begegnung mit Orten kulturellen Lernens zusätzlich. Deshalb holt die Schule sich kulturelle Bildung von montags bis donnerstags in die Schule. Ergänzend dazu fährt die Schülergruppe „Kulturforscher“ regelmäßig zu spannenden Kulturorten der Stadt Duisburg. Finanziert wird das Ganztagsangebot aus Landesmitteln plus Eigenbeiträgen der Eltern als Schulträgeranteil.

Verzahnung von Vormittag und Nachmittag
Die inhaltliche Verzahnung von Vor- und Nachmittag gelingt durch die gemeinsame Auswahl der Jahresthemen und Projektangebote. Die kulturellen Angebote am Nachmittag greifen die Unterrichtsangebote auf. (Beispiele: Zirkusprojekt im Vormittag, die Dokumentation über Zeitung, Fotos und Film im Nachmittagsbereich, Unterrichtsgänge im Stadtteil mit Interviews von Bürgern etc., Pflege und Mitgestaltung des Schulhofes, des Schulgartens sowohl im Vormittags- als auch im Nachmittagsangebot). Auch gibt es enge Absprachen zu gemeinsamen Verhaltensregeln und Umgang damit im Vormittags- und Nachmittagsbereich. Die Werkschauen und Präsentationen sind feste Veranstaltungen des Schullebens, die auch von Nichtganztagskindern und Eltern gerne besucht werden.

Vernetzt und abgestimmt
Um die Qualität der Bildungsarbeit und Betreuung der Kinder sicherzustellen, begleiten pädagogische Mitarbeiter die Kinder kontinuierlich. Da die Künstler nur für die Dauer des Workshops an der Schule sind und sich mit den Mitarbeitern und Mitarbeiterinnen der offenen Werkstätten abwechseln, ist es notwendig und sinnvoll, eine Standortbetreuerin als feste, kontinuierliche Ansprechpartnerin für alle Beteiligten an der Schule zu haben. Sie hält engen Kontakt zur Schule, bespricht die organisatorischen und pädagogischen Details mit der Schulleitung und berät sich mit den Kollegen und Kolleginnen der Lehrerschaft. Die Akki-Standortbetreuerin ist die Hauptansprechpartnerin in allen Belangen rund um die Kooperation. Sie nimmt regelmäßig an Lehrerkonferenzen und Dienstbesprechungen teil. Außerdem gehört ein wöchentlicher Besprechungstermin zwischen Schulleitung und Standortbetreuerin zur engen Zusammenarbeit. Einmal jährlich findet eine pädagogische Konferenz zur Fortentwicklung des Ganztagsangebotes mit Ganztagskräften und dem kompletten Lehrerkollegium statt. Alle zwei Monate treffen sich Schulleitung und Akki-Leitung, um über Aktuelles, Evaluation und Weiterentwicklung zu beraten. Fortbildungen in der Schule werden sowohl von externen Ganztagskräften als auch vom Lehrerpersonal genutzt.

Außerschulischer Partner:
Akki Aktion & Kultur mit Kindern e. V.
Kontaktperson: Christoph Honig
Siegburger Str. 70
40591 Düsseldorf
Telefon: 02 11/78 85 566
Fax: 02 11/78 81 627
E-Mail: mail@akki-ev.de
Web: www.akki-ev.de

Schule:
GGS Vennbruchstr. Duisburg Walsum
Kontaktperson: Peter Steuwer (Schulleiter)
Vennbruchstr. 1
47178 Duisburg
Telefon: 02 03/47 78 97
Fax: 02 03/47 92 897
E-Mail: vennbruchschule@web.de
Web: www.vennbruchschule.de

Praxisbeispiel: „Der Schatz von John Silver". Eine kooperative Spielekette im Ersten Schuljahr

Kai Kolisch

Die Erich-Kästner-Grundschule wird von ungefähr 220 Kindern im Alter zwischen fünf und elf Jahren besucht. In den letzten Jahren ist den Mitarbeitern der Schule eine Verhaltensänderung bei den Schülern aufgefallen. Die Kinder werden zunehmend unselbstständig, ihre Frustrationstoleranz ist gering. Der Mangel an Empathie und ein fehlendes Repertoire an Handlungsalternativen in Konfliktsituationen führt zu immer häufigeren Streitereien, die nicht selten in gewalttätigem Verhalten endet. Auch die Fähigkeit, die eigenen Interessen in gewissen Situationen zurückzustellen, scheint bei vielen Kindern verloren oder wenig ausgebildet zu sein. Gruppenbezogene Ansprachen und Arbeiten scheinen für die Kinder kaum zu gelten.

Was tun?

In Gesprächen mit der Direktorin und den Lehrkräften wurde der Bedarf, kooperatives Verhalten und gemeinschaftliches Denken den Kindern über Spielangebote näherzubringen, immer deutlicher. Wir haben uns schließlich dafür entschieden, das Vorhaben in den ersten Klassen umzusetzen, da die Kinder in diesen Klassen noch über keine festgelegte Rollenverteilung verfügen.

Ich erstellte eine Spielekette, die sich in fünf fixe Einheiten gliedert: den Anfang, drei Stunden im Ausbildungscamp und das Ende. Jede weitere Spielstunde konnte von mir in der Kette an einem beliebigen Punkt eingefügt werden, ohne dass sich hieraus Konflikte für die nachfolgenden Aufgaben oder die Kinder bilden würden. Die Geschichte sollte sich deutlich vom Schulalltag entfernen, sich dabei jedoch um ein augenscheinliches Kernziel drehen, das die Kinder nur gemeinsam erreichen können. Für diesen Fall habe ich mir ein Abenteuer überlegt, in dem die Kinder auf die Spur eines berüchtigten Piraten und seines Schatzes gehen. Insgesamt wurde die Spielkette über ein Halbjahr durchgeführt, montags in einer Doppelstunde.

Ziele der Spielekette

- Spielangebote im Vormittagsbereich der Grundschule etablieren und im Tandemverfahren mit Lehrkräften im Unterricht verankern.
- Gemeinschaftssinn erleben lassen/stärken
- Kompromissbereitschaft weiter fördern
- eigene Fantasie/Kreativität ausleben
- Ausgleich und Abstand zum Alltag schaffen (ein Abenteuer in der Schule)
- Ideen und Vorschläge zum Lösungsprozess beitragen; gemeinsam Problemlösungen finden
- Wahrnehmung der Umwelt erkennen/Zusammenhang von Wechselwirkungen verstehen
- den Gruppenmitgliedern vertrauen und Vertrauen schenken/die Kinder sollen sich aufeinander verlassen können
- Kritik äußern dürfen und annehmen lernen/eigene Position mit Argumenten vertreten lernen
- zum rücksichtsvollen Umgang miteinander anleiten

Das Abenteuer beginnt

Ich betrat in Abenteurer-Kleidung die Klasse. Um eine Brücke zum Projekt zu schlagen, erzählte ich von einem Buch, das ich in einer alten Bücherei erstanden hatte. Es stellte sich heraus, dass es sich hierbei um ein Tagebuch eines berühmten Piraten handelt, in dem er den Ort verrät, an dem er seine Schätze vergraben hat. Doch für solch eine Suche würde ich eine Mannschaft benötigen und fragte die Kinder, ob sie mich begleiten möchten. In beiden Klassen brach einstimmiger Jubel aus.

Um die Neugier der Kinder weiter zu wecken und auf das Spielangebot einzustimmen, las ich ihnen das erste Abenteuer von John Silver's Tagebuch vor. Hierbei handelt es sich um eine linear ausgelegte Entscheidungsgeschichte. Durch gezielte Entscheidungsfra-

gen am Ende eines jeden Abschnitts konnte ich mir einen ersten Eindruck von den empathischen Fertigkeiten der Gruppe verschaffen („Was meint ihr, wie hat sich John Silver entschieden? Ist er auf das Boot gestiegen oder ist er an Land geblieben?“).
Von einfachen Paar-Aufgaben über Kleingruppenspiele, die die Kinder kooperativ bewältigen konnten, ging es anschließend zur gemeinsamen Problemlösung in der Großgruppe. Ich schilderte den Schülern die Aufgabenstellung und die einzuhaltenden Regeln, anschließend ließ ich eine Planungszeit zu. In dieser konnten die Mitglieder der Gruppe Ideen oder Vorschläge einbringen und überlegen, verwerfen und ausprobieren. Größtenteils hielt ich mich aus den Lösungsprozessen heraus, damit die Abläufe in der Gruppe nicht von einem Erwachsenen gestört oder gar geleitet wurden. Wenn allerdings abzusehen war, dass eine Strategie an der Zielvorgabe deutlich vorbeiging oder die Gruppe feststeckte, schaltete ich mich ein, konkretisierte die entstandenen Probleme und gab den Kindern neue Ansätze und die Zeit, diese umzusetzen.

Der Effekt
Wie durch meine Beobachtungen und die Gespräche mit den Lehrkräften bestätigt wurde, benötigten einige Kinder mehr Zuspruch und auch mehrere Spielstunden, um sich aktiv an den Lösungsprozessen zu beteiligen.
Dies bedeutet nicht, dass diese Mitspieler keine Freude oder Spaß empfanden, sie ließen lediglich andere Kinder die Ideen und Vorschläge machen. Auch gab es in jeder Klasse Kinder, die Schwierigkeiten hatten, Wartephasen auszuhalten. Sie neigten dazu, Nachlaufen zu spielen und den Rest der Gruppe sowie die Aufgabenstellung zu vergessen. Ich erinnerte sie dann an unser Problem und versuchte ihnen deutlich zu machen, dass ihre Kameraden auf ihre Unterstützung angewiesen sind. Doch einigen Kindern fiel es sichtlich schwer, sich einzubringen und Hilfestellungen zu leisten, wenn schon andere Mitspieler ihre Unterstützung anboten.
Hier bediente ich mich eines einfachen Tricks: Diese Kinder bekamen von mir spielerische Zusatzaufgaben wie etwa das Bewachen unserer Ausrüstung vor wilden Tieren, oder sie durften schon einmal Feuerholz besorgen und das Lager aufschlagen. Nicht immer verhalf diese Methode, Unruhe zu vermeiden, aber die Ungeduld wurde in spielerisches Handeln umgewandelt und so bekam die Geschichte noch einen weiteren Hintergrund.
Im Anschluss an diese kooperativen Abenteuerspiele sammelte ich die Gruppe um mich herum und initiierte eine kurze Reflexionsrunde. Hier fragte ich nach dem Gefallen oder Nichtgefallen des Spieles und den entsprechenden Gründen. Die Palette der Äußerungen war sehr vielfältig und einige Male schlussfolgerten Kinder aus dem gerade Erlebten gezielte Verhaltensweisen für Geschehnisse im Alltag.

Ergebnisse
Die Schatzsuche hat beiden Klassen sehr viel Freude bereitet. Oft wurde ich gefragt, wann wir die Suche fortsetzen würden.
Während der Aktionen mussten die Kinder mit den Denkanstößen und Ideen der anderen umgehen lernen und gemeinsam nach der für die Gruppe am besten geeigneten Lösung suchen und diese auch umsetzen. Selbstverständlich waren auch Mitspieler dabei, denen es nicht so leicht gelang. Doch dann schalteten sich oft andere Kinder ein und versuchten, eine Einigung zu bewirken. Auch wenn ich in einigen Situationen letztlich den Kompromiss herbeiführte, so haben die Mitspieler oft versucht, die Angelegenheit ohne Erwachsenen zu klären. Letztlich haben sich die Kinder als Gruppe an die Vereinbarungen und Pläne gehalten, auch wenn es manchmal schwerfiel. Gerade für die Kinder, die noch sehr ihre Vorstellungen und ihr Recht vor allem Anderen sehen, war es eine große Leistung, sich an die Absprachen zu halten.

Je weiter die Schatzsuche voranschritt, desto mehr konnte ich bei vielen Kindern eine deutliche Zunahme von Toleranz gegenüber anderen Mitspielern erkennen. Auch wenn es in jeder Klasse Kinder gibt, die nicht zusammenspielen können oder sich unsympathisch sind, wurden diese Differenzen in den Spielstunden größtenteils abgelegt. Durch die Gespräche mit den Lehrkräften wurde unter anderem der Entwicklungsprozess einiger Kinder sehr deutlich. Beispielsweise bei einem Jungen, der anfangs sehr ruhig und zurückhaltend wirkte. Er machte den Eindruck, es sei ihm nicht wichtig, seine eigene Stellung und Meinung zu vertreten. Doch als die Gruppen mit den Flößen unterwegs waren, bemerkte er, dass eine Gruppe von Kindern nicht so gut mit ihrem Boot vorankam. Der Junge forderte alle auf seinem Floß auf, den anderen zu helfen und die Gruppe setzte sich umgehend in Bewegung. In dem anschließenden Reflexionsgespräch sagte der Junge ganz deutlich, es habe ihm sehr gut gefallen, den anderen zu helfen. In späteren Beobachtungen und Gesprächen mit seiner Lehrerin wurde mir sein hilfsbereites Handeln im Klassenverband bestätigt. Dieser Junge stellt keine Ausnahme dar, die meisten Kinder haben die Kernidee des gemeinsamen Miteinanders verstanden und erkannt.

Einige exemplarische Spiele aus der Spielgeschichte

Ausbildungscamp (niederschwelliger Einstieg in Wahrnehmungs-, Vertrauens-, Kooperationsspiele)

Klänge in der Dunkelheit
Material: Augenbinden, Schals etc. verschieden klingende Musikinstrumente
Partnerspiel: Gemeinsam wird ein Instrument ausgewählt. Einem werden die Augen verbunden, der andere bekommt das Instrument. Der Musikant muss nun den Blinden sicher (!) durch den Raum oder einen Parcours führen, ohne dass der Blinde Schaden nimmt. Nach zwei Minuten wird gewechselt.

Schlangenfangen
Die Gruppe stellt sich hintereinander auf und jeder legt seine Arme auf die Schultern des Vordermannes. Der Erste in der Reihe stellt den Kopf dar, der Letzte den Schwanz. Nun versucht der Kopf, den Schwanz zu fangen. Hat er dies geschafft, legt er seine Arme auf die Schultern des Gefangenen. Sein eigener Hintermann nimmt nun die eigenen Arme von den Schultern des Fängers, schlängelt vom Schwanz weg, und auf ein Zeichen der Spielleitung jagt nun der neue Kopf den neuen Schwanz.

Käpt'n kommt
Alle bewegen sich durch den Raum (durch Bänke begrenzt, die unser Schiff darstellten). Nach dem Ruf des Kapitäns muss die Crew schnellstmöglich die Befehle richtig ausführen.

1. Befehl „Käpt'n kommt!“: Alle stehen stramm und salutieren.
2. Befehl „Schrubbt das Deck!“: zu zweit so tun, als würde man das Deck mit Schrubber und Lappen wischen
3. Befehl „Ab in die Kombüse!“: zu dritt; zwei bilden mit den Armen einen großen Topf, einer rührt die Suppe
4. Befehl „Fiert die Segel!“: zu viert; drei in einer Reihe tun so, als ob sie an einer Leine ziehen, einer steht dahinter und dreht an einer Kurbel die Leine ein
5. Befehl „In die Boote!“: zu fünft; vier in einer Reihe tun so als ob sie die Ruder schlagen; einer steht mit dem Gesicht zu den anderen und tut so, als ob er eine Trommel im Takt schlägt

Spinnennetz
Material: Zauberschnüre, mobile Badmintonnetzhalterungen, Seile
Ein Spinnennetz versperrt der Gruppe den Weg. Durch jedes Maschenloch darf nur ein Mitspieler auf die andere Seite gehen. Durch Taktik und genaue Absprache muss die ge-

samte Gruppe hinüberkommen. Spieler dürfen von anderen gehoben und durch das Netz geschoben werden. Bei den Kindern habe ich die Regel weggelassen, die verbietet, das Netz zu berühren.

Flussüberquerung
Material: Rollbretter, Seile, Matten, Kästen
Die Gruppe muss einen großen Bereich der Halle, den Fluss, überqueren. Dafür müssen Mitspieler aus Rollbrettern, Seilen und Matten Flöße bauen. Aus dem Fluss ragen scharfe Felsen (Gymnastikkästen) heraus, die umfahren werden müssen. Zum Paddeln und Manövrieren dürfen die Füße eingesetzt werden.

Die Botschaft im Blauen Loch
Material: Handschuhe, Rollbretter, Matten, Weichbodenmatten, Tücher, Bänke, Seile, Zettel mit geheimer Botschaft
Inspiriert durch *Operation Krakatau*, kooperative Abenteuerspiele 3, Seite 159.
Die Gruppe muss aus einem tiefen, blauen Loch die geheime Botschaft von John Silver bergen und anschließend in richtiger Reihenfolge zusammensetzen. Die Gruppenmitglieder erhalten verschiedene Aufgaben, denn die Botschaft ist schon sehr alt und deshalb sehr porös. Sie darf nur mit Handschuhen berührt und geborgen werden, muss dann in Tüchern sicher ins Lager gebracht werden, wo die Botschaft schließlich von den besten Lesern zu entschlüsseln ist.
Die Matten stellen den Rand des blauen Lochs dar. Im Loch selbst sind die Papiere und ein bis drei Rollbretter verteilt; an diesen sind Seile angebracht, damit vom Rand aus Helfer die Bretter immer wieder heranziehen können. Die Kinder auf den Brettern bekommen die Handschuhe und müssen ganz vorsichtig mit den geborgenen Stücken umgehen. Am Rand werden die Fragmente in Tücher gelegt, die von zwei Kindern behutsam über Bänke (Baumstämme) transportiert werden. Dort werden sie in neue Tücher übergeben, die ebenfalls von zwei Kindern über Kästen sorgsam getragen werden. Diesen Parcours kann man beliebig variieren.

Tipp

Viele weitere Spiele, die sich in einfachen Variationen gut in eine Piratengeschichte einbauen lassen, finden Sie in folgenden Spielesammlungen:

Baer, Ulrich (erw. Auflage 2013): 666 Spiele. Seelze: Klett Kallmeyer.

Baer, Ulrich/Waschk, Marietheres (2014): Klassenspiele Bewegung. Seelze: Klett Kallmeyer.

Gilsdorf, Rüdiger/Kistner, Günter (1995 ff.): Kooperative Abenteuerspiele. Band 1, 2 und 3. Seelze: Klett Kallmeyer.

3

100 Spiele und Aktionen, gruppiert in 10 Spielprogramme

So finden Sie die passenden Spiele

Die übersichtliche Einteilung aller Spiel- und Aktionsvorschläge in zehn Kapitel soll Ihnen die Auswahl der Methoden erleichtern.

1. Wählen Sie eines unserer Kapitelthemen:
   - Wer wir sind
   - Wo wir wohnen
   - Was uns gefällt
   - Was wir werden wollen
   - Wie wir zusammenleben
   - Herausforderung und Zuversicht
   - Fremd und vertraut
   - Meine Medien
   - Natur und Umwelt
   - Wie man was erfindet

2. Sie finden zu jedem Thema zehn sehr unterschiedliche Spiele und Aktionen. Es beginnt mit eher kurzen, einfacheren Vorschlägen und endet mit eher anspruchsvolleren, länger dauernden Aktivitäten.

3. Sie können alle zehn Ideen eines Kapitels nacheinander als mehrwöchiges Programm durchführen oder einzelne Spiele mit Spielen aus anderen Kapiteln kombinieren und so Ihre eigenen Spielprogramme zusammenstellen.

Oder: Schauen Sie in unser besonderes *Verzeichnis der Spielanlässe* auf Seite 200. Wenn Sie z. B. eine Idee brauchen, mit der die Kinder mal so richtig in Bewegung kommen, dann finden Sie dort passende Spiele. Oder wenn die Kinder lernen sollen, mehr Rücksicht aufei-nander zu nehmen, dann finden Sie dort auch die entsprechenden Seitenverweise zu unseren Vorschlägen.
Und außerdem: Unter jedem Spielnamen finden Sie eine Kurzbeschreibung, damit Sie sofort einschätzen können, ob dieser Vorschlag zu Ihrer Gruppe und der Situation passt.

Warum ausgerechnet diese Themen?

Einige wenige Spiele stammen aus unserem bewährten Spielerepertoire. Die meisten Spiele jedoch haben Günter Kistner, Marietheres Waschk und Ulrich Baer während einer mehrtägigen Spiele-Erfinderklausur extra für dieses Buch zusammengestellt, Varianten und Erweiterungen dazu entwickelt oder sogar komplett neu ausgedacht.
Alle Spiele können Inhalte transportieren, werden aus bestimmten Anlässen gespielt und haben eine Bildungswirkung. Im Ganztag lassen sich nahezu alle denkbaren Spiele und Aktionen durchführen. Weil der Ganztag jedoch in einer pädagogischen Einrichtung stattfindet, wollten wir nicht irgendwelche beliebigen Spiele vorschlagen, sondern haben solche hier beschrieben, die unserer Erfahrung nach besonders intensive Bildungschancen bieten. Bildungsmöglichkeiten, die fachübergreifende, lebensweltliche Themen beinhalten – und die den Unterricht ergänzen oder auch Themen aus dem sogenannten „heimlichen Lehrplan" aufgreifen.
Viele Spiele dienen einfach dem besseren Kennenlernen der Mitschüler, wobei es im Hintergrund um die Entwicklung der kindlichen Identität und weiteren Ausbildung ihrer Individualität geht. Dazu passt, dass in weiteren Spielen der empathische und respektvolle Umgang miteinander geübt wird. Alle ausgewählten Themen haben etwas mit der aktuellen Lebenswirklichkeit der Kinder zu tun, ob es ihre Wohnsituation im Stadtteil ist, die Nutzung elektronischer Medien oder ihre beruflichen Perspektiven. Die Spiele bieten die Chance, sich unterhaltsam und höchst motivierend mit persönlich und gesellschaftlich bedeutsamen Fragen zu befassen.
Die kreative Beschäftigung mit diesen Themen ruft bei den Kindern die Lust auf die eigene Gestaltung des Lebens hervor. Und das genau ist der Sinn bei unserer Spielauswahl:
Im Konzert aller pädagogischen Bemühungen der Ganztagsbildung sollen die Kinder mit Spielen und kreativen Aktionen dabei unter-

stützt werden, ihr Leben selbstbewusst und solidarisch in die Hand nehmen zu können, um als mündige Menschen in einer humanen, demokratischen Gesellschaft leben zu können.
Das ist ein großes, komplexes und fernes Bildungsziel. Uns ist natürlich klar, dass dies mit ein paar kleinen Spielen nur angestoßen werden kann. Deshalb die Zusammenstellung zu länger dauernden Programmen, und deshalb besitzen einige Vorschläge einen vielschichtigen Projektcharakter.
Die unterschiedlichen Aktionsangebote in größeren Spielprojekten sprechen die verschiedensten Sinne an und bieten differenzierte inklusive Zugangsweisen – und damit die Chance zu ganzheitlichem Lernen mit nachhaltiger Bildungswirkung.

Einige praktische Hinweise zum Einsatz der Ideen

Wir haben uns für die Spielbeschreibungen in diesem Buch einige Besonderheiten ausgedacht, die Sie bei der Anwendung der Vorschläge zusätzlich unterstützen können.
Mit den **Varianten** wird die grundlegende Spielidee beibehalten, aber eine Regelvariation beschrieben, die in manchen Situationen und für einige Gruppen besser passt. Probieren geht hier ganz klar über studieren.
Die Ideen, die Sie im Absatz **Erweiterungen** finden, stellen mögliche Fortführungen und Vertiefungen der Aktion dar. Sie sind meistens anspruchsvoller als die Grundspielregel und erfordern zusätzliche Zeit.
In den **Tipps** geben wir Ihnen kleine praktische Hinweise oder führen hilfreiche Internetlinks an. Während die **Pädagogischen Hinweise** für ein Gelingen der Spiele und kreativen Aktionen unbedingt beachtet werden sollten – jedenfalls nach unserer spielpraktischen Erfahrung.
Zu einigen Beschreibungen finden Sie Materialien, die Sie von der Website des Verlags herunterladen und ggf. ausdrucken können. Wie Sie an dieses Downloadmaterial kommen und was es beinhaltet, steht im Anhang dieses Buches.

Wie beginnen?

Hier listen wir einige motivierende Einstiegsmethoden auf, mit denen ein Spielprogramm oder ein Ganztagsprojekt begonnen werden kann. Nicht jede Idee lässt sich für jedes Thema nutzen und die Vorschläge brauchen auch unterschiedlich viel Vorbereitung, einige Einstiege setzen auf die Aktivität der Kinder, andere leben vom Überraschungs- oder Vorführeffekt.

- mehrere Wissensstationen aufbauen (Kinder recherchieren aus vorbereiteten Medien, machen Versuche und Experimente, suchen nach Bildern zum Thema im Internet)
- animatives Rollenspiel der pädagogischen Mitarbeiter (szenisches Anspiel)
- Brainstorming oder Clustering mit der ganzen Gruppe
- ein Rätsel oder Ratespiel
- im ganzen Gebäude etwas Gegenständliches zum Thema sammeln
- auf einem Spaziergang etwas zum Thema sammeln und mitnehmen
- Exkursion (auch in ein Museum, an einen Arbeitsplatz)
- Forscherauftrag (zu Hause etwas herausfinden, erfragen, fotografieren, suchen und dann mitbringen)
- eine Schatztruhe (einen Koffer, Tasche, Behältnis) in die Mitte stellen mit Gegenständen zum Thema drin
- etwas erfühlen lassen (auf dem Rücken im Kreis einen Gegenstand zum Thema ertasten und weitergeben)
- Fotos oder kurzes Video (oder Fernsehaufzeichnung) zeigen
- eine ausgedachte oder erlebte Geschichte erzählen (oder ähnliches: Gedicht, Lied, Zeitungsmeldung)
- ein Bilderbuch präsentieren, einen passenden Kunstdruck zeigen
- eine passende Person, ein Tier oder eine Pflanze präsentieren
- eine Fragebox („Themenspeicher“) anlegen und eine Frage ziehen, vorlesen und erste Antworten versuchen

- ein Musikstück oder Mitmachkinderlied vorspielen und die Kinder raten lassen, um welches Thema es geht (es müsste im Stück erkennbare Anknüpfungspunkte geben)
- ein kleines technisch-naturwissenschaftliches Experiment zum Thema vorführen
- sich zu einem Thema verkleiden und mit den Kindern eine Szene ausdenken und spielen
- kleines Quiz mit Auswahlantworten veranstalten (wobei gleichzeitig das Vorwissen und die Vorerfahrungen zu dem Thema in der Gruppe aktualisiert werden)
- mit einem Bewegungs- oder Aufwärmspiel beginnen
- ein thematisches Puzzle, Kartenspiel o. Ä. spielen

Wie beenden?

Eine einfache Spielkette sollte möglichst mit einer gemeinsamen, kooperativen Aktion beendet werden – das kann ein Tanz oder Bewegungsspiel oder Lied sein. In den didaktischen Prinzipien haben wir auf Seite 26 betont, dass die Bildungswirkung der Spielprogramme und größerer Projekte entscheidend durch eine selbstgestaltete Präsentation gesteigert werden kann. Viele unterschiedliche Formen sind dafür möglich und zu einigen stellen wir Ihnen auf der Webseite des Verlags praktische Hilfen als Downloadmaterial bereit.

- Ausstellung mit spielerisch-interaktiven Elementen (Bericht im Downloadbereich)
- Vorführung, Szenenrevue, Theatervorstellung
- Festgestaltung (Planungscheckliste im Downloadbereich)
- Dokumentation auf einer (Schul-)Website
- Fortlaufender Bericht in einem Blog
- Videos, Fotos und Kurzbericht in sozialen Netzwerken

Es ist schon richtig, dass man das praktische Spielleiterverhalten nicht aus Büchern lernt, sondern dazu am besten eine Fortbildung besucht – zum Beispiel in der Akademie der Kulturellen Bildung (früher Akademie Remscheid, jetzt: www.kulturellebildung.de). Dennoch geben wir Ihnen einige Tipps zur Gestaltung von Spielaktionen im Ganztag auf Seite 25 und wollen hier noch mal Mut machen, Spielvorschläge aus verschiedenen Themenkapiteln zu eigenen Programmen zu kombinieren. Für die Kinder können Sie das am spannendsten gestalten, indem Sie die Spielekette in eine Rahmengeschichte einbetten, etwa so wie es Kai Kolisch in seiner Piratenstory gemacht hat (siehe Seite 38).
Wir wünschen Ihnen auf jeden Fall viel eigenen Spaß mit unseren Ideen, der sich dann bekanntlich auch auf die Kinder überträgt.

Wer wir sind

Das eigene Selbstbewusstsein entwickelt sich stetig, dabei spielen eigene Erlebnisse (z. B. im Spiel) und die daraus gezogenen Erkenntnisse eine wichtige Rolle. Doch auch vermittelte Werte, gesellschaftliche Normen und die Meinungen von Freunden, erwachsenen Bezugspersonen und der Familie bestimmen die eigene Haltung mit. Um die größtmögliche Selbstständigkeit zu erlangen, muss jeder Mensch sich seiner selbst bewusst sein. Seine eigenen Ansichten zu zeigen und diese vertreten zu können, ist ein wichtiger Schritt in Richtung Mündigkeit. Die Meinungen und Ansichten der anderen dabei zu verstehen, zu respektieren oder sich kritisch mit ihnen auseinanderzusetzen, hilft auf diesem Weg.

Plätze wechseln: In einem Kennenlernspiel wechseln die Kinder anhand eigens gesuchter Kriterien ihre Plätze und berichten anschließend darüber

Ja und Nein: Zu unterschiedlichen Fragen zeigen die Kinder ihre Antworten durch Platzwechsel im Raum an

Bewegungslied erfinden: Ein bekanntes Lied wird mit den Neigungen und Hobbies der Kinder versehen und gemeinsam gesungen

Maskenball: Fantasievolle Masken werden von den Kindern gestaltet, in andere Rollen dazu geschlüpft und gemeinsam tanzend ein Maskenball gefeiert

Meine Selbsturkunde: Die Kinder sammeln ihre Talente, suchen sich ihres aus und präsentieren dieses der Gruppe

Unser Gruppenfoto: Ein amüsantes Standbild wird nach und nach gestellt und anschließend aufgenommen

Wappen gestalten: Nach einer Recherche über die Bedeutung der Symbolik von Wappen erstellt jedes Kind individuell sein Persönlichkeitswappen

Gruppen-Memo-Spiel: Zwei Fotos, ein Porträt und ein Foto „in action" eines jeden Kindes, bilden die unechten Pärchen des Memo-Spiels

Wer bin ich eigentlich?: Bilderbücher, bei denen das Thema Identität im Mittelpunkt steht, lesen und kreativ umsetzen

Männlich-weiblich-Würfel: Über unterschiedliche Aussagen berichten und auf Geschlechter-Klischees analysieren

Plätze wechseln

Alle im Kreis mit einem bestimmten Merkmal tauschen ihre Plätze.

Alter: geeignet für alle Grundschul-Jahrgangsstufen
Dauer, Tempo: 10 – 15 min, sehr lebhafte Aktionsform: bewegen, wahrnehmen, schnell reagieren
Gruppierung: Stuhlkreis, einer steht in der Mitte, alle übrigen sitzen im Kreis
Bildungschancen: Merkmale der Gruppenmitglieder erkennen
Material: Stühle im Kreis
Vorbereitung: –

Ein Stuhlkreis mit einem Stuhl weniger als Mitspieler wird gebildet. Eine Person (z. B. die Spielleitung) steht in der Mitte und nennt ein Merkmal, das mehrere in der Gruppe besitzen. Die Spieler, auf die das Merkmal zutrifft, sollen sofort ihren Platz wechseln, während der Ansager versucht, einen freien Platz zu erwischen. Wer keinen Stuhl erwischt hat, ist der nächste Ansager: „Alle wechseln ihren Platz, die …!“

Beispiele für Merkmale:
…, die eine Brille tragen.
…, die mit dem Rad zur Schule gekommen sind.
…, die im letzten Zeugnis mindestens eine Eins hatten.
…, deren Vorname mit M anfängt.
…, die in diesem Jahr schon mal erkältet waren.
…, die kein Schweinefleisch essen.
…, die in diesem Jahr schon Geburtstag hatten.

Erweiterung

Das Spiel kann auch Teil einer längeren Kennenlernaktion sein, bei der nach jedem Platzwechsel die Merkmalsbesitzer ihren Namen nennen und – soweit sinnvoll – kurz zu ihrem Merkmal Einzelheiten berichten (z. B. wie lan-

ge sie bereits eine Brille tragen oder in welchem Fach sie eine Eins bekommen hatten).

Varianten

Das bekannte Spiel „Mein rechter Platz ist leer, ich wünsche mir jemand, der ..., her!". Dabei ist ein leerer Stuhl im Kreis notwendig.

Tipp

Da es bei diesem Spiel auf das schnelle sprachliche Verstehen ankommt, kann folgende Spielregelergänzung in Gruppen helfen, in denen einige Mitspieler sind, die deutsche Begriffe für die Merkmale nicht kennen: Für 12–15 Merkmale werden die Merkmalwörter auf A4-Blätter in deutscher, englischer und ggf. arabischer Sprache gut lesbar aufgeschrieben. Der Ansager wählt aus den vorbereiteten Blättern ein Merkmal und hält das mehrsprachige Blatt während seiner Ansage in alle Richtungen hoch.

Pädagogischer Hinweis

Negativ konnotierte Merkmale und Merkmale, bei denen die Gefahr der Diskriminierung oder Diffamierung besteht, sollten vermieden werden.

Ja und Nein

Die Kinder ordnen sich schnell einem angesagten Merkmal zu und tauschen sich kurz darüber aus.

Alter: geeignet für alle Grundschul-Jahrgangsstufen
Dauer, Tempo: 15 – 30 min, sehr lebhaft
Aktionsform: bewegen, wahrnehmen
Gruppierung: alle verteilt im Raum
Material: ein „JA"- und ein „NEIN"-Schild
Bildungschancen: kennenlernen, sich schnell entscheiden
Vorbereitung: Merkmale überlegt haben oder notiert haben. Raum mit Kreidestrich o. Ä. in zwei Hälften teilen und Hälften mit den Schildern markieren

Alle Kinder stellen sich beliebig verteilt in die beiden mit „JA" und „NEIN" gekennzeichneten Raumhälften.

Die Spielleitung nennt dann eine Eigenschaft und zeigt auf die „JA"-Raumhälfte, in die alle Kinder rennen sollen, auf die dieses Merkmal zutrifft. Kinder, auf die diese Eigenschaft nicht zutrifft, rennen in die „NEIN"-Raumhälfte. Alle schauen sich dann um und stellen fest, wer alles in der einen und in der anderen Hälfte steht.

Je nach Art des genannten Merkmals, kann es für alle interessant sein, wenn einige Kinder über Einzelheiten dazu von sich erzählen. Dann wird die nächste Eigenschaft genannt und die Kinder rennen in die für sie zutreffende Raumhälfte.

Beispiele für Eigenschaften:

- wer schon mal auf Mallorca war
- wer ein Haustier besitzt
- wer eine bestimmte TV-Show guckt
- wer ein Handy besitzt, mit dem man fotografieren kann
- wessen Eltern oder Großeltern aus der Türkei gekommen sind
- wer schon das Seepferdchen gemacht hat
- wer in der ersten Jahreshälfte Geburtstag hat
- wessen Vorname mit einem Vokal beginnt (a, e, i, o oder u)
- wer schon mal Schach gespielt hat
- wer erklären kann, was dieses Zeichen bedeutet: § (Zeichen anschreiben oder groß auf DIN-A4-Karton aufgemalt hochhalten).

Tipp

Bei einem für das kommende Thema der Gruppenstunde wichtigen Merkmal können auch Fragen an einige Kinder, die in diese Hälfte gerannt sind, gestellt werden.

Bewegungslied für die eigene Gruppe erfinden

Zu einem bekannten Bewegungslied wird der Text verändert und mit den Lieblingsspielen der Kinder versehen.

Alter: geeignet für alle Grundschul-Jahrgangsstufen
Dauer, Tempo: 45 min, erst ruhig, dann bewegt
Aktionsform: kreatives Rhythmus- und Musikspiel
Gruppierung: im Stuhlkreis
Bildungschancen: Rhythmus und Musik erfahren, Lieblingsbeschäftigungen kreativ in Pantomime umwandeln
Material: Flipchart oder Tafel, ggf. Musikinstrumente
Vorbereitung: siehe Spielbeschreibung

Zur Vorbereitung empfiehlt es sich, ein bekanntes Bewegungslied mit der Gruppe einzuüben. Leicht und gut geeignet dafür ist das Lied *Hab 'ne Tante aus Marokko und die kommt.* Zu den Aktionen der Tante in diesem Lied gibt es kleine Bewegungen und Geräusche, die von der Gruppe im Refrain wiederholt werden. Nun werden aber Lieblingsspiele oder Eigenschaften der Gruppenmitglieder im neuen Text eingearbeitet und mit Geräuschen und Bewegungen versehen. Der neue Liedtext kann wie folgt lauten: „Ja wir spielen gern zusammen, das macht Spaß! Hurra!" Bei dem Wort Hurra werden beide Arme mit geballten Fäusten jubelnd zweimal nach oben gestreckt.
Die Gruppe sitzt dann gemeinsam im Stuhlkreis und singt das bekannte Lied von der Tante aus Marokko. Im Anschluss wird der neue Refrain: „Ja wir spielen gern zusammen – das macht Spaß! Hur-ra!" eingeübt. Nur fehlen nun die Strophen! Jetzt darf jedes Kind sich seine Lieblingstätigkeit überlegen, die es dann in das Lied mit einbringen kann. Beispielsweise spielt Tristan gern Fußball, dann könnte die Strophe „Mit dem Tristan spiel'n wir Fußball – Schuss und Tor!" lauten. Bei den letzten beiden Worten wird pantomimisch ein Ball geschossen. Dinas Strophe, die das Tanzen gewählt hat, klänge so: „Mit der Dina woll'n wir tanzen – dreh dich schnell", wobei am Ende der Strophe eine Pirouette gedreht wird.

Tipp

Beim Erfinden der einzelnen Strophen und neuen Bewegungen dazu, empfiehlt es sich, diese für alle groß aufzuschreiben. Beim anschließenden gemeinsamen Singen und Spielen können sich so die neuen Bewegungen leichter gemerkt werden.

Pädagogischer Hinweis

Dieses Spiel lebt von den unterschiedlichen Hobbys der Kinder. Abwechslungsreichtum erhöht die Spielfreude. Es kann gut auch zu Beginn einer gemeinsamen Präsentation vor Publikum aufgeführt werden.

Maskenball

Alle basteln sich eine persönliche Maske, die bei einem kleinen Fest getragen wird.

Alter: geeignet für alle Grundschul-Jahrgangsstufen
Dauer, Tempo: 30–45 min, beginnt ruhig und endet bewegt
Aktionsform: basteln, bemalen und dekorieren, bewegen
Gruppierung: alle verteilt im Raum, zunächst an Tischen

Bildungschancen: Identität entwickeln, persönlicher Ausdruck, Geschmacksbildung
Material: Neutralmasken, Dekorationsmaterial, Farben, Klebstoff, Bildbände über Masken aus verschiedenen Kulturen, großer Spiegel, Musik, evtl. etwas zu essen
Vorbereitung: Masken und Dekomaterial besorgen und bereitlegen

Im ersten Teil der zweiphasigen Aktion werden individuelle Masken hergestellt und dekoriert. Anregungen können durch das gemeinsame Betrachten von Bildbänden oder eine Internetrecherche gefunden werden. Jedes Kind soll eine ganz persönliche Maske gestalten, in der zum Ausdruck gebracht wird, wie es gern einmal in Erscheinung treten möchte, sozusagen ein Wunschbild der eigenen Person.

Jedes „Maskenwesen“ gibt sich einen unverwechselbaren Namen, z. B. „Fürst der Finsternis“ oder „Sartana, die Wilde“. Und zu jeder Maske studiert jedes Kind (möglichst vor einem Spiegel) eine Körperhaltung und -bewegung ein. Dann stellen sich alle Masken-Kinder nacheinander mit Name und Bewegung vor. Alle Kinder wiederholen den Namen mit der Bewegung und sagen dabei möglichst gleichzeitig: „Das ist Sartana, die Wilde!“

Nach dieser Vorstellungsrunde beginnt der zweite Teil, der Maskenball: Zusammenpassende Masken bilden Paare, die nun feierlich in den „Bankettsaal" unter Musikbegleitung einziehen. Im Saal findet nochmal ein gegenseitiges Begrüßen statt. Dann werden einige Tänze durchgeführt, z. B. verschiedene Polonaise-Formen. Der Ball kann mit einem „Festmahl" an einer langen Tafel fortgeführt werden. Zum Schluss stellt sich jeder nacheinander hin, der richtige Vorname soll erraten werden und dann legt das Kind seine Maske ab.

Varianten

Statt Masken zu basteln findet eine Schminkaktion statt, bei der sich Paare gegenseitig schminken. Die schminkende Person ist frei in ihrer Gestaltung, die zu schminkende kann bestimmte Rahmenbedingungen festlegen, z. B. dass eine bestimmte Farbe, die sie nicht mag, nicht genutzt werden darf. Sie kann sich alternativ auch ein allgemeines Thema wünschen. Statt die Finger lieber feine Pinsel nutzen!

Tipp

Weiße Plastik-Neutralmasken (gibt es auch als Halbmaske nur für die obere Gesichtshälfte) sind leicht zu tragen, zu dekorieren und zu bemalen und preiswert. Aber Achtung: Die Preise differieren sehr stark!

Pädagogischer Hinweis

Es sollte die individuelle Gestaltung besonders unterstützt werden, damit die Kinder über die klischeehaften Karnevals- und Halloween-Masken-Typen hinaus zu einem persönlichen Ausdruck gelangen.

Meine Selbsturkunde

Jeder sammelt seine Stärken und Talente und verleiht sich selbst eine eigene Urkunde dafür.

Alter: geeignet für alle Grundschul-Jahrgangsstufen
Dauer, Tempo: 15–30 min, ruhig
Aktionsform: Kommunikationsspiel
Gruppierung: einzeln und in der Großgruppe
Material: Moderationskarten, Stifte, Klebeband, vorbereitete Blanko-Urkunden
Bildungschancen: eigene Stärken erkennen und benennen
Vorbereitung: Die Spielleitung hat für jedes Kind eine Blanko-Urkunde vorbereitet, die Platz für den Namen und die Art der „Disziplin" freilässt.

Jedes Kind überlegt, was er besonders gut kann und auch gern macht. Jedes einzelne Talent wird auf einer Moderationskarte festgehalten. Schnell füllt sich eine ganze Wand voll mit dem unterschiedlichsten Können, das in der Gruppe teilweise bekannt aber teilweise auch unbekannt ist. Freunde können sich gegenseitig beraten, was sie an dem anderen schätzen, z. B. den Humor, die Hilfsbereitschaft, aber auch das gemeinsame Spielen oder Sportmachen kann hier Einzug halten. Wenn die Wand gefüllt ist, gilt es, einen Augenblick innezuhalten und sich alle Talente anzuschauen. Hier können die Kinder entweder ihre Talente selber vorstellen oder der Spielleiter liest sie vor. Nun wählt sich jedes Kind aus seinen Talenten eins aus und verleiht sich dafür seine Selbsturkunde, z. B.: „Urkunde: Marie ist in der Disziplin Trösten einfach wunderbar! Wir gratulieren." Oder: „Urkunde: Kian ist in der Disziplin Fußball-Schiedsrichter-Sein einfach wunderbar! Wir gratulieren." Anschließend können die Kinder ihre Urkunden vorlesen und bekommen dafür einen tosenden Applaus.

Tipp

Die Urkunden können im Klassen- oder Gruppenraum ausgestellt werden. Nach der Ausstellung darf jeder seine Urkunde mit nach Hause nehmen und dort erneut stolz zeigen.

Pädagogischer Hinweis

Wichtig ist, dass es hier nicht um einen Wettbewerb oder Vergleichbarkeit geht, sondern dass jeder sich auf seine Stärken besinnt und diese wertfrei äußern darf. Im Unterschied zu sportlichen Wettkämpfen bekommt in diesem Spiel jeder seine persönliche Urkunde, da jeder ein anzuerkennendes Talent besitzt.

Unser Gruppenfoto

Alle stellen sich nacheinander als Teile eines Standbildes in eine Szene und machen diese komplett.

Alter: geeignet für alle Grundschul-Jahrgangsstufen
Dauer, Tempo: 15 min, ruhig
Aktionsform: Darstellungs- und Wahrnehmungsspiel
Gruppierung: Großgruppe mit Bühnenfläche
Material: Kamera, ggf. Staffelei oder Flipchart für den Titel der Szene
Bildungschancen: genaues Darsteller als Teil eines Bildes fantasiereiche Szenen aufbauend entwickeln, Improvisieren
Vorbereitung: Die Spielleitung trennt einen Teil des Raumes als „Spielfläche" oder „Bühne" ab und überlegt sich ein paar mögliche Szenerien, die von der Gruppe als Foto nach und nach aufgebaut werden.

Alle Kinder stehen in einem Halbkreis, mit Blickrichtung auf die abgetrennte „Bühne" oder „Spielfläche". Der Spielleiter nennt nun eine Situation, in der das Foto, das die Kinder gemeinsam stellen werden, aufgenommen sein könnte. Er sagt zum Beispiel: „Auf dem Bahnhof." Das erste Kind, das dazu eine Idee hat, stellt sich nun als dieser Teil des Fotos auf die Bühne. Zum Beispiel denkt es an die Bahnhofsuhr, geht auf die Bühne, formt mit den Armen einen großen Kreis über dem Kopf und sagt: „Ich bin die Uhr am Bahnsteig." Der Nächste stellt sich dazu, hebt eine Hand und sagt zum Beispiel: „Ich bin der Schaffner." Nach und nach entsteht so ein Gruppenbild einer Bahnhofssituation. Mögliche Szenen können sein: in der Kirche, im Supermarkt, in der Pause auf dem Schulhof, unsere Klasse ohne Aufsicht …

Tipp

Das fertige Bild mit allen Kindern sollte im Anschluss aufgenommen werden. Der vorgegebene Titel der Szene kann auf einer Flipchart daneben mit aufgenommen werden, damit sich die Kinder später daran erinnern können.

Pädagogischer Hinweis

Durch das Improvisieren lernen die Kinder, sich schnell auf neue Situationen einzulassen. Den Grad des Einlassens auf die Szene (im Mittelpunkt der Szene sein oder lieber am Rand) bestimmen sie selbst.

Wappen für sich gestalten

Jeder gestaltet für sich selbst ein großes Wappenschild.

Alter: geeignet für alle Grundschul-Jahrgangsstufen
Dauer, Tempo: 30 – 45 min, ruhig
Aktionsform: bewegen, wahrnehmen, kombinieren, kooperieren
Gruppierung: alle verteilt im Raum, evtl. an Tischen
Material: für jeden eine stabile Pappe (mind. 50 x 70cm), Bastel- und Zeichenmaterial, möglichst Gold- und Silberfolie und -farben
Bildungschancen: symbolischen Ausdruck für die eigene Persönlichkeit finden; bildnerisches Gestalten üben
Vorbereitung: Materialien bereithalten. Recherche über Wappen in Büchern bzw. im Internet ermöglichen.

Nach dem Erläutern der Aufgabe wird in Büchern oder auf Internetseiten das Aussehen und die Funktion von Wappen recherchiert, damit die Kinder Gestaltungsvarianten kennenlernen und für sich passende Symbole, Zeichen und Tiere auswählen können. Dabei sollten sich die Kinder auch über die symbolische Bedeutung typischer Wappen-Tierarten (Löwe, Adler, Pferd, Wolf/Hund usw.) informieren.
Dann erstellt jeder auf einem A4-Blatt eine Entwurfsskizze für sein persönliches Wappen. In einer kurzen Besprechungsrunde stellen alle ihre Entwürfe vor und tauschen Anregungen aus.
Nun können die Entwürfe auf die große Pappe übertragen werden. Eine Fotoaktion mit allen fertigen Wappenschilden schließt sich an.

Erweiterungen

Eine Ausstellung mit Kinderfotos, den zugehörigen Wappen und Erläuterungen der verwendeten Symbole.

Die Wappen können vielgestaltig ergänzt werden und mit Applikationen (Schmuckbänder, Naturmaterial, Rosetten) reliefartig verziert werden. Mit einem angehefteten Haltegurt wird aus dem Wappen ein Schild.
Im Kontext der keltischen König-Artus-Sage können wöchentlich die „Ritter der Tafelrunde“ gewählt werden.
Die Gestaltung der Wappen kann zu einem großen Mittelalterprojekt ausgeweitet werden.

Varianten

1. Kleingruppen mit je 3–4 Kindern bilden. Jede Gruppe bekommt die Aufgabe: Stellt euch vor, ihr seid eine Familie und entwerft ein Wappen, in dem sich jedes Familienmitglied wiederfinden kann.
2. Paare bilden. Jeder erstellt für den Partner einen Wappenentwurf, den dieser korrigieren und ergänzen kann.

Tipp

Die Wappenbilder können fotografiert werden und von Kindern, die ein Smartphone besitzen, als Hintergrundbild für ihr Gerät gewählt werden.

Pädagogischer Hinweis

Da das Wappen ein symbolischer Ausdruck der individuellen Persönlichkeiten sein soll, kann bei einigen Kindern eine besonders einfühlsame pädagogische Unterstützung angebracht sein.
Wenn die Wappen im Gruppenraum stets griffbereit zur Verfügung stehen, kann als Ritual eingeführt werden, dass sich Kinder, die eine kurze Auszeit benötigen, hinter ihrem Wappenschild zurückziehen dürfen.

Gruppen-Memo-Spiel

Ein Gruppenmemo-Spiel mit Fotos und Eigenschaften wird gemeinsam hergestellt.

Alter: geeignet für alle Grundschul-Jahrgangsstufen
Dauer, Tempo: mehrere Einheiten à 45 min.
Aktionsform: kreatives kooperatives Gestalten
Gruppierung: in Paaren oder Kleingruppen
Material: Digitalkameras, Rechner, Requisiten für die Fotos
Bildungschancen: Emotionen oder Eigenschaften darstellen, Umgang mit Digitalkamera und Bildbearbeitung
Vorbereitung: für die unterschiedlichen Fotoszenarien Requisiten zusammensuchen, also Zugang zu den Alltagsmaterialien und ggf. Verkleidung bereitstellen

Die Kinder finden sich in Kleingruppen und überlegen jeder für sich, was ihre hervorstechende Eigenschaft oder ihre Lieblingsbeschäftigung ist. Wenn jeder in der Kleingruppe dies überlegt hat – die anderen Kinder der Kleingruppe helfen dabei beratend –, stellen sie sich ihre Ergebnisse in der Großgruppe vor. Dies hilft, um Doppelungen zu vermeiden. Wenn nun jeder eine Eigenschaft oder Lieblingsbeschäftigung für sich gefunden hat, wird diese in eine Pose ggf. mit Requisiten dazu verwandelt. Nun werden je zwei Fotos gemacht. Eine Aufnahme ist immer das Porträt des Kindes, die zweite Aufnahme zeigt das Kind in action. Die Bilder werden dann auf ein gleiches Format gebracht und ausgedruckt und auf Kärtchen aufgeklebt. Anschließend empfiehlt es sich die Karten zu laminieren.

Tipp

Die Fotos des Gruppenmemos können entweder selbst ausgedruckt werden und auf Kärtchen gemeinsam aufgeklebt werden oder aber online bei unterschiedlichen Anbietern gedruckt bestellt werden (ca. 20 € für ein „unechtes“ Memo (ein Paar hat zwei unterschiedliche Bilder) mit 64 Bildkarten, also 32 Pärchen.

Pädagogischer Hinweis

Dieses Spiel lebt von der Aktualität der Bilder. Wechseln Kinder die Schule oder die Gruppe oder kommen neue Kinder hinzu, ist es schön, wenn das Memo-Spiel ergänzt wird.

Wer bin ich eigentlich?

Theaterspiel nach Kinderbuchvorlage zur Identitätsfindung

Alter: eher geeignet für ältere Grundschul-Jahrgangsstufen
Dauer, Tempo: mehrere Gruppenstunden, ruhig und lebhaft
Aktionsform: bewegen, wahrnehmen, etwas vorspielen
Gruppierung: Kinder spielen verschiedene Rollen
Bildungschancen: Identität entwickeln; Ausdrucksfähigkeit vertiefen
Material: selbstgefertigte Kostüme und Requisiten; Lichttechnik, Musikinstrumente; für Varianten: sehr viele kleine Pappschachteln o. Ä.; Trickfilmgerätschaften (Computer, Software, Smartphones ...)
Vorbereitung: Kinderbilderbuch besorgen

Zwei bekannte Bilderbücher setzen sich auf geniale Weise mit der Problematik der Identitätsfindung für Kinder auseinander: *Pezzettino* von Leo Lionni und *Das kleine Ich bin ich* von Mira Lobe.
Beide Geschichten eignen sich hervorragend, um in ein Rollen- oder Theaterspiel umgesetzt zu werden. Unsere Empfehlung: Nicht nur ein Kind, sondern 3–4 Kinder unter einem großen bunten Stoffkostüm spielen den Protagonisten, der dann auch nicht einzelnen Tieren, sondern stets mehreren Tieren einer Sorte begegnet.

Varianten

1. Beide Geschichten eignen sich hervorragend für eine Stop-Motion-Trickfilmproduktion, die in einem längeren Ganztagskurs oder einer Projektwoche realisiert werden kann. Die Software iStopMotion ist besonders für Kinder geeignet und steht für Windows und als App für Apple-Betriebssysteme zur Verfügung.
2. Bastel-/Kunstaktivität: Jeder baut aus kleinen beschrifteten Teilen sein ICH zusammen. Die kleinen Teile sind beschriftet mit individuellen Eigenschaften, Vorlieben und Fähigkeiten. Die Teile können viele kleine Pappschachteln, gesammelte Verpackungen, Gipswürfel, Kantholz oder ähnliche Materialien sein. Jeder schmückt zum Schluss sein ICH mit Tapeten- oder Stoffresten.
3. Die Umsetzung einer der beiden Geschichten als vertonte Diashow oder als Hörspiel ist ein gut geeignetes Projekt für eine mittelgroße Kindergruppe. Musikalische Beiträge sollten bei einer solchen akustischen Umsetzung hinzugefügt werden.

Erweiterung

Viele weitere Projektideen zum Thema Identität finden sich im Literacy-Projekt zum Bilderbuch *Das kleine Ich bin ich* von Tanja Weber mit Spielideen, Liedern und Materialien, die den Inhalt des weltberühmten Kinderbuchs aufgreifen.

Pädagogischer Hinweis

Die pädagogische Fachkraft muss bei solchen eher längerfristigen künstlerischen Projekten Erfahrungen mit Kulturproduktionen mitbringen und muss die Regie übernehmen oder einen Theaterpädagogen hinzuziehen.

Männlich-weiblich-Würfel

Typische männliche und weibliche Verhaltensweisen werden auf Kinder zugewürfelt, die dazu Stellung nehmen sollen.

Alter: eher geeignet für ältere Grundschul-Jahrgangsstufen
Dauer, Tempo: 30–45 min, ruhig
Aktionsform: erzählen, diskutieren
Gruppierung: im Kreis sitzen
Material: 1–2 große Schaumstoffwürfel, 6–12 Klebeetiketten
Bildungschancen: Klischees und Geschlechtsstereotypien hinterfragen, Identität entwickeln
Vorbereitung: Klebeetiketten mit typischen Eigenschaften und Verhaltensweisen von Männern/Frauen und Jungen/Mädchen beschriften (kann auch vorher mit Kindergruppe gesammelt werden)

Die beiden Schaumstoffwürfel werden von Kind zu Kind im Kreis herumgekullert (nicht geworfen), während ein Kind mit geschlossenen Augen langsam bis zehn zählt. Bei zehn oder kurz danach landen die Würfel bei zwei Kindern im Kreis mit je einer bestimmten Aufschrift auf der Oberseite.

Die beiden Kinder sollen nacheinander zu der ihnen zufällig zugewürfelten Aufschrift Stellung nehmen, d.h., sie sollen erzählen und Situationen beschreiben, in denen die Behauptung auf sie selbst zutrifft oder nicht. Nachfragen bei den anderen Kindern sind erlaubt.

Im Gespräch kann herausgearbeitet werden, ob die Aufschriften „üblicherweise“ häufiger Männern/Jungs bzw. Frauen/Mädchen zugeschrieben werden.

Erweiterungen

Bilder von Stars, die den Kindern aus ihren Medien bekannt sind, können als Gesprächseinstieg verwendet werden, um über deren „typisch“ männliche bzw. weibliche Eigenschaften zu sprechen.

Alle in der Kindergruppe vertretenen Hobbys, Spielwelten und Interessengebiete werden aufgelistet und hinter jedem Stichwort wird notiert, auf wie viele Mädchen und wie viele Jungen diese Sache zutrifft. Dieses differenzierte Bild kann zum Anlass genommen werden, über geschlechtsspezifische Beschäftigungen zu diskutieren.

Beispiele für Würfel-Aufschriften

„Ich muss bei traurigen Filmen oft weinen.“
„Ich erzähle gerne und viel.“
„Ich gehe einem Streit meistens aus dem Weg.“
„Mir ist sehr wichtig, was ich anhabe.“
„Ich steh gern im Mittelpunkt.“
„Ich helfe meiner Mutter oft und gerne.“
„Ich finde Tier-Babies sehr süß.“
„Ich interessiere mich sehr für Technik.“
„Ich habe früher auch mit Puppen gespielt.“

Tipp

Dieses Würfelspiel ist kein Selbstläufer, sondern erfordert die Anwesenheit und aktive Teilnahme einer pädagogischen Fachkraft!

Pädagogischer Hinweis

Sind Kinder bei der Zuweisung von Verhaltensweisen und Eigenschaften sehr rigide und verallgemeinern ihre Aussagen, sollten diese Zuschreibungen und Behauptungen durch Nachfragen nach Situationen und Beispielen relativiert und differenziert werden, z.B.: „Ist XY tatsächlich immer so oder hast du ihn/sie auch schon mal anders erlebt?“

Wo wir wohnen

Die Gestaltung der eigenen Umwelt bewusst in die Hand nehmen zu können, ist eines der wichtigsten Erziehungs- und Bildungsziele. Warum? Weil diese Fähigkeit zu einer selbstständigen Lebensführung gehört. Wo und wie man wohnt, wie man sich einrichtet, wie der Stadtteil gestaltet ist, ob die Kinder gute Spielräume haben – das ganze Spektrum der Raumgestaltung von privaten Räumen bis zum öffentlichen Raum muss in demokratischen Gesellschaften von informierten und selbstbewussten Menschen mitbestimmt werden können. Derartig gebildete Menschen sind nachweislich toleranter gegenüber fremden Kulturen und ausländischen Mitbürgern. Darum ist die Wohn- und Stadtteilkultur so wichtig und darum ist das Thema Bauen und Wohnen keine reine Privatsache.

Richtige Straße und Hausnummer: Wie bei einem Schiebepuzzle, sollen Kinder auf einem großen Spielplan durch das Wechseln der Plätze zu ihrer richtigen Wohnadresse gelangen.

Das wär' doch was für mein Zimmer!: Collagen von Wunsch-Einrichtungsgegenständen zusammenstellen

Mein Wunschzimmer: In Schuhkartons werden Kinderzimmer so gestaltet, wie sich die Kinder ihre Wunscheinrichtung vorstellen

Stadtplan-Puzzle: Alle laufen durcheinander, tauschen Puzzleteile und legen sie bei Musikstopp passend zusammen.

Eine Höhle bauen: Einen Rückzugsbau erstellen und zum Lesen, Wahrsagen und Spielen nutzen

City Bound: Eine Abenteuer-Spielkette im Stadtteil veranstalten

Die Gegend sieht heute ganz anders aus!: Die Entwicklung vom Dorf zur Großstadt besprechen, indem Zeichnungen von einem Ort aus verschiedenen Jahren verglichen werden

Bilderquiz rund um's Wohnen: Ein Quizspiel mit exemplarischen Fragen zum Thema Wohnen und Auswahlantworten

Stadtbaumeisterspiel: Ein großes Modell unseres Stadtviertels bauen und dann damit spielen

Panorama-Präsentation von Plätzen und Kreuzungen: Mehrere Einzelfotos werden zu einem Panorama zusammengeklebt und auf der Innenseite einer zylindrischen Ausstellungsfläche angebracht.

Richtige Straße und Hausnummer

Durch Plätzewechseln sollen Kinder zu ihrer richtigen Wohnadresse auf einem Spielfeld gelangen.

Alter: geeignet für alle Grundschul-Jahrgangsstufen
Dauer, Tempo: 15 min, sehr lebhaft
Aktionsform: bewegen, wahrnehmen, kombinieren, kooperieren
Material: eine Teppichfliese mehr als Kinder (statt Teppichfliesen: A4-Kartonpapier oder Pappestücke), Kreppband, Filzstifte
Bildungschancen: taktisch gut kooperieren, kennenlernen untereinander
Gruppierung: alle verteilt im Raum
Vorbereitung: Jeder schreibt seine Straße und Hausnummer auf ein Stück Kreppband und klebt es auf die Unterseite einer Teppichfliese.

Nachdem die Fliesen beschriftet wurden, werden sie zusammen mit einer weiteren unbeschrifteten Fliese vom Spielleiter ohne Zusehen der Kinder zu einem Rechteck ausgelegt. Zwischen den Fliesen sollte ein Abstand von etwa einer Fliesenbreite gelassen werden. Sollte wegen einer „krummen“ Fliesenzahl kein Rechteck gelegt werden können, werden die Fliesen trotzdem in einem Rechteck angeordnet und an beliebigen Stellen möglichst wenige Plätze freigelassen (die zwar nicht betreten, aber gradlinig übersprungen werden dürfen).

Nun stellen sich alle Kinder auf je eine Fliese. Die eine freigebliebene Fliese wird angehoben und die Adresse auf der Unterseite vorgelesen. Das Kind, das auf diese Fliese gehört, meldet sich und soll sich auf diese Fliese zubewegen können. Das geht nur, wenn alle sich so auf den Fliesen wie bei einem Schiebepuzzle bewegen, sodass das Kind schließlich auf seine Fliese gehen kann. Die Regel für das Plätzewechseln: Auf jeder Fliese darf immer nur ein Kind stehen. Auf eine freie Fliese darf nur von einer seitlich angrenzenden Fliese gegangen werden (nicht von diagonalen Nachbarfliesen!).

Erweiterungen

Jeder bringt zu dem Spiel ein selbstaufgenommenes Foto von dem Haus mit, in dem er/sie wohnt. Nach dem Spiel werden die Fotos herumgezeigt und jeder kann erzählen, wie lange die Familie dort schon wohnt, woher sie ursprünglich kommt u. dgl.

Varianten

Zur Erleichterung und schnelleren Auflösung kann sich der Spieler, wenn er auf seiner richtigen Fliese angekommen ist, als Zuschauer an den Rand stellen. Weil dadurch immer mehr freie Fliesen entstehen, wird das Plätzewechseln einfacher und schneller.

Das wär' doch was für mein Zimmer!

Collagen von Wunsch-Einrichtungsgegenständen zusammenstellen

Alter: geeignet für alle Grundschul-Jahrgangsstufen
Dauer, Tempo: 1–2 Stunden, eher ruhig
Aktionsform: Collagegestaltung, Fotoreportage, Ausstellungsgestaltung
Gruppierung: Einzelarbeit oder 4 bis 8 Gruppen mit je 2–5 Kindern
Vorbereitung: –
Bildungschancen: Einrichtungsvorschläge recherchieren, kommerzielle Kauf- und Gestaltungsempfehlungen kritisch bewerten, Kooperation in Gruppen
Material: alte Einrichtungszeitschriften und Möbelkataloge, Plakatpapier, Klebe- und Schreibutensilien, ggf. Computer mit Diashow-Software oder Präsentationsprogramm, Digitalkameras, Ausstellungstafeln.

Gruppenweise stellen Kinder preiswerte und originelle Dekorations- und Einrichtungsideen für das Kinder- und Jugendzimmer aus alten SCHÖNER WOHNEN-Heften oder ähnlichen Zeitschriften und Katalogen zusammen. Die Zusammenstellungen werden als Wandzeitung präsentiert, oder die besten Ideen fotografiert und in einer Diashow oder PowerPoint-Präsentation vorgeführt.

Variante

Statt Collage aus Möbelkatalogen werden Fotos aus dem eigenen Zimmer in einer Ausstellung präsentiert: „So sieht meine Spielecke, mein Schreibtisch, mein Bett aus!" Neben die ausgedruckten Digitalfotos aus den Kinderzimmern schreiben sie eigene Tipps und Einrichtungsempfehlungen auf – so wie in einem Möbelkatalog.

Pädagogischer Hinweis

Falls abwertende Bemerkungen zu Einrichtungs- und Dekoideen gemacht werden, muss der sachliche Kern der Aussage – falls vorhanden – im Gespräch herausgearbeitet und ansonsten daran erinnert werden, dass andere Geschmäcker zu respektieren sind. Dennoch sollten die Collagen kritisch untereinander verglichen und die Unterschiede in der Gestaltung, Zweckmäßigkeit, Preis u. dgl. bewusst gemacht werden.

Mein Wunschzimmer

In Schuhkartons werden Kinderzimmer so gestaltet, wie sich die Kinder ihre Wunscheinrichtung vorstellen.

Alter: geeignet für alle Grundschul-Jahrgangsstufen
Dauer, Tempo: 1–2 Stunden, ruhig
Aktionsform: Gestaltung
Gruppierung: einzeln oder Paare
Vorbereitung: Kleine Materialien zur Ausstattung der Zimmer werden vorher gesammelt, z. B. Schachteln, Dosen, Figuren, Geschenkpapierreste, Folien.
Bildungschancen: Umsetzung von Wohnwünschen, Förderung von Fantasie, Reflexion unterschiedlicher Wohnformen und Lebensweisen
Material: für jedes Kind mindestens ein Schuhkarton; Bastelmaterial; Farben
Siehe auch: „Unser Zuhause“, Seite 115

Alle basteln sich einzeln oder auch zu zweit ein Wunschzimmer. In der Gruppe wird zu Beginn über Wünsche an die Einrichtung und eventuelle Mitbewohner gesprochen. Je nach Alter und Fantasiefreude, wird über mögliche Optionen (zwei Zimmer? Baumhütte? Wohnwagen? ...) diskutiert.
Bei älteren Kindern kann evtl. vorher ein Grundriss des Zimmers angefertigt werden.
Selbstverständlich schließt die Aktion mit einer gemeinsamen Präsentation und Besprechung der Ergebnisse.

Variante

Wo wir später einmal am liebsten wohnen würden: Alle Kinder wählen zu Beginn ihren Traumhaustyp aus einer begrenzten Zahl von Hausideen: z. B. Baumhaus, moderner Bungalow, Millionen-Villa, Ferienhaus im Süden, Blockhütte im Norden, Unter-Wasser-Wohnkammer, großes Wohnmobil, Penthaus.
Als Überblick können den Kindern Fotos der verschiedenen Haustypen gezeigt werden (siehe Downloadmaterial).
Als Material wird benötigt: Bastel- und Klebewerkzeuge, sehr vielfältiges Baumaterial für Modellbau (z.B. Moosgummiplatten, Holzklötze, Pappe, farbige Papiere, Folien, Pfeifenputzer, Knetmasse, Styroporplatten).
Kinder, die den gleichen Haustyp gewählt haben, bilden eine Gruppe. Jede Gruppe hat die Aufgabe, ein Modell ihres Wunschhauses zu basteln. Dann findet eine „Museumsführung“ statt, in der jedes Modell vorgestellt und begründet wird.
Zu jeder Wohnform sollte besprochen werden, wie realistisch sie ist und was man dafür tun muss, um sie für sich zu verwirklichen.

Pädagogischer Hinweis

Das Quiz rund um das Wohnen (Seite 72) kann zur Einstimmung oder Nachbereitung dieser Aktion eingesetzt werden.

Stadtplan-Puzzle

Alle laufen durcheinander, tauschen Puzzleteile und legen sie bei Musikstopp passend zusammen.

Alter: geeignet für alle Grundschul-Jahrgangsstufen
Dauer, Tempo: 15 min, sehr lebhaft
Aktionsform: Bewegungs- und Wahrnehmungsspiel
Gruppierung: alle verteilt im Raum
Bildungschancen: Schnelles kombinieren von Zeichnungen, Stadtplan als Orientierung nutzen können
Material: für jedes Kind mindestens ein vorbereitetes Puzzleteil; Musikanlage
Vorbereitung: siehe Spielbeschreibung

Die Spielleitung bastelt zusammen mit den Kindern etwa 20 Puzzleteile. Jedes besteht aus einem rechteckigen, gleich großen Pappstück von der Größe eines eckigen Bierdeckels (oder bis zu A4 groß). Auf jedem Teil ist ein Ausschnitt aus dem örtlichen Stadtplan abgebildet, und wenn man alle Teile passend aneinanderlegt, ergibt das Puzzle einen Plan des Stadtteils bzw. des Ortes. Die Abbildung auf jedem Teil ist entweder ein ausgedruckter, aufgeklebter Ausschnitt vom Stadtplan (Screenshot eines Internet-Kartendienstes oder abfotografierter Stadtplan) oder ein selbst nachgezeichneter Straßenplan (gute Hilfe für das Draufmalen ist ein mit Overheadprojektor oder Beamer projiziertes Stadtplanbild). Zur besseren Haltbarkeit sollte die Pappe nicht zu dünn sein und mit selbstklebender Klarsichtfolie laminiert werden.

Spielregel

Jedes Kind zieht aus einer Tüte, einem Hut oder Karton ein Puzzleteil, und alle bewegen sich einzeln durcheinander nach der Musik im Raum umher. Nach einer Minute stoppt die Musik für kurze Zeit (etwa 30 Sekunden) und alle probieren, ob ihr Teil mit dem eines Nachbarn zusammenpasst. Ist das der Fall, bewegt man sich im nächsten Musikabschnitt als Paar oder Dreiergruppe. Nach einer Minute Tanz kann wieder das Zusammensetzen probiert werden. Etwa drei solche Musikstopps sollten die Tanzphase unterbrechen. Dann kann zum Schluss das Puzzle fertiggestellt werden.

Tipp

Die Puzzleteile vollständig gut verwahren, damit sie auch für Gruppeneinteilungsspiele verwendet werden können: Z. B. müssen sich immer vier zusammenpassende Puzzleteile finden, die dann eine Vierergruppe bilden.

Pädagogischer Hinweis

Dieses Spiel kann gut als Einstieg in alle Stadterkundungsprojekte angeboten werden. Vor einem Ausflug, einer Klassenfahrt oder Ähnlichem kann ein solches Puzzlespiel als erste Orientierung verwendet werden.

Eine Höhle bauen

Einen Rückzugsbau erstellen und zum Lesen, Wahrsagen und Spielen nutzen

Alter: ab der 1. Klasse
Dauer, Tempo: mehrere Tage, eher ruhig
Aktionsform: Bauprojekt
Gruppierung: mehrere Kleingruppen
Material: aufwändig: unterschiedliche Werkzeuge und vielfältige Materialien
Bildungschancen: Funktion von Räumen reflektieren; Raumgestaltung; handwerkliche Gruppen-kooperation; Gestaltungsfähigkeiten und Fertigkeiten
Vorbereitung: –

Jede Gruppe erstellt eine Rückzugsgelegenheit für einen Klassen- oder Gruppenraum: Weidengeflecht/Schneckenhaus/Papieriglu/Stoffreste-Zelt – als Lesehöhle, Kuschelecke, Wahrsagezelt.

Die Bauanleitungen für Schneckenhaus und Papieriglu finden Sie im Downloadmaterial.

Variante

Ein Puppenhaus für jüngere Geschwister bauen.

City Bound

Eine Abenteuer-Spielkette im Stadtteil veranstalten

Alter: geeignet für ältere Grundschul-Jahrgangsstufen
Dauer, Tempo: 30–90 min, sehr lebhaft
Aktionsform: bewegen, wahrnehmen, kooperieren, recherchieren, dokumentieren
Gruppierung: mehrere Kleingruppen (jede mit Fachkraftbegleitung)
Bildungschancen: Umfeld kennenlernen, Erkundungen durchführen, umsichtig in der Stadt bewegen
Material: Stadtplan, Kompass, Smartphone
Vorbereitung: Stadtteil sollte den Mitarbeitern gut bekannt sein bzw. Gefahrenstellen sollten vorher erkundet werden.

In Anlehnung an die erlebnispädagogischen Konzepte „Outward Bound", die begleitete Gruppenabenteuer in der Natur vorsehen, wurde „City Bound" für Abenteuerspiele in städtischer Umgebung entwickelt.
Im Stadtteil können sehr unterschiedliche Spiele durchgeführt werden, z. B.:
Orientierungsrallye: Eine Wegstrecke durch den Großstadtdschungel muss gefunden werden.
Verfolgungsjagd: Die in die Realität umgesetzte Jagd nach Mister X aus dem Brettspiel Scotland Yard aus dem Otto-Maier-Verlag Ravensburg.
Erkundungsspiele: An verschiedenen Stellen im Stadtteil sind Fragen zu beantworten, indem Personen um Auskunft gebeten werden, an Ort und Stelle etwas eingeschätzt wird, Infoschilder studiert werden.
Tauschaktionen: Bei Passanten und Geschäftsleuten werden preiswerte Dinge immer wieder getauscht, bis man schließlich mit etwas Wertvollerem zur Schule zurückkehrt.

Pädagogischer Hinweis

Wegen der Aufsichtspflicht muss jede Gruppe von einer erwachsenen, versicherten Person begleitet werden. Weitere Hinweise finden Sie ausführlich im Buch: Klein, Tanja/Wustrau, Christian (2014): Abenteuer City Bound. Seelze: Klett Kallmeyer.

Die Gegend sieht heute ganz anders aus!

Die Entwicklung vom Dorf zur Großstadt besprechen, indem Zeichnungen von einem Ort aus verschiedenen Jahren verglichen werden.

Alter: für jedes Alter geeignet
Dauer, Tempo: 30 – 45 min, eher ruhig
Aktionsform: Wahrnehmungsspiel, Geschichten erfinden
Gruppierung: Gesprächsgruppen
Bildungschancen: über Wohnen und Stadtentwicklung nachdenken, sich in die Bewohner einer Ortschaft hineindenken, Geschichte zu Stadtansichten ausdenken
Material: siehe Spielbeschreibung
Vorbereitung: –

Die Basisversion dieser Projektidee bezieht sich auf die Zeichnungen des Schweizer Künstlers Jörg Müller aus dem Jahr 1973, die seit 2016 wieder als Bildermappe unter dem Titel "Alle Jahre wieder saust der Presslufthammer nieder" erhältlich sind (vgl. auch Zeitschrift gruppe & spiel 2/2008). In den Panoramabildern wird die Veränderung einer Landschaft von dörflicher Idylle zu einem großstädtischen Verkehrsraum dargestellt. In Gruppen können zu diesen Bildern die folgenden Aufgaben bearbeitet werden.

Beobachtungs- und Gesprächsaufgaben
Woraus kann man schließen, aus welcher Zeit die Bilder stammen?
Wie viele Jahre sind zwischen dem ersten und letzten Bild eurer Meinung nach vergangen?
Zwischen dem ersten und zweiten Bild gibt es nur wenige offensichtliche Unterschiede. Versucht, alle Veränderungen zu finden und diskutiert die Gründe dafür.
Auf allen Bildern gibt es eine kleine weiße Katze. Verfolgt ihr Leben!

Auf der Werbetafel im letzten Bild steht: „Das Leben in Güllen wird noch schöner." Was meint ihr zu diesem Satz?
Welche Vorteile bietet das Leben für Kinder auf dem Dorf (1. Bild)? Und welche Vorteile bietet das Leben für Kinder in der Stadt (6. Bild)?
Worauf sollten Stadtplaner achten, wenn sie städtische Siedlungen planen? Kennt jemand vorbildliche Stadtteile?

Varianten und Weiterführungen

Früher – heute: Besorgt euch alte Fotografien von einer prominenten Stelle in der Stadt (Marktplatz, Sehenswürdigkeit, Rathaus o. Ä.) und fotografiert den Ort heute und stellt beide Bilder nebeneinander und vergleicht das Leben damals und heute. Überlegt, ob sich die Ortsgestaltung an die veränderten Lebensumstände angepasst hat, oder ob es auch Indizien dafür gibt, dass sich das Leben der Menschen aufgrund einer veränderten Stadtraumgestaltung geändert hat. Tipp: Im Stadtarchiv oder Stadtmuseum findet ihr alte Ansichten von Ortsteilen.

Das Berliner Yorck-Projekt hat auch eine CD-ROM mit 10.000 Ansichtspostkarten aus vielen deutschen Städten um 1900 publiziert.

Die Stadt zur Zeit deiner Geburt, heute, in 10 und in 20 Jahren: Versucht alles darüber herauszufinden, wie euer Stadtteil in zehn oder in zwanzig Jahren aussehen wird.

- Was ist geplant?
- Wo wird es neue Gebäude geben?
- Wird es veränderte Verkehrsführung geben?
- Auch Parkanlagen und Spielplätze werden sich vielleicht verändern.
- Gibt es eine Bürgerinitiative, die sich um irgendwelche Bauvorhaben kümmert?
- Wird in eurer Stadt eine Umweltzone eingerichtet?
- Wird es irgendwo neue Gewerbeansiedlungen geben?
- Was passiert mit altem Industriegelände?

Zeichnet Veränderungen in einen überdimensionalen Stadtplan eures Ortsteils ein.

Bilderquiz rund um's Wohnen

Ein Ratespiel mit Auswahlantworten zum Thema Wohnen

Alter: ab der 3. Klasse
Dauer, Tempo: 30 – 45 min, eher ruhig
Aktionsform: Quizspiel
Gruppierung: Kleingruppen mit je maximal 8 Spielern
Material: für jede Kleingruppe ein Spielset
Bildungschancen: über Wohnen nachdenken, alternative Wohnformen kennenlernen
Vorbereitung: Alle Bildkarten (siehe Downloadmaterial) werden ausgeschnitten und zu einem gemischten Stapel mit der Bildseite nach oben übereinandergelegt.

Der jüngste Spieler beginnt, nimmt die oberste Karte vom Stapel, liest sich die Frage durch und gibt sie dann zur Beantwortung einem Mitspieler seiner Wahl. Der liest sich ebenfalls die Frage mit den Auswahlantworten durch und entscheidet, ob er sie selbst beantworten will oder nicht. Hat er sie richtig beantwortet, was vom Spieler kontrolliert wird, der ihm die Fragekarte gegeben hat, dann legt er die Karte vor sich als Pluspunkt ab. Wer zum Ende des Fragenstapels die meisten Karten vor sich liegen hat, hat gewonnen.
Erscheint ihm die Frage zu schwierig, um sie selbst zu beantworten, liest er sie allen laut vor, und die ganze Gruppe kann versuchen, die Frage zu beantworten. Von der Gruppe gemeinsam richtig beantwortete Fragen werden als Gruppen-Pluspunkte in die Mitte gelegt.
Fragekartenbeispiele finden Sie im Downloadmaterial.

Tipp: Bezüge zum Unterricht oder anderen Projekten

Das Quizthema kann historisch (Wohnformen in der Geschichte der Menschheit), geografisch (Wohnen in anderen Ländern und Regionen), gestalterisch (experimentelle Wohnformen) oder auch lebenspraktisch (Wohnungseinrichtung) erweitert und vertieft werden. In der Pinakothek der Moderne in München fand vor

einiger Zeit eine Ausstellung über Architektur in der Literatur statt – vom Stadtplan von Entenhausen (wo Donald Duck wohnt) bis zu Stadtmodellen nach Beschreibungen in utopischen Romanen war alles vertreten. Ein ähnlich pädagogisch fruchtbares Projektthema wäre beispielweise für den Kunstunterricht die Zusammenstellung von Gemälden mit Wohnungs- und Stadtansichten.

Erweiterungen

Mit den Quizfragen als Grundlage kann auch eine PowerPoint-Präsentation zum Thema Architektur von einer älteren Kindergruppe erarbeitet werden. Hinweise auf weitere Frageformen für ein von Kindern zu erarbeitendes Quiz finden Sie auf Seite 106.

Pädagogischer Hinweis

Die Quizfragen können so wie hier vorgegeben von einer Spielgruppe genutzt werden, sie sind andererseits aber auch als Anregung für die verschiedensten Frageformen und Themenbereiche rund um das Bauen und Wohnen gedacht. Je nach pädagogischem Ziel oder Anwendungssituation können die Quizfragen auch ausgewählt und beliebig ergänzt werden.

Dieses exemplarische Bilderquiz kann für viele Projekte mit Kindern auch als motivierende Einstiegsmethode eingesetzt werden.

Selbstverständlich kann auch die hier vorgeschlagene Regel für den Spielablauf völlig verändert werden.

Stadtbaumeisterspiel

Ein großes Modell unseres Stadtviertels bauen und dann damit spielen

Alter: geeignet für alle Grundschul-Jahrgangsstufen
Dauer, Tempo: mehrere Tage, eher ruhig
Aktionsform: werken, Produkterstellung
Gruppierung: mehrere Kleingruppen

Bildungschancen: Verständnis für die modellhafte Darstellung von Orten, Modellbau-Fertigkeiten und Kooperation zwischen Werkgruppen, Bewusstmachung der räumlichen Organisation des Wohnumfeldes
Vorbereitung, Material: siehe Spielbeschreibung

Auf einen ausgedruckten und quadratisch zugeschnittenen Screenshot vom Stadtviertel (z. B. aus Google Earth oder Apple Karten) wird ein Raster gezeichnet, das den Stadtplan bzw. das Satellitenbild vom Stadtviertel gleichmäßig in neun Quadrate unterteilt. Alle bekommen eine Kopie des Bildes. Die Gesamtgruppe wird in neun etwa gleich große Kleingruppen unterteilt und jede Kleingruppe ist für ein Stadtviertelquadrat zuständig. Im Baumarkt wurden neun gleich große Hartfaserplatten (je 50 x 50cm oder je 1m^2) zugeschnitten.
Die Aufgabe jeder Gruppe besteht nun darin, die Straßen und Gebäudegrundrisse von ihrem Stadtviertelbildquadrat auf ihr Plattenquadrat zu übertragen. Auf die zu nutzenden Farben für Häuser, Straßen, Wald usw. muss man sich in der Gesamtgruppe einigen. Die Straßen werden mit kleinen Papierstreifen beschriftet, ebenso die öffentlichen Gebäude, Geschäfte und Gewerbebauten – hier können auch zusätzliche farbige Streifen angebracht werden mit der Bezeichnung in einer anderen Sprache (z. B. türkisch).

Spiele mit dem Stadtviertelmodell

Jeder zeigt mit kleinen Spielpüppchen seinen Schulweg und den Weg zum Sportverein oder zur Musikschule (mit Modellautos, wenn man von den Eltern gefahren wird).

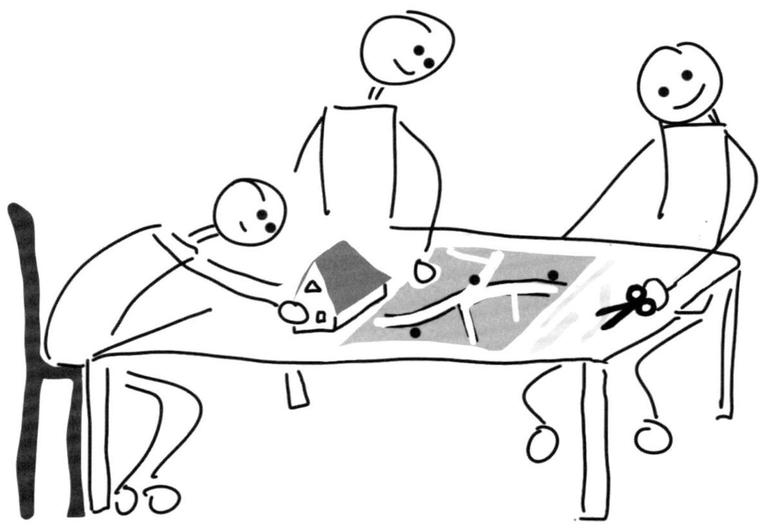

Aufgabe für die Kinder als Stadtplaner: Wenn eine Straße zur Spielstraße umgebaut werden soll: Wie muss dann der Autoverkehr gelenkt werden? Wo kommen neue Verkehrszeichen hin, wo die Parkplätze usw.

Überall, wo ein Kind aus der Gruppe wohnt, wird ein roter Klebepunkt (oder besser noch ein an- und ausschaltbares LED-Lämpchen) angebracht. Jeder erzählt, wie es ihm da gefällt, was in dem Wohnhaus stört, wer da noch lebt usw.

Die Kinder fotografieren die Fassaden ihrer persönlich wichtigsten Gebäude (Schule, Sporthalle, McDonalds usw.) und kleben die ausgedruckten Fotos auf die Modellhäuser.

Erweiterung

Je nach Zeit, Lust und Können werden danach Modellhäuser gebaut, Grünanlagen mit Naturmaterialien nachgebildet und so ein komplettes Stadtviertelmodell erstellt.

Tipp

Ein solches, an mehreren Tagen erstelltes Stadtviertelmodell sollte auf eine stabile Tischkonstruktion in einem Schulflur eine Zeit lang ausgestellt werden. Zum Schutz kann eine Art Vitrine aus Plexiglasplatten drum herum gebaut werden.

Für die Aufbewahrung der Plattenquadrate eignet sich ein tiefes Regal.

Literaturhinweis:

Sauer, Inge/Kretschmer, Christine (2011): Kinder entdecken Architektur. Projekte für die Grundschule. Seelze: Klett Kallmeyer.

Themenheft „Bauen und Wohnen“ der Zeitschrift „gruppe & spiel“, Heft 2/2008. Seelze: Klett Kallmeyer.

Pädagogischer Hinweis

Die Gruppen müssen sich für die Übergänge an den Plattenkanten gut miteinander verständigen, für die Gruppe mit dem mittleren Quadrat ist das am aufwändigsten und benötigt entsprechende Zeit und evtl. Unterstützung.

Panorama-Präsentation von Plätzen und Kreuzungen

Mehrere Einzelfotos werden zu einem Panorama zusammengeklebt und auf der Innenseite einer zylindrischen Ausstellungsfläche angebracht.

Alter: geeignet ab der 3. Klasse Grundschule
Dauer, Tempo: mehrere Tage, eher ruhig
Aktionsform: Fotoreportage, Ausstellungsgestaltung
Gruppierung: mehrere Kleingruppen
Bildungschancen: Panoramafotografie lernen, Wahrnehmung im Stadtteil präzisieren, Fotoausstellung gestalten
Material: Digitalkameras oder Smartphones, Drucker, Dekoplatten/Ausstellungswände
Vorbereitung: –

Von bekannten Plätzen oder Kreuzungen im Stadtteil werden in alle Richtungen Fotos gemacht, so dass sie eine Rundumsicht aus der Platzmitte zeigen. Das sind etwa 8 bis 12 Fotos – je nach Weitwinkelobjektiv der Kamera.

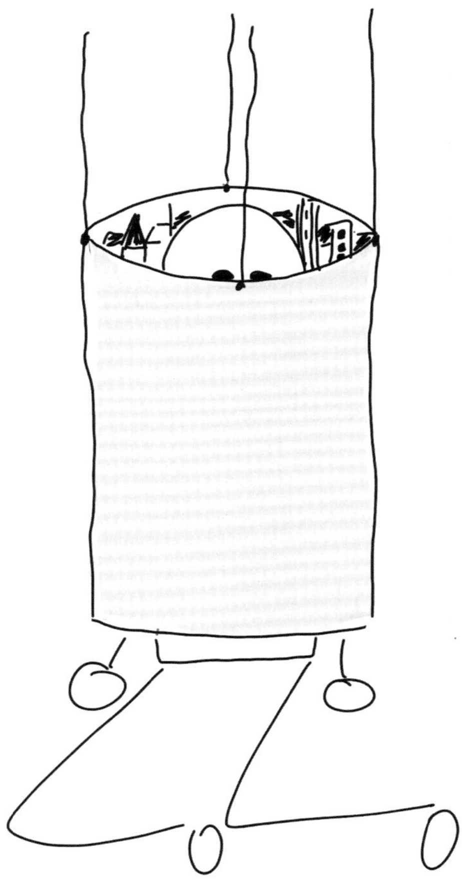

Tipp

Die Aufnahmen sollten sich etwas überlappen, damit sie später leicht zu einem Panorama zusammengefügt werden können.
Jedes Einzelfoto wird auf etwa DIN-A4 ausgedruckt und dann dank der Überlappungen zu einem langen Panorama-Streifen zusammengeklebt. Jedes Panorama wird anschließend etwa bis zu 2,5m breit und etwa 20 bis 30cm hoch.
Aus der Dokumentation: „Stellen Sie sich einen großen geraden Lampenschirm vor, an der Decke aufgehängt und innen rundherum das Panoramafoto! Wir haben dazu zwei weiße Kunststoff-Dekoplatten zu einem Ring etwas überlappend zusammengeschraubt. Zum Betrachten des Fotos musste man von unten seinen Kopf in diesen ‚Lampenschirm' stecken. Damit man nicht einfach von oben reinguckt, bekam der ‚Lampenschirm' noch eine lichtdurchlässige Haube aus Seidenpapier. Das Teil war die Sensation in der ganzen Ausstellung und machte auch Erwachsene neugierig, sich hinzuknieen und dann Kopf und Oberkörper in den Ring zu schieben."

Was uns gefällt

Was mir gefällt, muss dir noch lange nicht gefallen. Unterschiedliche Wertehaltungen beeinflussen unser ästhetisches Empfinden oder persönliches Wohlfühlen. Die Auseinandersetzung damit, was einem gefällt und was nicht, eröffnet den Zugang zu einer Wertediskussion. Unterschiedliche Schönheitsideale unterliegen der Mode, der Zeit und der jeweiligen Kultur. Dies zu erkennen und die gesellschaftlichen, historischen und individuellen Bezüge zu dem Empfinden zu analysieren, verhilft zu einem wichtigen Baustein in der Entwicklung eines Toleranz- und Diversitätsbewusstseins.

Mein schönstes und mein liebstes Teil: Gegenstände mitbringen, beschreiben und erraten

Zeitungsmodenschau: Kreativ aus Zeitungen Kleidung und Kostüme herstellen und präsentieren

Das hört sich gut an: Lieblingslieder mitbringen, unterschiedliche Geräusche wahrnehmen, bewerten und begleiten

Astronautentraining: Aktionsreiche Massagegeschichte in Fünfergruppen durchspielen

Die Zeiten ändern sich: Auseinandersetzung mit Mode und Schönheitsidealen im Wandel der Zeit

Internationaler Schönheitswettbewerb: Kleidung, Verzierungen und anderer Körperschmuck aus fernen Ländern werden recherchiert und für eine eigene Präsentation verwendet.

Schmuckwerkstatt, Modenschau und Co.: Unterschiedliches Material lädt zum Herstellen von Schmuck und anderen schönen Gegenständen ein.

Das große Like-Festival: An mehreren von Kindern organisierten Testständen wird bei der gesamten Schülerschaft ermittelt, was besonders gemocht wird.

Die besten Spiele unserer Schule: Die beliebtesten Pausenspiele werden gesammelt und in einer Spielekartei veröffentlicht.

Wellness-Parcours: Halbgruppen gestalten sich gegenseitig mit verschiedenen Aktionen einen Wohlfühlnachmittag zum bewussten Entspannen und Chillen.

Mein schönstes und mein liebstes Teil

Jeder bringt Lieblingsstücke von zu Hause mit und lässt sie erraten.

Alter: geeignet für alle Grundschul-Jahrgangsstufen
Dauer, Tempo: 30–45 min, ruhig
Aktionsform: bewegen, wahrnehmen, kombinieren, kooperieren
Gruppierung: alle verteilt im Raum, evtl. an Tischen
Bildungschancen: Geschmacksbildung, Relativität von Schönheitsnormen erleben, Diversität akzeptieren
Material: evtl. Kartons und Tücher zum Verdecken von Gegenständen
Vorbereitung: Kinder erhalten den Auftrag, etwas mitzubringen

Jedes Kind bringt von zu Hause zum nächsten Treffen einen Gegenstand mit, den es besonders mag, und eine Sache, die es besonders schön findet (was im Einzelfall auch dasselbe sein kann). Beides soll vorher nicht herumgezeigt werden, sondern soll in einer Tasche oder einem Karton verwahrt werden.
Dann finden zwei Runden statt: erst zum schönsten und dann zum liebsten Gegenstand. Reihum wird von jedem Kind der Gegenstand mit mehreren Sätzen beschrieben ohne den Namen/die Bezeichnung zu nennen. Nach jedem Satz darf von allen geraten werden, worum es sich handelt.

Erweiterungen

In der Gruppe ein Gespräch darüber führen, was jeder an seinem Körper am liebsten mag. Ein solches Gespräch setzt eine ruhige, vertraute Gruppenatmosphäre voraus.

Tipp

Hat jemand vergessen, die Sachen von Zuhause mitzubringen, darf als Ersatz etwas gewählt werden, was das Kind dabeihat (Schmuckstück o. Ä.).

Pädagogischer Hinweis

Die Kinder sind daran zu erinnern, dass Geschmack und Schönheitsauffassungen etwas sehr Individuelles sind und man mit abfälligen Bemerkungen keinem anderen Menschen seine Lieblingsstücke madigmachen darf, obwohl jeder natürlich selbst anderer Meinung sein darf.

Zeitungspapier Modenschau

Aus alten Zeitungen werden Verkleidungen hergestellt

Alter: geeignet für alle Grundschul-Jahrgangsstufen
Dauer, Tempo: 30–45 min, ruhig
Aktionsform: kreativ sein, darstellen, kooperieren
Gruppierung: paarweise im ganzen Raum
Bildungschancen: basteln, verwandeln, darstellen
Material: alte Zeitungen, Kreppband zum Kleben, Scheren
Vorbereitung: –

Die Kinder finden sich paarweise zusammen. Nun dürfen sie sich gegenseitig mit der Zeitung einkleiden, dabei darf geknüllt, geschnitten und gerissen werden. Wichtig ist dabei, dass die beiden Outfits nachher zusammenpassen, wenn sie sie präsentieren. Die Kinder überlegen sich gemeinsam, was sie schön finden. Dabei steht ihnen frei, ob der Bekleidete seine Wünsche angibt oder ob der Modeschöpfer bei seinem Model etwas für ihn Schönes kreiert. Die neue Mode wird einfach zusammengeklebt und braucht auch nur für einen Gang über den „Catwalk“ zu halten.

Erweiterungen

Der Gang über den Catwalk sollte unbedingt mit Fotos oder Filmen festgehalten werden.

Die Kinder erklären dabei ihre eigenen Modekreationen: Was ist das für eine Bekleidung, was macht sie besonders, zu welchem Anlass trägt man dieses Outfit?

Varianten

1. Ein Szenario wird den Kindern angeboten, zu dem sie sich Kostüme basteln. Dies kann eine Zeitepoche sein: verkleiden wie Wikinger, wie Cowboy und Indianer oder wie Ritter. Es kann aber auch ein Anlass sein, zu dem sich eingekleidet werden muss, wie zum Beispiel eine Familienfeier, ein Sommerausflug, ein Sportfest, ein Ausflug in die Disco.
2. Bei älteren Jahrgangsstufen kann auch jedes Paar einen unterschiedlichen Anlass oder Setting bekommen. Durch ein kleines szenisches Anspielen können nun die Zuschauer erraten, was das für eine Mode ist.

Tipp

Durch das Festhalten der Outfits mittels Kamera, bleiben diese auch über die Aktion hinaus noch erhalten. Das gemeinsame Entkleiden darf gern in einer ausgelassenen Zeitungsballschlacht enden. Ein gemeinsamer Gang zum Altpapiercontainer beendet die Aktion.

Pädagogischer Hinweis

Zeitungspapier bietet unendlich viele Spielmöglichkeiten (z. B. Bau eines Schwungtuches etc.). Kindern wird hier ganz klar vermittelt, dass dieses Spielmaterial einen Reiz besitzt und nicht nur für den Container sein muss.

Das hört sich gut an!

Die Lieblingsmusik mit Instrumenten begleiten

Alter: geeignet für alle Grundschul-Jahrgangsstufen
Dauer, Tempo: 30–45 min, ruhig und auch bewegt, die Erweiterungen bilden mehrere Einheiten wie in einer AG-Form
Aktionsform: wahrnehmen, bewegen, singen, musizieren
Gruppierung: in der Großgruppe
Vorbereitung: Kinder bringen ihre Lieblingsmusik
Bildungschancen: Rhythmusgefühl, eigene Musikinstrumente herstellen
Material: Musikanlage, CDs, einfache Instrumente wie Klangschale, Zimbeln, Klanghölzer, Triangel etc.; für die Erweiterung: Versandpappröhren, Hammer, Nägel, Reis oder Blumentöpfe, Kleister, Kordel und Butterbrotpapier

Die Kinder dürfen ihre Lieblingsmusik auf CD oder ihrem Smartphone mitbringen. Gemeinsam werden nun einige Stücke angehört, die alle kennen. Gern können die Kinder im zweiten Durchgang auch dazu tanzen.
Nun werden sie zu neuen und leisen Tönen eingeladen. Den Start kann eine Geräusche-CD machen, auf der Naturklänge hörbar sind. Die Kinder dürfen nun nach jedem Stück sagen, was es für ein Geräusch war, wie es ihnen gefällt, was sie damit assoziieren.
Im Anschluss können mit den Instrumenten Töne gemacht werden, die die Kinder nun beschreiben. Mit den Rhythmusgeräten, wie Rasseln und Klanghölzern, können die zu Beginn gespielten Lieblingslieder auch begleitet werden.

Erweiterungen

Eigene Instrumente können gebaut werden. Einfach ist aus Versandpappröhren ein Regenrohr herzustellen. Dazu werden viele Nägel in die Röhre geschlagen, die etwas länger als der Radius der Röhre sind. Dies erfordert etwas Geschick, um die Röhre beim Einschlagen nicht zu verknicken. Im Vorfeld wird eine

Linie spiralförmig auf die Röhre aufgezeichnet. Entlang dieser Linie werden im Abstand von 1,5 – 2cm die Nägel eingeschlagen. Die Löcher können auch mit einem Handbohrer leicht vorgebohrt werden. Anschließend wird eine Hand voll Reis (oder Linsen, Erbsen oder Granulat) dort hineingegeben und mit den Deckeln sicher verschlossen. Durch langsames Umdrehen des Rohres kann man nun das Geräusch von Regen erzeugen. Die Röhren können nun noch beklebt und bemalt werden.
Die Kinder können recherchieren, wo die Regenrohre herkommen und sie dann entsprechend verzieren. Besonders schön ist hier das dot painting, was eine Kunst der Aborigines ist.
Aus einem Blumentopf und einigen Bögen Transparentpapier können auch einfache Trommeln hergestellt werden. Dazu muss das Transparentpapier etwa 5–6cm größer als der Durchmesser des Topfes sein. Nun wird das erste Papier mit Kleister über die Öffnung des Blumentopfes geklebt. Danach das nächste quer zum ersten, das nächste wieder quer usw. bis sechs oder sieben Schichten Papier das Fell der Trommel bilden. Nun müssen die Trommeln einige Tage trocknen. Anschließend können sie bemalt und mit Bändern und Federn verziert werden.
Folgende Spiele sind mit den selbst gebauten Instrumenten möglich:

- Zuerst erfolgt ein langsames Rieselnlassen der Regenmacher mit den unterschiedlichen Füllungen. Anschließend schließt ein Kind die Augen, ein anderes Kind dreht seinen Regenmacher um, und das Kind mit den geschlossenen Augen versucht die Füllung zu erraten.
- Die Kinder setzen sich in den Gruppen mit der gleichen Füllung zusammen. Ein Freiwilliger wird zum Dirigenten und dirigiert das Orchester.
- Ein Kind trommelt einen Rhythmus auf seiner Trommel vor, dieser Rhythmus wandert durch den Kreis. Wenn er beim Startspieler angekommen ist, wiederholt die Gruppe den Rhythmus gemeinsam und der nächste darf einen Rhythmus losschicken.
- Die Kinder bilden Paare. Einer von beiden schließt die Augen, der andere führt mit den Geräuschen des Instrumentes. Bei vielen Paaren ist dies eine höchst anspruchsvolle Aufgabe.

Tipp

Gerade bei Liedtexten aus den Charts, die oft in englischer Sprache sind, ist eine Textrecherche und -übersetzung schon im Vorfeld sinnvoll.

Pädagogischer Hinweis

Bei der mitgebrachten Musikauswahl ist vorher zu prüfen, ob die Musik und vor allem der Text auch altersgruppenentsprechend ist. Über den Textinhalt sollte in der Gruppe ein Gespräch erfolgen. Mitgebrachte Lieblingslieder, die beleidigende und abwertende Songtexte beinhalten, sollten dabei kritisch unter die Lupe genommen werden.

Astronautentraining

Vier Spieler massieren eine auf ihrem Bauch auf einer Decke liegende Person mit bestimmten Bewegungen, die zu einer Geschichte passen.

Alter: geeignet für alle Grundschul-Jahrgangsstufen
Dauer, Tempo: 30 – 45 min, lebhaft
Aktionsform: bewegen, wahrnehmen, kooperieren
Gruppierung: Kleingruppen mit je 5 – 6 Kindern
Vorbereitung: –
Bildungschancen: Wahrnehmung mit geschlossenen Augen, feinmotorische Bewegungen in einem gemeinsamen Rhythmus, empathischer Körperkontakt
Material: je Gruppe zwei Decken

Die Gesamtgruppe teilt sich in kleine Gruppen mit je etwa fünf Kindern auf. Jede Gruppe breitet zwei Decken übereinander auf dem Boden aus. In jeder Gruppe legt sich das jüngste Kind bäuchlings bequem auf die Decken, er kann, aber muss nicht die Augen schließen. Zwei Schüler knien sich links und zwei rechts neben den Liegenden.

Die Spielleitung erklärt für alle die Abfolge des Astronauten-Trainings. Alle Liegenden werden von den um sie herum knienden Kindern mit den Händen gleichzeitig und im möglichst gleichen Rhythmus massiert, so wie die Spielleitung es beim Erzählen vormacht.

„Ein Astronaut wird auf die verschiedenen Bedingungen beim Flug ins Weltall vorbereitet. Es beginnt natürlich mit dem Raketenstart (gemeinsam den Countdown von zehn abwärts herunterzählen – dabei stimmt sich die Gruppe schon auf den nötigen gemeinsamen Rhythmus ein – und dann Hände kräftig von oben nach unten über den Liegenden streifen). Durch die enorme Schubkraft in der ersten Flugphase wird der Astronaut sehr stark in den Sitz und den engen Raumanzug gedrückt (alle pressen mit flachen Händen auf Schultern und Körperseiten, Rücken und Beine). Wenn es der Gruppe möglich ist, kommt

jetzt ein kurzes Erlebnis der Schwerelosigkeit (dazu die Decken mitsamt dem Liegenden vorsichtig etwa 5cm über dem Fußboden anheben und etwas hin- und herschwenken und langsam wieder absetzen, weil es im Weltall dunkel ist – vor allem auf der Rückseite vom Mond – kann der Liegende dabei die Augen schließen, wenn er mag). Bei einem Ausstieg für Reparaturarbeiten außen an der Raumstation kann es passieren, dass man in einen kleinen Meteoritenschauer gerät (mit Fingerspitzen die verschiedensten Körperstellen anstupsen). Beim Rückflug zur Erde wird es durch die Reibung an der Luft sehr heiß in der Kapsel und es kommt zu starken Erschütterungen (Hände wärmend möglichst großflächig auf den Körper legen und beim Eintritt in die Erdatmosphäre mit den flachen Händen leicht, aber in schnellem Rhythmus auf den Körper „trommeln", d. h. sanft mit geringem Abstand schnell patschen). Überstanden! Gratulation! Jubel der Menschenmenge beim Raushelfen aus der Kapsel (Beifall und Liegendem wird auf die Beine geholfen)."

Diese Abfolge wird nun für jedes Gruppenmitglied, das dieses Wohlfühlerlebnis genießen möchte, wiederholt.

Varianten

Mit einiger Fantasie können diese Massageformen auch mit anderen Geschichten durchgeführt werden: Wettervorhersage, Kuchen oder Pizza backen, Frühjahrsputz für das Auto, großes Orchesterkonzert, Urlaubstag am Strand ...

Tipp

Falls jemandem der direkte Körperkontakt nicht angenehm sein sollte (jeden Liegenden vorher fragen!), kann die zweite Decke vor dem Massieren über seinen Rücken gelegt werden.

Pädagogischer Hinweis

Zwischendurch die Kinder immer mal wieder bitten, im gleichen Rhythmus zu massieren und sanft vorzugehen und auf keinen Fall zu kitzeln.

Die Zeiten ändern sich!

Alte Bilder, Filme, Fotos und Videos zeigen, was früher in Mode war.

Alter: geeignet für alle Grundschul-Jahrgangsstufen
Dauer, Tempo: mehrere Einheiten zu je einer Stunde
Aktionsform: recherchieren, befragen
Gruppierung: in Kleingruppen
Bildungschancen: historisches Bewusstsein im Bereich Ästhetik fördern
Material: Kameras, Papier und Stifte
Vorbereitung: –

Die Kinder recherchieren in Reporterteams zum Thema Mode und Schönheit. Hierfür sollen sie zunächst ihre Eltern und Großeltern befragen, was damals gern angezogen worden ist. Was galt damals als schön? Gibt es vielleicht noch ein Erinnerungsstück aus der damaligen Zeit, was sie mit in die Schule nehmen dürfen? Alte Fotos können mitgebracht oder abfotografiert werden, gern auch von Großeltern oder sogar Urgroßeltern. Neben der Kleidung kann auch ein Blick auf die Frisurenmode der unterschiedlichen Jahrzehnte geworfen werden.
Nachdem die Kleingruppen die Ergebnisse präsentiert haben, sollte ein Gespräch darüber erfolgen, was davon jetzt immer noch schön ist oder was keiner mehr anziehen würde.

Erweiterungen

Das Thema kann noch um die Bereiche Musik und Tanz erweitert werden. Da es dort schwierig ist, „Fundstücke“ zu präsentieren, sollte eine Internetrecherche ermöglicht werden.
Um in noch ältere Epochen vorzudringen, ist ein Besuch in einem Heimatkundemuseum interessant.

Varianten

Tänze und Tanzstile aus älteren Zeiten können eingeübt bzw. ausprobiert werden. Vom Menuett über Volkstänze bis zum Rock'n'Roll und Breakdance können die Kinder hier verschiedene Stile ausprobieren. Hier ist eine Zusammenarbeit mit einer Tanzpädagogin sinnvoll.

Tipp

Gerade ein Streifzug durch die Jugendkulturen der letzten Jahrzehnte kann für die Kinder interessant sein.

Pädagogischer Hinweis

Bei multikulturell zusammengesetzten Gruppen beinhalten die Rechercheergebnisse auch hier unbekannte Trachten und Modestile.

Internationaler Schönheitswettbewerb

Kleidung, Verzierungen und anderer Körperschmuck aus fernen Ländern werden recherchiert und für eine eigene Präsentation verwendet.

Alter: geeignet für alle Grundschul-Jahrgangsstufen
Dauer, Tempo: 2 Stunden, lebhaft
Aktionsform: recherchieren, wahrnehmen, kombinieren, gestalten
Gruppierung: alle verteilt im Raum, evtl. an Tischen
Bildungschancen: Schönheitsideale relativieren, Diversität genießen lernen, schminken lernen
Material: Internetzugang oder entsprechende Bildbände, Textilien und Naturmaterial, Schminkfarben und Pinsel, Material und Geräte zur Schmuckherstellung
Vorbereitung: Material vorbereiten

Die Kinder recherchieren in Bildbänden oder im Internet oder mit dem Besuch in einem Völkerkundemuseum Kleidung, Schmuck und Körperbemalung in anderen Ländern und anderen Kulturen.
Nach diesen Anregungen findet eine Verschönerungsaktion für die eigene Kleidung und das eigene Aussehen statt – mit gegenseitigem Schminken, gemeinsamem Basteln von Schmuckstücken, Körperbemalung und Herstellung von Kleidungszubehör (z. B. Kopfbedeckungen, Schals, Armreifen, Ketten usw.).
Schließlich findet eine Modenschau statt, bei der auch erklärt wird, woher die einzelnen Anregungen stammen.

Erweiterung

Die Präsentation kann gut als Programmpunkt in einem größeren Schulfest durchgeführt werden. Bei der Gestaltung eines solchen Festes können den Kinderteams die „Planungskarten für kreative Feste“ bei der Vorbereitung helfen – zu finden im Downloadmaterial zu diesem Buch.

Tipp

In die Modenschau können immer mal zwischendurch auch Bilder aus anderen Kulturen gezeigt werden, die als Anregung gedient haben.
Beim Schminken und bei Körpermalaktionen nicht mit Fingerfarben und nicht mit den Fingern malen, sondern gute Theaterschminke und Haarpinsel sowie Schwämmchen verwenden, weil damit feiner und sensibler geschminkt werden kann. Und: Rücksicht auf eventuelle Hautallergien nehmen!

Pädagogischer Hinweis

Wenn die Präsentation als „Schönheitswettbewerb“ veranstaltet wird, muss klar sein, dass es sich hier nicht um eine Model-Konkurrenz handelt, sondern nur der schönste Schmuck prämiert wird. Neben Preisen sollten Mitmachurkunden für alle ausgestellt werden.

Schmuckwerkstatt, Modenschau und Co.

Für einen Schmuck-Markt oder eine Wichtelaktion gemeinsam Schönes herstellen

Alter: geeignet für alle Grundschul-Jahrgangsstufen
Dauer, Tempo: 30 – 60 min, ruhig
Aktionsform: herstellen, kreativ sein
Gruppierung: einzeln an Tischen
Bildungschancen: werken, basteln, Ästhetik erfahren und ausdrücken
Material: Perlen, Stickgarn, Draht, Federn, Lederbändchen, selbsthärtender Ton mit Gestaltungswerkzeug, Farbe, kleine Holzscheiben, Brennpeter, Handbohrer, Verkleidungskiste, Schminke, Pinsel
Vorbereitung: Materialien auslegen, Tische abdecken, für die Variante Zettel mit den Namen aller Kinder der Gruppe

Das bereitgestellte Material lädt ein, was Schönes herzustellen. Zum einen kann hier Schmuck in Form von Ketten, Ringen oder Armbänder entstehen, zum anderen aber auch Glücksamulette, Schlüsselanhänger oder Talismane hergestellt werden. Diese können die Kinder für sich selbst herstellen oder aber für einen gemeinsamen Schmuckmarkt, zu dem sie Eltern und andere Gruppen als Käufer einladen können. Stellen die Kinder den Schmuck für sich selbst her, folgt anschließend eine Schmuck-Modenschau.

Erweiterungen

Stellen die Kinder den Schmuck für sich selbst her, kann nach Fertigstellung ein Schmuckfest erfolgen, wo sie ihn sich gegenseitig präsentieren. Verkleidungen können den Rahmen dabei festlich erweitern.
Bilder von Symbolen, die in unterschiedlichen Kulturen positiv besetzt sind, können den Kindern als Vorlage für die Glücks-Amulette und Talismane dienen.

Variante

1. Bevor das Herstellen des Schmucks beginnt, zieht jeder einen Zettel mit dem Namen eines anderen Kindes darauf. Sollte ein Kind seinen eigenen Namen gezogen haben, wird noch einmal neu gezogen. Nun stellt man für das Kind, dessen Namen man gezogen hat, etwas Passendes und Schönes her.
2. Anstelle zu basteln, kann auch Bodypainting als Partneraktion als Körperschmuck erfolgen. Hier können Muster auf Händen, Füßen oder Armen ein echter Hingucker werden.
3. Dengeln und Schmieden kann sehr reizvoll sein bei der Herstellung von Schmuck aus Metall. Hier eignen sich ausgediente Besteckstücke wie Gabeln und Löffel, um Armreifen herzustellen.

Pädagogischer Hinweis

Im Gegensatz zu im Handel vorgefertigten Bastelsets, lädt hier die Materialvielfalt die Kinder zum Kombinieren ein und erzeugt so Kreativität.

Das große Like-Festival

An mehreren von Kindern organisierten Testständen wird bei der gesamten Schülerschaft ermittelt, was besonders gemocht wird.

Alter: geeignet für alle Jahrgangsstufen
Dauer, Tempo: 3 Stunden, lebhaft
Aktionsform: bewerten, raten, Ideen wahrnehmen, gestalten, kooperieren
Gruppierung: alle verteilt im Raum, evtl. an Tischen

Bildungschancen: Ideen prüfen, Alternativen beurteilen, Ideen präsentieren, Standgestaltung
Material: vielfältige Materialien zur Standgestaltung und Abstimmungsmaterialien (z. B. Murmeln und Glasbehälter)
Vorbereitung: Standgestaltung

Eine Kindergruppe bereitet ein großes Umfragefest vor, bei dem in mehreren Kategorien ermittelt wird, was gerade in der Schülerschaft besonders gefällt und angesagt ist. Für jede Kategorie wird ein eigener Teststand entwickelt und betreut.
Einige Stände können auch als Rateaufgaben gestaltet werden, z. B. fünf verschiedene Softdrinks oder Früchteteesorten oder Frühstücksflocken oder Pausenbrothäppchenaufstriche oder Puddings – alles zur Blindverkostung.

Weitere Standideen:
- Hörbar mit fünf angespielten Musikneuheiten (evtl. der schuleigenen Band)
- Tablets mit fünf testbaren Spiele-Apps
- fünf verschieden bedruckte T-Shirts
- fünf verschiedene Ringe, Armreifen
- Fotos mit verschiedenen Tattoos oder Piercings
- fünf Leseproben aus Kinderbüchern
- fünf Auto-Werbespots oder Musikvideos

Erweiterungen
Bei dieser Gelegenheit könnte ggf. auch die Kindermeinung zu Umbauplänen oder zu innenarchitektonischen Gestaltungsvorschlägen eingeholt werden.
Wird die Umfrageaktion als größeres Fest veranstaltet, können die „Planungskarten für kreative Feste“ den Kinderteams bei der Vorbereitung helfen – zu finden im Downloadmaterial zu diesem Buch.

Varianten
Wenn eine teilweise Neumöblierung der Klassenräume ansteht, können an einem Stand verschiedene Stühle oder Tische zum Ausprobieren bereitgestellt werden.

Tipp
Wenn etwas mit geschlossenen Augen getestet werden soll, können Schlafmasken (besser als Tücher!) zur Verfügung gestellt werden.

Pädagogischer Hinweis
Eine solche Befragungsaktion mit teilweise realen Konsequenzen muss mit allen Betroffenen (z. B. Caterer, Schulleitung, Kindervertretung) abgestimmt werden.

Die besten Spiele in unserer Schule

Gemeinsam berichten sich die Kinder von ihren Lieblingsspielen in der Pause und stellen eine Kartei für die anderen Kinder und Mitarbeiter her.

Alter: geeignet für alle Grundschul-Jahrgangsstufen
Dauer, Tempo: mehrere Tage, ruhig
Aktionsform: bewegen, wahrnehmen, berichten
Gruppierung: alle verteilt im Raum an Tischen
Bildungschancen: Spiele verständlich anleiten, Spiele bewerten, einen Konsens bilden
Material: Karteikarten, Laminiergerät, Stifte, Kamera, PC, Drucker
Vorbereitung: Der Spielleiter sollte sich Kriterien für die Einteilung auf den Karteikarten überlegen.

Die Kinder berichten von ihren Lieblingsgruppenspielen, die sie in der Pause auf dem Schulhof spielen. Zusammen geht die Gruppe hinaus und probiert diese Spiele gemeinsam aus. Wenn das Spiel einem Großteil gefällt, so kann es Einzug in die Spielkartei erhalten.
Mit den Kindern sollten gemeinsam Kriterien überlegt werden, wonach sie die Spiele einteilen wollen: Dauer, Tempo, Anzahl der Mitspieler und das benötigte Material müssen auf jeden Fall aufgelistet werden.
Varianten, die die Kinder kennen oder erfunden haben, sollten ebenfalls Einzug erhalten. Auch wenn Spielorte, wie zum Beispiel ein Klettergerüst, in ihrer Funktion verändert wurden, sodass ein neues Spiel damit entsteht, kann dazu eine Karte erfunden werden.

Erweiterungen

Gern kann auch eine benachbarte OGS ihre Spiele auflisten, sodass man anschließend die Karteikarten tauschen kann und die Spiele der anderen Schule getestet werden können.

Tipp

Mithilfe der aufgelisteten Spiele und dem benötigten Material kann ein Pausen-Spiele-Koffer entstehen. Die Gruppe, die die Karten erstellt und das Material aufgelistet hat, kann so zu Schulhof-Scouts werden, die die Spielmöglichkeiten anderen Kindern vorstellen können. Auch die Verwaltung des Materials übernimmt diese Kindergruppe. Dafür sollten sie wenigstens in Teams aus ca. vier Personen während der Pause zusammenarbeiten.

Pädagogischer Hinweis

Bei der Auswahl der Spiele und dem gemeinsamen Bewerten findet ein spannender demokratischer Prozess statt. Wichtig ist, dass alle Kinder ihre Lieblingsspiele äußern sollen und die Diskussion darum, was ein Spiel für die Kinder wertvoll macht, auf Augenhöhe geschieht.

Wellness-Parcours

Halbgruppen gestalten sich gegenseitig mit verschiedenen Aktionen einen Wohlfühlnachmittag zum bewussten Entspannen und Chillen.

Alter: geeignet für alle Grundschul-Jahrgangsstufen
Dauer, Tempo: 2 x 45 min, sehr ruhig
Aktionsform: bewegen, kooperieren, Materialien herstellen
Gruppierung: Halbgruppen bilden, insgesamt max. 14 Kinder
Vorbereitung: Materialien besorgen und zubereiten
Bildungschancen: Anderen etwas Gutes tun, ruhige Atmosphäre aushalten und genießen lernen, sensiblen Körperkontakt und empathisches Verhalten üben
Material: Decken für die Hälfte der Anwesenden, unterschiedliche Pinsel (Haar- und Rasierpinsel, keine harten Borstenpinsel!), Massagematerialien (z. B. Igelbälle), Entspannungsmusik, angenehme Beleuchtung, Duftstäbchen, Früchte(-eis)tee, Smoothies, Kekse

Jede Halbgruppe überlegt sich, wie sie der anderen Halbgruppe eine Wohlfühlstunde bereiten kann – beispielsweise durch kleine, sanfte Massagen, Früchtetees, Raumveränderung, angenehme Beleuchtung und Auswahl von Entspannungsmusik.
Die Decken werden sternförmig ausgelegt und die Kinder einer Halbgruppe legen sich bäuchlings und mit dem Kopf nach außen gerichtet auf die Decken. Besonders empfehlenswert ist dann eine Rückenmassage mit Igelbällen. Nach etwa zehn Minuten setzen sich die Kinder auf und erhalten auf Händen, Gesicht und Unterarmen eine sanfte Pinselmassage. Eine weitere Aktion kann auch das Auflegen einer „Schönheitsmaske" aus dünnen Gurkenscheiben (oder ähnliche Gesichtsmasken) sein.
Zum Abschluss kann dann selbst zubereiteter Früchtetee oder nach selbst ausgedachten Rezepten gemixte Smoothies, eventuell mit selbst gebackenen Keksen, serviert werden. Dann tauschen die Gruppen ihre Rollen.

Variante

Ruhige Entspannungsspiele und ein gemeinsamer nicht zu hektischer Abschlusstanz können sich anschließen.

Tipp

Zahlreiche Spiele zur Entspannung und Körperwahrnehmung, die auch bei engen Raumverhältnissen gespielt werden können, finden Sie im Buch *Klassenspiele Bewegung* von Ulrich Baer und Marietheres Waschk, erschienen bei Klett Kallmeyer.

Pädagogischer Hinweis

Die Aktion erfordert eine vertraute, konfliktfreie Gruppensituation. Die gestaltende Halbgruppe muss die Regel beachten, dass keiner zu irgendetwas gezwungen oder überredet werden darf, es geht ja schließlich ums Wohlfühlen. Aufpassen bei allen Aktivitäten auf bekannte Allergien.

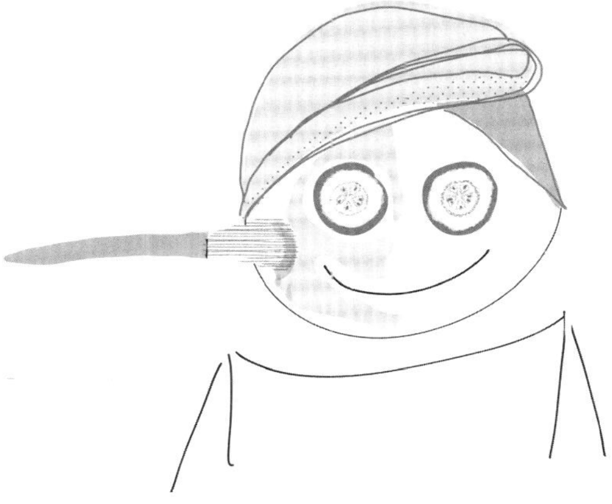

Was wir werden wollen

Den eigenen Lebensentwurf fantasievoll auszugestalten, gehört in der Lebensphase der Grundschüler dazu. Zum einen wollen Kinder „groß" sein und eigene Entscheidungen fällen dürfen. Zum anderen ist der Berufswunsch ein zentraler Aspekt im eigenen Lebensentwurf. In erster Linie orientieren sich Kinder an gewohnten Rollenvorbildern und wählen häufig „geschlechterkonforme Berufe", so sehen sich viele Mädchen in sozialen Berufen und Jungen wollen vornehmlich ihr Hobby zum Beruf machen, wie eine Studie aus dem Jahr 2014 zeigt. Doch bis zur eigentlichen Berufswahl vergeht noch genügend Zeit, um Wünsche über Bord zu werfen und neue Fantasien zu entwickeln. Neben der Auseinandersetzung mit einem Beruf werden aber auch Wirtschafts- und Gesellschaftskreisläufe über die Recherche zu Berufsfeldern deutlich.

Berufe-Pantomime: Unterschiedliche Berufe darstellen

Heiteres Beruferaten: Das Fachwissen zu Berufen unter Beweis stellen, gezielte eingrenzende Fragetechnik erlernen

Was arbeiten meine Verwandten?: Recherche zu unterschiedlichen Berufen im nahen Umfeld, Darstellung und Bewertung derselben

Berufe spielerisch entdecken: Gemeinsam verschiedene Berufe in einer Spielekette durchspielen

Berufswünsche fotografieren: Kreative Fotomontage von dem Kind in seinem Wunschberuf

Was macht der Astronaut im Maisfeld?: Berufsbilder einmal logisch und einmal fantasievoll ergänzen

Was Kinder dürfen und was nicht: Ein Abstimmungsspiel über Kinderrechte und einen respektvollen intergenerativen Umgang

Wer hat alles mit meiner Jeans zu tun?: Von der Herstellung bis zum Verkauf einer Jeans exemplarisch unterschiedliche Berufe entdecken und Herstellungswege nachvollziehen

Kinderspielstadt: Simulationsspiel einer Stadt, um Gesellschafts-, Wirtschafts- und Politikzusammenhänge zu erleben

Berufe-Quiz entwickeln: Recherche zu unterschiedlichen Quizformen und Berufsinhalten und dieses Quiz gemeinsam durchspielen

Berufe-Pantomime

Die Kinder stellen Berufe dar, die von allen erraten werden sollen.

Alter: geeignet für alle Grundschul-Jahrgangsstufen
Dauer, Tempo: 5–10 min pro Spiel
Aktionsform: darstellen, bewegen, wahrnehmen,
Gruppierung: in der Großgruppe
Bildungschancen: darstellen, transferieren, kombinieren
Material: –
Vorbereitung: –

Die Kinder stellen Berufe in unterschiedlichen Spielformen dar. Zu Beginn stellen sie sich mit ihrem Namen vor und einer Geste oder Darstellung eines Berufes, der mit demselben Buchstaben beginnen soll wie der Vorname. Kian stellt beispielsweise einen Koch dar, Ashley eine Ärztin und Alex einen Automechaniker. Die Kinder können sich auch in Paaren zusammentun und gemeinsam überlegen, welche Berufe passen könnten.

Erweiterungen

In der Großgruppe kann ein bewegtes Beruferaten gespielt werden. Dazu teilt sich die Gruppe in zwei Hälften auf und geht an unterschiedliche Grundlinien, die einige Meter voneinander entfernt liegen. Die eine Hälfte berät nun, welchen Beruf sie darstellen wollen. Nun laufen sie nebeneinander in einer langen Reihe auf die andere Gruppe zu und singen dabei: „Hier kommen wir!“. Wenn sie ca. 1–1,5 Meter von den anderen entfernt sind, ruft diese Gruppe dann mit nach vorn gestreckten Armen den anderen die Handflächen zeigend zu: „Stopp, keinen Schritt weiter, ehe ihr nicht zeigt, wer ihr seid!“

Nun beginnen die Mitspieler aus der ersten Gruppe parallel den Beruf pantomimisch darzustellen, jeder auf seine Art und Weise. Die andere Gruppe beginnt zu raten. Wenn sie den richtigen Beruf erraten haben, läuft die darstellende Gruppe zu ihrer Grundlinie zurück, wobei die ratende Gruppe versucht, die anderen zu fangen und anzutippen. Jedes Kind, das

angetippt worden ist, wechselt nun in die andere Gruppe. Nun wechseln die Rollen, und die Gruppe, die zuvor geraten hat, darf nun darstellen.

Varianten

Variante 1: Das Spiel *Stadt Land Fluss* wird in die Berufswelt transformiert. In einem Säckchen befinden sich alle Buchstaben des Alphabeths. Eine Kleingruppe aus zwei oder drei Kindern zieht nun einen Buchstaben und überlegt sich einen Beruf dazu. Diesen stellen sie nun pantomimisch dar, die Großgruppe darf raten. Danach ist die nächste Kleingruppe dran. Wenn alle Buchstaben gezogen wurde, kann eine neue Runde beginnen, indem nicht die Berufe dargestellt werden, sondern Werkzeuge oder Maschinen, die charakteristisch für einen Beruf sind.

Variante 2: Das bekannte Lied „Wer will fleißige Handwerker sehn?“ kann mit allen Kindern eingeübt und dargestellt werden. Besonders schön ist es, wenn neue und zeitgemäße Berufe vorkommen. So muss der Titel dann einfach in „Wer will fleißige Arbeiter sehn?“ umbenannt werden. Für den Automechaniker kann dann die darstellende Strophe „Haube auf, Zündkerze rein – das Auto wird bald fertig sein!“ lauten. Für den Fußballschiedsrichter erklingt: „Lauter Pfiff, schnell gerannt – gelbe Karte fürs Ballspiel mit der Hand!“

Tipp

Die Kinder können ihre eigenen Berufswünsche in dieses Lied mit einbringen. Eine gemeinsame Aufführung, in der die Zuschauer dann die Berufe nach jeder Strophe erraten, kann ein schöner Abschluss einer Projektwoche sein.

Pädagogischer Hinweis

Um die Strophen des Liedes neu zu interpretieren, brauchen die Kinder ein wenig Hilfe. Wichtig ist, dass sie ihren Wunschberuf dort einbringen können, gemeinsames Sammeln der unterschiedlichen Tätigkeiten in dem Berufsfeld erhöht die Möglichkeit, die Strophe passend zu gestalten.

Heiteres Beruferaten

Recherchierte seltene Berufe in Form eines TV-Ratespiels erraten lassen

Alter: eher geeignet für ältere Grundschul-Jahrgangsstufen
Dauer, Tempo: 45–90 min, je nach Anzahl der Kleingruppen, ruhig
Aktionsform: recherchieren, raten, kombinieren
Gruppierung: mehrere Kleingruppen mit je 2–4 Kindern
Bildungschancen: Wissen über Berufe und Arbeitswelt aneignen
Material: Internetrecherchemöglichkeit
Vorbereitung: Geeignete Websites zur Berufskunde herausfinden und bereithalten, ggf. die Liste seltener Berufe aus dem Downloadmaterial zu diesem Buch herunterladen.

In Kleingruppen recherchieren die Kinder auf berufskundlichen Websites Berufe, die interessant, etwas kurios und eher selten sind. Jede Kleingruppe entscheidet sich für einen dieser Berufe und versucht, möglichst viele Informationen darüber zu sammeln.
Dann findet eine Rateshow statt: Eine Kleingruppe antwortet auf Fragen des „Publikums" (das sind alle übrigen Kleingruppen zusammen) immer nur mit „Ja" und „Nein", bis der seltene Beruf, den sie recherchiert hatten, erraten ist. Bevor die nächste Kleingruppe dran ist, wird über den erratenen Beruf noch ausführlich informiert, welche Fähigkeiten für diesen Beruf benötigt werden, wie zukunftssicher er ist, welche ähnlichen Berufe es gibt, was das Interessante, das Schwierige oder sogar Gefährliche an diesem Beruf ist.

Erweiterungen

Zum Schluss kann in der Gruppe darüber abgestimmt werden, wer sich diesen Beruf für sich vorstellen könnte. Warum und warum nicht.
Wenn einer der gewählten seltenen Berufe im Stadtteil ausgeübt wird, kann versucht werden, diese Person einzuladen, der dann authentisch über seinen Arbeitsalltag berichtet.

Varianten

1. In der TV-Show bekam die Person, deren Beruf zu erraten war, für jede „Nein"-Antwort, die sie geben konnte, einen kleinen Geldbetrag – bis zu zehnmal „Nein" waren möglich. In unserem Spielvorschlag könnte das Team ebenfalls einen kleinen Preis bekommen, wenn es „Nein" antworten kann.
2. Zu Beginn der Raterunde wird eine typische Handbewegung des Berufs vorgeführt oder ein Gegenstand gezeigt, der mit dem Beruf zu tun hat. Nach jeder dritten Frage können die Spielleitung oder die Vertreter des zu ratenden Berufs eine Hilfe geben.

Tipp

Vor dem Ratespiel kann es für jüngere Kinder hilfreich sein, die Fragetechnik des Eingrenzens zu üben, sodass die Ratenden durch entsprechende Fragen ganze Branchen oder Berufsgruppen schneller ausschließen können.

Pädagogischer Hinweis

Es kann helfen, wenn die Kinder vor dem Recherchieren eine Liste mit seltenen Berufen erhalten, aus denen sie einige auswählen können. Sie finden eine solche Liste im Downloadmaterial.

Was arbeiten meine Verwandten?

Die Berufe aus dem häuslichen Umfeld werden erfragt und dann in der Gruppe vorgestellt.

Alter: geeignet für alle Grundschul-Jahrgangsstufen
Dauer, Tempo: mehrere Einheiten, ruhig
Aktionsform: wahrnehmen, befragen, vortragen
Gruppierung: allein und in Partnerarbeit
Material: Fragebogen, Plakate, Scheren, Stifte, Kamera, Drucker, ggf. Laptop und Beamer
Bildungschancen: recherchieren, in Präsentation umsetzen, vortragen, empfehlen
Vorbereitung: Gemeinsam im Vorfeld der Aktion einen Fragebogen entwickeln.

Gemeinsam wird ein Fragebogen über Berufe entworfen, die dann die Kinder ihren Verwandten stellen können.
Folgende Fragen können beispielsweise darauf Einzug erhalten:

- Wie heißt der Beruf?
- Was sind die genauen Aufgaben?
- Was musst du dort genau machen?
- Was musst du für diesen Beruf besonders gut können?
- Mit wem arbeitest du zusammen?
- Wie weit ist es bis zu deiner Arbeit?
- Was macht dir an deinem Beruf Spaß?
- Was macht dir keinen Spaß? (...)

Gemeinsam werden mit den Kindern die Fragebögen erarbeitet, bestimmt finden die Kinder noch mit ihrem Blickwinkel zusätzliche Fragen.
Paarweise oder in Kleingruppen berichten sich die Kinder von den Ergebnissen auf ihren ausgefüllten Fragebögen. Wenn sie Fotos von den Verwandten im Berufseinsatz schießen konnten, wählen sie geeignete für die Präsentation aus. Nun können sie gemeinsam dazu ein Plakat gestalten, eine Dia-Show zusammenfügen und für sich in der Kleingruppe entscheiden, ob sie sich vorstellen könnten, den Beruf auszuüben oder eher nicht. Dabei sollen sie für sich auch Begründungen finden, die für die anderen Kinder nachvollziehbar sind. An die Kinder in der Großgruppe können vorher je drei Karten in rot, gelb oder grün verteilt werden. Anschließend können die Kinder ihre Zukunftsaussicht abgeben, ob sie diesen Beruf machen möchten oder nicht, indem sie für „Ja“ die grüne Karte hochheben, bei „Nein“ die rote und bei „Ich weiß nicht“ die gelbe.

Erweiterungen

Eine Ausstellung für andere Kinder kann mit den Plakaten, Fotos und auch den Bewertungen erfolgen.

Varianten

Wenn es innerhalb einer Gruppe nur wenig unterschiedliche Berufe bei den Eltern oder Verwandten gibt oder aber auch Arbeitslosigkeit, können die Kinder auch Berufe in dem Umfeld der Schule ausfindig machen und die Berufstätigen dort befragen.

Pädagogischer Hinweis

Bewusst wird hierbei nicht der Verdienst, sondern die jeweiligen Fertigkeiten in den Mittelpunkt gerückt.

Berufe spielerisch entdecken

In einer Spielekette spielen die Kinder Gruppenspiele zu unterschiedlichen Ideen von Berufen

Alter: geeignet für alle Grundschul-Jahrgangsstufen
Dauer, Tempo: 45–90 min, ruhig und bewegt
Aktionsform: bewegen, wahrnehmen, kooperieren, kennenlernen
Gruppierung: in der Großgruppe
Material: Geschirrtücher, Reissäckchen, Fallschirmschwungtuch, Softbälle (oder je nach ausgewähltem Spiel)
Bildungschancen: Gemeinschaftsgefühl erleben, je nach Spielart Darstellungsfähigkeit oder körperliche Geschicklichkeit
Vorbereitung: Entwicklung einer Spielgeschichte, die die unterschiedlichsten Spiele aneinanderreiht und das Thema verdeutlicht.

Was genau ist eine Spielkette? In einer Spielkette führt der Spielleiter durch eine kleine Rahmenhandlung mittels einer Geschichte und reiht so unterschiedliche Spiele aneinander. Wichtig ist dabei, dass alle Mitspieler aktiv sind und sich gemäß ihrer Fähigkeiten einbringen können. Der Spielleiter sollte sich sicher in den Regeln der einzelnen Spiele und im Ablauf der Spielekette sein. Das Material, das für einige Spiele benötigt wird, muss griffbereit sein, um so keinen Bruch in der Spielekette zu verursachen. Er führt durch die ganze Spielabfolge, startet und beendet diese.
Für eine Spielaktion zu unterschiedlichen Berufen können beispielsweise folgende Spiele eingesetzt werden:
Landwirt: Möhren rupfen. Die Kinder teilen sich in 10er-Gruppen ein, acht setzen sich in einen engen Kreis auf dem Boden und verhaken sich mit den Armen sehr fest ineinander. Die anderen beiden Spieler werden nun zu Landwirten und versuchen, die Möhren zu ziehen.
Fabrikarbeiter: Ein Fließband wird simuliert, die Kinder stehen sich in einer Gasse gegenüber. Die sich anschauenden Paare halten zusammen ein Geschirrtuch, jede Hand an einem Zipfel. Nun wird auf das erste Geschirr-

tuch ein Reissäckchen gelegt, dieses wird vom ersten Paar mittels Bewegung des Tuches zum nächsten Paar geworfen und so weiter. Die Abstände werden dabei immer vergrößert.

Computerprogrammierer (in 3er-Gruppen): Der Programmierer hat zwei Roboter gebaut, die Rücken an Rücken zusammenstehen. Auf ein Startsignal laufen die Roboter los, der Programmierer kann sie durch Tippen auf der Schulter steuern, denn dann biegen sie um 90 Grad in diese Richtung ab. Ziel ist es, dass beide Roboter nachher Nase an Nase zueinanderstehen. Erreicht ein Roboter ein Hindernis wie die Wand, einen anderen Roboter o. Ä., so bleibt er auf der Stelle davor laufend und macht dabei ein piepende Warnsignal (Rollen durchwechseln).

Feuerwehrmann: Hier können unterschiedlichste Schwungtuchspiele gemacht werden als Trainingslager für die Feuerwehrmänner (Literaturtipp: *New Games Fallschirmspiele* von Dale N. Lefevre und Todd Strong).

Künstlerin: Jedes Kind bekommt ein Klemmbrett, auf dem ein Blatt Papier befestigt ist, und einen Stift. Nun schließen alle Kinder die Augen und halten das Klemmbrett vor ihren Bauch, wobei das Papier nach außen zeigt. Jetzt malt jeder blind von sich ein schönes Selbstporträt. Wenn alle fertig gemalt haben, werden die Augen geöffnet und jeder zeigt sein Kunstwerk. Mit Namen versehen kann dies eine lustige Ausstellung für den Gruppenraum werden.

Tipp

Fast alle bekannten Gruppenspiele können in dieser Spielekette Platz finden: „Captain's coming" für den Beruf auf hoher See, „Disco auf dem Planet Pluto" für den Beruf des Astronauten, das „Pferderennen" für den Beruf des Jockeys oder „Schlitzohr" für den Detektiv. Wenn zwischendurch parallel in Kleingruppen gespielt wird, können Ergebnisse präsentiert werden. Der Spielleiter muss alle Kleingruppen im Blick behalten können. Wichtig ist bei einer Spielkette, dass ruhigere und schnelle Spiele sich abwechseln, dass ein roter Faden mit Spannungsbogen vorhanden ist. Es vereinfacht, wenn der Spielleiter dabei in eine Rolle schlüpft (Berufsberater, persönlicher Jobcoach etc.), der die Gruppe beraten will. Dabei kann eine kleine Verkleidung helfen, dazu ein Klemmbrett unter dem Arm, wo er sich anscheinend Notizen zu dem Absolvieren der Aufgaben macht. Er kann aus dieser Rolle heraus auch immer wieder zu neuen Berufen überleiten, die von der Großgruppe getestet werden sollen. Der Abschluss muss rund sein: Entweder können alle Kinder für jeden Beruf geeignet sein. Ein weiteres Ende kann sein: Das Ergebnis sagt aus, dass alle Kinder erst noch einmal spielende Kinder bleiben dürfen und noch Zeit für die Berufswahl haben. Eine weitere Alternative kann sein, dass der Spielleiter das Ergebnis noch zur Auswertung bringen muss. Er bedankt sich aber mit einer gemeinsamen Applausrakete für den Einsatz der Gruppe.

Pädagogischer Hinweis

Bei Spieleketten empfehlen sich kooperative Spiele für die Großgruppe und kreative Spiele in Kleingruppen, bei denen nachher den anderen die Ergebnisse präsentiert werden können. Die Spielfreude und das gemeinsame Erleben führen zu einem besseren Gruppenklima.

Berufswünsche fotografieren

Von jedem Kind wird eine Fotomontage erstellt: ein Porträtfoto mit der typischen Arbeitsumgebung des Berufs

Alter: eher geeignet für ältere Grundschul-Jahrgangsstufen
Dauer, Tempo: je nach Gruppengröße ca. 2 Stunden, ruhig
Aktionsform: fotografieren, recherchieren
Gruppierung: kleine Gruppe notwendig

Bildungschancen: sich über Berufe informieren, fotografieren und Bildbearbeitung
Material: Digitalkamera, ggf. großes grünes Tuch, Fotobearbeitungssoftware, Computer
Vorbereitung: Fotostudio zusammen mit den Kindern einrichten; Bildersuche im Internet bereitstellen

Jedes Kind erzählt von seinem Berufswunsch oder wählt sich einen Beruf aus einer Berufsbildersammlung (z. B. aus einem Bildlexikon). Dann werden typische Bilder von den Arbeitsumgebungen der genannten Berufe im Internet gesucht und gespeichert oder aus Büchern abfotografiert (z. B. Autowerkstatt für den Beruf Automechaniker oder Feuerwache für Feuerwehrmann oder Flugzeugkanzel für Pilot).
Nun werden Porträts der Kinder (möglichst vor einer einfarbigen Wand oder einem großen grünen Tuch) in einer Körperhaltung angefertigt, dass das Porträtfoto in das Bild von der Arbeitsumgebung eingepasst werden kann.
Mit einem Bildbearbeitungsprogramm werden die porträtierten Kinder freigestellt (siehe Tipp) und dann in ihr Arbeitsumgebungsbild eingefügt.
Die Bildmontagen werden ausgedruckt, von den Kindern mit einer Bildunterschrift kommentiert und in einer Ausstellung präsentiert. Alternativ werden die Bildmontagen zu einer Diaschau kombiniert und mit mündlichen Erläuterungen der Kinder vorgeführt.

Erweiterungen

Berufstypische Requisiten (Bauarbeiterhelm, Werkzeuge, Geräte usw.) besorgen oder von Kindern mitbringen oder sammeln lassen – dann die zu porträtierenden damit für die Aufnahmen ausstatten.
Falls möglich, können im Stadtteil ausgeübte Berufe auch aufgesucht werden oder Eltern, die diesen Beruf ausüben, eingeladen werden.

Tipp

Für das Freistellen der Kinderporträts sollte ein möglichst einfaches Verfahren gewählt werden, z. B. kann man im Programm „Photo Impact" das Kind im sogenannten Maskenmodus freimalen (im Programm „gimp" heißt dieser Modus Schnellauswahlmaske). Oder es wird im Farbauswahlmodus („Zauberstab") ein einfarbiger grüner Hintergrund ausgewählt (dann wird das Kind durch den Befehl „Auswahl umkehren" ausgewählt). Diese Auswahl wird dann kopiert und in ein geeignetes Hintergrundbild eingefügt und dort anschließend ggf. in der Größe angepasst. Auf Tablets sind die Apps „Superimpose" und „Knock out 2" beliebte Mix-Programme.

Pädagogischer Hinweis

Auch relativ unrealistische Traumberufe sollten unbedingt respektiert und einbezogen werden. Über die Voraussetzungen, die man zur Berufsausübung benötigt, sollte informiert werden. Für die Bildmontagenarbeiten ist eine Unterstützung durch Mitarbeiter notwendig.

Was macht der Astronaut im Maisfeld?

Bilder aus Zeitschriften oder dem Internet von typischen Berufssituationen humorvoll in ein anderes Setting transferieren und dazu erzählen.

Alter: geeignet für alle Grundschul-Jahrgangsstufen
Dauer, Tempo: 30–45 min, ruhig
Aktionsform: wahrnehmen, kreativ sein, bildnerisch gestalten
Material: Papier, Stifte, Kleber, Scheren, Zeitschriften, PC zur Recherche, Drucker
Bildungschancen: Kreativität, Fantasie
Gruppierung: einzeln oder paarweise an Tischen
Vorbereitung: Berufsbilder in typischen Arbeitssituationen zusammenstellen und ausdrucken, doppelt oder dreimal so viele wie Kinder an der Aktion teilnehmen

Jedes Kind sucht sich das Bild eines Berufstätigen in typischer Pose aus. Wichtig ist, dass das Bild nicht den ganzen Kontext wiedergibt, sondern nur den Berufstätigen zeigt.
Dieses Bild wird als Startbild, also als Zentrum, auf ein großes Blatt geklebt. Nun wird dieses Bild zeichnerisch und kollagenhaft von den Kindern erweitert. Dabei kann gerade von jüngeren Jahrgangsstufen das Bild sinnvoll ergänzt werden, zum Beispiel wandelt der Astronaut in einer Weltall-Planeten-Kraterlandschaft umher. Dazu können Geschichten erfunden werden: Wie heißt der Astronaut? Was macht er im Weltraum? Und was macht er, wenn er wieder zurück ist? Gibt es Gefahren zu bestehen? Wer hilft ihm auf seiner Reise?
Das gemeinsame Fabulieren regt die Fantasie an, fördert das sprachliche Ausdrucksvermögen, und das Erzählen erweitert die Empathiefähigkeit.

Varianten

Wie im Grundspiel, suchen sich die Kinder wieder eine Figur aus und kleben sie auf ihr Bild. Doch nun kann das Bild auch in einen ganz anderen Kontext gesetzt werden, zum Beispiel landet der Astronaut in einem Maisfeld, einem Supermarkt, einem Fußballfeld oder auf dem Spielplatz. Anschließend wird dazu eine Geschichte erfunden, wie er dort hinkam, was seine Aufgabe dort ist und wie er wohl wieder zurückkommt.

Tipp

Fragen zu den Figuren helfen den Kindern beim Ausschmücken der Geschichte. Die Geschichten können auch aufgeschrieben und mit den Plakaten ausgestellt werden.

Pädagogischer Hinweis

Kinder können wieder zuhören lernen, selbst Geschichten zu den Bildern entwickeln und wiedergeben. Analoge Medien wie Sprache und Bilder werden im Mittelpunkt der Lebenswelt verankert. Hier wurde eine der ältesten Kulturtechniken, das Erzählen, in den Mittelpunkt gestellt.

Was Kinder dürfen und was nicht

Ein Abstimmungsspiel über Kinderrechte und respektvolles Benehmen zwischen Erwachsenen und Kindern

Alter: eher geeignet für ältere Grundschul-Jahrgangsstufen
Dauer, Tempo: 30 – 60 min, ruhig bis lebhaft
Aktionsform: bewegen, einschätzen, Wissen erwerben, diskutieren
Gruppierung: alle im Stuhlkreis
Bildungschancen: Wissen über Kinderrechte erweitern, Meinungen austauschen, Sozialverhalten diskutieren, Wertvorstellungen bilden
Material: –
Vorbereitung: –

In Form einer Meinungsumfrage werden von der Spielleitung 10 bis 20 Fragen zu den Rechten von Kindern und zum richtigen Verhalten von Erwachsenen gegenüber Kindern und zum Verhalten von Kindern gegenüber Erwachsenen gestellt.
Der Raum wurde in drei Felder eingeteilt: Ein „Ja“-, ein „Nein“- und ein „Weiß nicht“-Feld. Als Antwort auf die Frage stellen sich die Kinder in das ihrer Meinung nach richtige Antwortfeld. Dann erläutert die Spielleitung die richtige Antwort, u. a. mit einer Beispielsituation. Zu jeder Frage darf 3–5 Minuten diskutiert werden.

Beispiele für Fragen:
- Darf ein Kind anziehen, was es möchte?
- Darf ein Erwachsener ungefragt in den Sachen eines Kindes kramen?
- Darf ein Kind ungefragt in den Sachen eines Erwachsenen kramen?
- Haben Kinder ein Recht auf Taschengeld?
- Müssen Erwachsene Kinder im Krieg und auf der Flucht besonders beschützen?
- Haben Kinder das Recht, bei allen Dingen, die sie betreffen, zu sagen, was sie meinen?

Weitere Fragen im Downloadmaterial!

Erweiterungen
Die UN-Kinderrechtskonvention wird erklärt und der Text gemeinsam diskutiert.
Ein Brettspiel um Kinderrechte ist *Kleine Haie,* das beim Amt für Jugendarbeit der Evangelischen Kirche von Westfalen, Haus Villigst, Iserlohner Str. 25, 58239 Schwerte zu beziehen ist.
Weitere methodische Anregungen im Heft 4/2012 der Zeitschrift *gruppe & spiel.*

Variante
Eine Variante für die Meinungsbekundung: Kinder, die zur Frage „Ja“ meinen, stehen auf, und wer „Nein“ meint, setzt sich auf den Boden. Wer sich nicht entscheiden kann, bleibt auf seinem Stuhl sitzen.

Tipp
Die Spielleitung sollte sich unbedingt vorher über die Rechtslage in den einzelnen Fällen informieren. Die Website www.fuer-kinderrechte.de bereitet das Thema für Kinder im Grundschulalter auf.

Pädagogischer Hinweis
Einige Situationen hängen stark von den Erziehungseinstellungen der Eltern ab und sind juristisch nicht fixiert. In diesen Fällen sollte mit den Kindern besprochen werden, welches Verhalten von Kindern oder Erwachsenen sie sich wünschen oder für fair und gerecht halten.
Für alle Fälle möglichst immer konkrete Situationen beschreiben und bei den Kindern Beispiele erfragen.

Wer hat alles mit meiner Jeans zu tun?

In einer Spielaktion werden Herstellung, Transport und Verkauf von Jeanshosen nachgespielt und dabei die beteiligten Berufe kennengelernt.

Alter: geeignet für die älteren Grundschul-Jahrgangsstufen
Dauer, Tempo: mehrere Stunden Vorbereitung, Spielaktion 30 min, ruhig bis lebhaft
Aktionsform: recherchieren, bewegen, kooperieren, vorführen
Gruppierung: alle verteilt im Raum, evtl. an Tischen
Bildungschancen: Umweltwissen erwerben (Stoffströme, Ressourcenverbrauch), Berufe aus der Textilbranche kennenlernen
Material: Internetrecherchemöglichkeit, evtl. Theaterbedarf (Verkleidungen, Bühnenbild, Requisiten)
Vorbereitung: Informationen zum Baumwollanbau und -verarbeitung und Hosenherstellung vorbereiten

Die ganze Aktion beginnt mit einer längeren Recherche zum Anbau und zur Verarbeitung von Baumwolle und dann zur Herstellung, zum Transport und Verkauf von Jeans.
Die gewonnenen Informationen werden dann mit der ganzen Gruppe in eine Spielaktion bzw. ein kleines Theaterstück umgesetzt. Darin wird der Weg einer Jeans vom Baumwollanbau bis zum Verkauf in mehreren Szenen nachgespielt. Die einzelnen Szenen können mit projizierten Hintergrundbildern (z. B. Baumwollfeld, Textilfabrik, Texttafeln zu den Berufen oder Ländern usw.) illustriert werden. Die Baumwolle bzw. der Stoff kann dabei auch von einem verkleideten Kind bzw. einer Kindergruppe gespielt werden. Je nach inhaltlichem Schwerpunkt (siehe Varianten) können auch ernste und lustige Begebenheiten eingebaut werden.

Erweiterungen

Eine komplexe Spielaktion mit ähnlichen Inhalten wurde vom Wuppertal Institut für Klima, Umwelt und Energie erarbeitet:
„Sarahs Welt – Im Spiel gilt es, ein Geburtstagsfest für Sarah auszurichten und dabei nicht zu viel Natur zu verbrauchen. Ist die Auf-

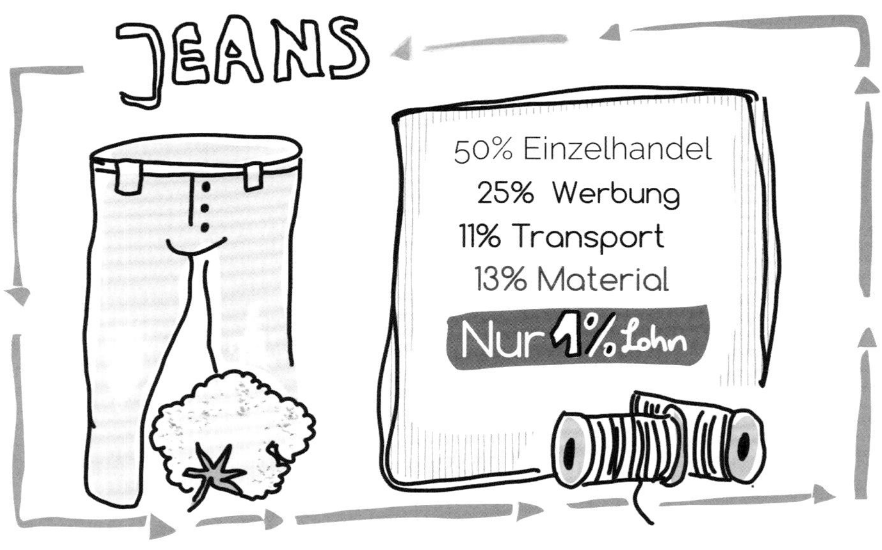

gabe geschafft, wird natürlich auch gefeiert – und hinterher sammelt die Klasse Ideen, wie man so leben kann, dass genug Natur für andere Menschen und die Tiere übrigbleibt."
Baedeker, Carolin/Kalff, Michael/Welfens, Maria J. (2001): Clever leben: MIPS für KIDS. Zukunftsfähige Konsum- und Lebensstile als Unterrichtsprojekt (mit CD, Spielanleitung und allen Infos). München: Ökom Verlag. Online abrufbar unter: https://wupperinst.org/a/wi/a/s/ad/30/

Varianten für inhaltlichen Schwerpunkt

1. globale Baumwollstoffproduktion und Textilindustrie (einschl. Kinderarbeit u. Ä.)
2. Textilberufe von Landwirtschaft bis zum Verkauf
3. Umweltressourcenverbrauch; Stoffströme

Tipp

Viele weitere Informationen zum Aufbau einer nachhaltigen Wirtschaftsweise und humanen Arbeitsbedingungen beim Wuppertal Institut: www.wupperinst.org

Pädagogischer Hinweis

Eine solche komplexe Spielaktion sollte möglichst im Sachkunde-Unterricht vor- und nachbereitet werden.
Außerdem bietet es sich an, die Spielaktion als Theaterstückchen am Ende des Schuljahrs in einem schulöffentlichen Rahmen zu präsentieren, evtl. auch zusammen mit lokalen Kultur- oder Jugendeinrichtungen.

Kinderspielstadt

In einer Kinderspielstadt üben die Kinder Berufe aus, verdienen Geld in ihrer eigenen Währung und verstehen so wirtschaftliche Prozesse.

Alter: geeignet für alle Grundschul-Jahrgangsstufen
Dauer, Tempo: mehrere Tage
Aktionsform: Simulationsspiel
Gruppierung: in der ganzen Schule verteilt
Material: Werkzeuge und Rohmaterial für die unterschiedlichen Berufe, Sachspenden fürs Kaufhaus
Bildungschancen: Wirtschaftskreisläufe und demokratische Strukturen durch Erleben verstehen
Vorbereitung: Pro Kindergruppe von ca. sechs Kindern wird ein Beruf benötigt, der mit Material und Anleitern versehen sein muss, Räume und Schulhof müssen dementsprechend vorbereitet und beschildert werden. Eine eigene Währung braucht die Stadt in Form von vielen Geldscheinen.

Eine Kinderspielstadt ist ein großes Simulationsspiel, das eine eigene kleine Stadt nachbildet. In der Kinderspielstadt können Kinder stunden- oder halbtagsweise einen Beruf ausüben. Dafür können sie sich Karten der entsprechenden Berufe beim Arbeitsamt holen.
Mögliche produzierende Berufe sind Schreinerei, Papierschöpfen, Seifen- und Kerzenherstellung, Schmuckwesen, Näherei, Bäckerei und viele mehr. Mit den produzierten Waren wird das Kaufhaus beliefert. Natürlich gibt es auch Dienstleistungen wie den Friseurladen, das Kaufhaus, die Spülstation und auch eine Müllabfuhr. Für die Infrastruktur benötigt es eine Post, eine Zeitung, eine Bank, vielleicht sogar einen eigenen TV-Sender.
Die Kinder bekommen für jede absolvierte Arbeitsstunde einen festgesetzten Stundenlohn, von dem schon direkt ein Teil als Steuer abgeführt wird. Das selbst verdiente Geld können die Kinder auf ein eigenes Bankkonto bei der Bank einzahlen oder im Kaufhaus ausgeben. Nach dem zweiten Tag können ein Stadtrat und das Bürgermeisteramt durch eine demokratische Wahl bestimmt werden. Dieses Gremium tagt täglich und überlegt, was in

der Kinderspielstadt noch benötigt wird oder wo es Verbesserungen geben soll. Für mögliche Verbesserungen, die durch Aufträge an die einzelnen Gewerke umgesetzt werden sollen, bieten die eingenommenen Steueranteile die finanzielle Basis. So können auch neue Berufe kreiert und eingeführt werden.
An jedem Nachmittag, kurz bevor die Spielstadt ihre Tore schließt, findet immer eine Bürgerversammlung statt, in der die Kinder mit Wünschen, Anliegen, Anregungen und Beschwerden Gehör finden. Dieser reflexive Moment ist wichtig und muss durch die Spielleiter gut moderiert werden. Schön ist es, wenn es ein Abschiedsritual gibt. Natürlich können auch kreative und produzierende Berufsgruppen hier präsentieren, was sie erstellt oder erfunden haben. Die Kinderband kann ihren Kinderspielstadtsong hier aufführen, die Tanzgruppe führt eine Choreografie vor und die Schneiderei kann mit einer Modenschau ihre Produktionen zeigen.

Erweiterungen

Für Kinder ist es besonders schön, wenn die Kinderstadt am letzten Tag mit einem Fest als Höhepunkt endet, sei es ein Sommerfest, Karneval, eine Disco oder was zur jeweiligen Schule passt.

Varianten

Kinder können sich ab dem dritten Tag mit einer guten Idee und etwas gespartem Startkapital selbstständig machen. Mit dem Startkapital finanzieren sie den Raum, in dem das neue Angebot stattfindet, und ggf. auch Lohn für erste Angestellte. So finden neue Berufe Einzug in die Stadt. Wichtig ist, dass die Kinder nicht extra Materialien von daheim für ihre neuen Berufe mitbringen, sondern das nutzen, was sie in ihrer Stadt vorfinden.

Tipp

Eine Kinderspielstadt benötigt viele Ehrenamtliche und viel Material. Für dieses Projekt empfiehlt es sich, Sponsoren und Kooperationspartner zu akquirieren. In vielen Gemeinden konnten Supermarktketten als Sponsoren von Lebensmitteln für z. B. die Bäckerei und Handwerksbetriebe mit Manpower, Werkzeug und Material gewonnen werden. Kooperationspartner aus Sportvereinen, Jugendverbänden und Gemeinden können zum Gelingen beitragen.

Pädagogischer Hinweis

Den Beruf des Polizisten braucht dieses Spiel meist nicht, eine Konfliktklärungsstelle kann beim Stadtrat oder bei einem Pädagogen erfolgen.

Berufe-Quiz entwickeln

Ältere Kinder erarbeiten für gleichaltrige und jüngere Kinder ein Quiz über Berufe.

Alter: geeignet für ältere Grundschul-Jahrgangsstufen
Dauer, Tempo: 2 Stunden mindestens, ruhig
Aktionsform: erfinden, recherchieren, kooperieren
Gruppierung: Kleingruppen an Tischen
Bildungschancen: Wissen über Berufe aneignen, Spielform Quiz mit Inhalt füllen, verschiedene Quizformen kennenlernen und erproben
Vorbereitung: Internet-Recherche ermöglichen
Siehe auch: Spiel „Bilderquiz rund um's Wohnen", Seite 72

Kleingruppen denken sich zum Thema Berufe Quizfragen mit Auswahlantworten aus. Dabei verwenden sie unterschiedliche Frageformen und -formulierungen, um das Berufequiz für verschiedene Altersstufen und Lernniveaus zu erarbeiten. Mehrmaliges Erproben bei unterschiedlichen Gruppen und Zeitreserven für Verbesserungen muss eingeplant werden.
Für Beispiel-Frageformen, siehe Varianten und Downloadmaterial.

Erweiterungen

Zu den Auflösungen können Zusatzinformationen bereitgestellt werden, z. B. in Form eines typischen Tagesablaufs des entsprechenden Berufs.
Das Quiz kann in verschiedenen Varianten als PDF-Datei formatiert und dann zum Download (z. B. auf der Schulwebsite) zur Verfügung gestellt werden.

Varianten

1. Frage: Was hat ein XY zu tun? Als Auswahlantworten werden dann vier Tätigkeiten aufgeführt, von denen eine oder mehrere richtig sind.
2. Frage: Womit hat ein/e XY zu tun? Als Auswahlantworten werden vier Fotos von Gegenständen oder Materialien abgebildet, von denen nur eine zur typischen Arbeit einer/eines XY gehört.
3. Weitere Frageformen im Downloadmaterial.

Tipp

Ein Wissensquiz kann durch Schätzfragen und witzige Auswahlantworten erleichtert und aufgelockert werden.

Pädagogischer Hinweis

Wissen eignen sich Kinder besonders effektiv an, wenn sie es als Ratespiel für andere aufbereiten. Der pädagogische Fokus kann bei dieser Methode einerseits auf der Wissensaneignung (in diesem Fall über Berufe) liegen, andererseits auch auf der Kunst, Varianten des Ratespiels für unterschiedliche Lernniveaus empathisch zu erarbeiten.

Wie wir zusammenleben

Jedes Kind lebt in seinem eigenen Umfeld. Somit nimmt jedes Kind die Gemeinschaft der Gruppe anders wahr, nämlich aus seiner ganz individuellen Sicht. Die Fähigkeit zur Entwicklung eines Einfühlungsvermögens, der Empathie, ist grundsätzlich durch die Spiegelneuronen im Gehirn in jedem Menschen vorhanden. Um Mitgefühl zu erlernen, müssen jedoch zuerst Gefühle des Gegenübers wahrgenommen werden. Dazu benötigen Kinder stabile Beziehungen, um daraus Empathie zu lernen. Empathie bedeutet dabei, die Gedanken, Gefühle und Aussagen des Gegenübers zu erkennen – aus der Sichtweise und Perspektive des anderen. Und das ist dabei der springende Punkt: wirklich das Weltbild und die Anschauungen des anderen verstehen lernen, um seine Aktionen und Sichtweisen interpretieren zu können. Soziales Lernen steht hier im Mittelpunkt.

Gerecht und ungerecht: Situationen bewerten und gemeinsam diskutieren, ob sie gerecht oder ungerecht sind

Goldtaler-Runde: Gemeinsam am Tagesende den Goldtaler an die Person verleihen, die sich an dem Tag besonders sozial verhalten hat

Das Experiment: die durcheinander geratenen Puzzleteile: Zwei Varianten eines Spiels spielen: einmal kooperativ, einmal kompetitiv und daraus Schlüsse ziehen

Mein geheimer Freund: Unentdeckt einem zugelosten Partner Annehmlichkeiten bereiten

Foto-Papiertheaterszenen: Aus Fotos Papiertheaterfiguren basteln, ein Stück aus der Lebenswelt entwerfen und nachspielen

Unser Zuhause: Kinder recherchieren nach unterschiedlichen Wohn- und Lebensformen an der Schule und in ihrem Umfeld.

Gestern – heute – morgen: Zu sehr alten Fotografien wird erzählt, wie es heute ist, und Szenen ausgedacht und vorgespielt, wie es in Zukunft sein könnte.

Helfer-Stadtplan: Kinder recherchieren alle Notfall- und Unterstützungseinrichtungen in ihrem Stadtteil und stellen dazu einen wandgroßen Stadtplan her.

Rollenspiel-Gerichtsverhandlung: In einem Rollenspiel soll über fiktive, aber kindergemäße Fälle von allen fantasievoll über die Art und das Maß der Bestrafung entschieden werden.

Streiten lernen: Fiktive Streitanlässe nachspielen und die Kommunikation analysieren und verändern

Gerecht oder ungerecht?

Kleine Begebenheiten laden zur Diskussion ein und können in Bildergeschichten umgesetzt werden.

Alter: geeignet für alle Grundschul-Jahrgangsstufen
Dauer, Tempo: 30–45 min, ruhig
Aktionsform: kommunizieren, Kompromisse finden, darstellen
Gruppierung: in der Großgruppe
Bildungschancen: Auseinandersetzung mit kinderrelevanten Fragestellungen zum Thema Gerechtigkeit, Wertvorstellungen bilden
Material: kleine Fälle und Cartoons zum Thema, Digitalkamera, Drucker, Stifte, Papier
Vorbereitung: kindgerechte „Fälle" zum Thema gerecht und ungerecht vorbereiten

Es werden Fragestellungen aus dem Alltag von Kindern zum Thema Gerechtigkeit gestellt, z. B.:

- Zum Ende der Sportstunde dürfen die Kinder ihr Lieblingsspiel wählen. Mehr als die Hälfte der Klasse wünscht sich Fußball. Die anderen Kinder sagen, das sei ungerecht. Stimmt das?
- Es ist 20 Uhr. Im Fernsehen beginnt ein schöner Tierfilm. Du musst ins Bett, deine ältere Schwester darf noch aufbleiben. Ist das gerecht?
- Eine Musik-AG wird gegründet, du möchtest in der Band Schlagzeug spielen, ebenso wie drei andere Kinder. Es wird gelost, ein anderer bekommt es zugeteilt, du bekommst stattdessen das Keyboard. Ist das gerecht?
- Ihr macht eine Schatzsuche beim Spielefest. Du und dein bester Freund löst Rätsel, findet den Weg und helft den anderen. Max und Moritz maulen nur rum und verderben fast den Spaß. Als der Schatz gefunden wird, werden alle Süßigkeiten in der Großgruppe zu gleichen Teilen verteilt. Ist das gerecht?

- Der OGS Nachmittag geht zu Ende und der Gruppenraum sieht wüst aus. Beim Aufräumen sollen nun alle mit anpacken, dabei hast du nur mit deiner Freundin am Tisch ein Kartenspiel gespielt und wieder sorgsam ins Regal geräumt. Ist das gerecht?
- Nach der Diskussion zu diesen und ähnlichen Fragestellungen kann eine offene Runde gestaltet werden zu dem Thema: Was finde ich gerecht und was ungerecht? Beispiele aus dem Alltag werden gesammelt, wo sich die Kinder ungerecht und, viel wichtiger noch, gerecht behandelt gefühlt haben.
- Jedes Kind erhält ein DIN-A4-Blatt und faltet es in der Mitte. Auf der linken Seite schreibt es Situationen auf, in denen es sich ungerecht behandelt gefühlt hat. Auf der rechten Seite wird die gleiche Situation dann in „gerechter Form" dargestellt. In Paaren berichten sich die Kinder von ihren Erlebnissen und stellen diese dann der Großgruppe vor.

Erweiterungen

Erweiterung 1: Die Kinder können nun die gefundenen Szenen darstellen und fotografieren. Diese Bilder können anschließend ausgestellt werden. Dabei stehen sich die Bilder gerecht und ungerecht gegenüber und regen bei den Betrachtern auch zur Diskussion an. Es können auch Zeichnungen von den Szenen entstehen, kleine Comics oder Cartoons, die dann ausgestellt werden.

Erweiterung 2: Die Kinder können gemeinsam überlegen, was sie unter gerecht und ungerecht verstehen und wie das in ihrer Gruppe umgesetzt werden kann. Gemeinsam können sie Gruppenregeln besprechen, die jedem Kind eine Umsetzung ermöglichen. Die Regeln sollen unbedingt positiv formuliert sein!

Tipp

Das Thema der Noten im Unterricht wurde in den Beispielen bewusst herausgelassen, da es um Situationen gehen soll, die die Kinder selber beeinflussen können.

Pädagogischer Hinweis

Wichtig ist bei diesen philosophischen Fragestellungen eine offene Gesprächsführung. Es wird eine demokratische Gesprächskultur benötigt, dabei kann im Idealfall das Demokratieverständnis der Kinder aufgebaut werden. Wichtig ist ein nicht-wertendes Vergleichen, mit dem Ähnlichkeiten und Unterschiede herausgearbeitet werden können.

Die Goldtaler-Runde

Am Ende des Tages findet die Goldtaler-Runde statt, in der die Kinder vorschlagen dürfen, wer den Goldtaler erhält.

Alter: geeignet für alle Grundschul-Jahrgangsstufen
Dauer, Tempo: 15 min, ruhig
Aktionsform: kommunizieren, wahrnehmen
Gruppierung: im Stuhlkreis
Bildungschancen: kooperatives Verhalten, diskutieren, sich einbringen
Material: täglich ein eigener Goldtaler
Vorbereitung: Goldtaler basteln oder ausländische Münzen sammeln und säubern

Eine neue Währung wird in der Gruppe eingeführt, nämlich der Goldtaler. Dieser Goldtaler sollte wertvoll aussehen und rar sein. Es eignen sich zum Beispiel Kleingeldmünzen, die man aus dem letzten Urlaub noch hat, die hier wenig an Wert besitzen. Und dieser Goldtaler hat in der OGS-Gruppe oder der Klasse eine besondere Bedeutung, einen großen Wert. Mit ihm kann man nämlich bestimmte Dinge bezahlen, zum Beispiel:

- einmalige Hausaufgabenbefreiung in einem Fach
- vom Aufräumen des Gruppenraumes einmalig befreit werden
- einen doppelten Nachtisch bekommen
- das Gruppenspiel vorschlagen dürfen
- in der Singrunde ein Lied vorschlagen dürfen
- als Erster ein neues Gesellschaftsspiel ausprobieren dürfen…

Der Fantasie und Kreativität, was mit dieser Münze zu erwerben ist, sind keine Grenzen gesetzt. Wichtig ist, dass dieser Goldtaler für die Kinder wertvoll ist.
Wie aber bekommt man nun einen solch begehrten Goldtaler?
Am Ende eines jeden OGS-Tages treffen sich alle in der Goldtaler-Runde im Stuhlkreis. Nun dürfen Kinder andere Kinder vorschlagen,

von denen sie denken, dass sie einen Goldtaler verdienen. Sie sollten ihren Vorschlag auch begründen. Soziales Verhalten soll dabei im Mittelpunkt stehen: Vielleicht hat ein Kind ein anderes getröstet oder Erste Hilfe geleistet. Oder es hat, sehr zum Wohl der Gruppe, einen Streit geschlichtet. Oder es hat sich mehr angestrengt, um der gesamten Gruppe zu einem Erfolg zu verhelfen. Wichtig ist bei der Nominierung die Begründung, die ganz klar aufzeigt, warum dieses Verhalten gut und richtig war und deshalb einen Mehrwert besitzt.
Wenn die Kinder nominiert worden sind, wird kurz diskutiert, wer den Goldtaler erhält und alsbald einsetzen darf.

Tipp

Wenn es sehr viele gleichrangige Nominierungen gibt, können auch bis zu drei Goldtaler vergeben werden. Jedoch kann jedes Kind immer nur einen pro Tag erhalten. Die Goldtaler dürfen nicht gehortet werden und dadurch eine Inflation erfahren! Besitzt ein Kind mehr als drei Goldtaler, so wird das Ausgeben derselben durch den Mitarbeiter freundlich und mit Fingerspitzengefühl angeregt. Eventuell können die Goldtaler auch mit einem Mindesthaltbarkeitsdatum versehen werden.
Fällt einem Kind eine neue Belohnungsmöglichkeit ein, so wird diese in der Goldtaler-Runde vorgestellt und gemeinsam überlegt, ob diese Belohnung Einzug findet. Da sich die Belohnungen an den individuellen Vorlieben der Kinder orientieren, muss hier auch Raum sein, diese zu erweitern.

Pädagogischer Hinweis

Wichtig ist, dass die Kinder erkennen, dass der Goldtaler nur für „eine gute Tat" zu bekommen ist. Kinder nominieren gern ihre Freunde, weil sie das für gut und richtig halten. Hier muss ganz klar das gruppendienliche Verhalten im Vordergrund stehen und nicht die durchaus wichtige und richtige Freundschaftsleistung eines jeden einzelnen.

Das Experiment: die durcheinander geratenen Puzzleteile

Jede Gruppe soll möglichst schnell ein Puzzle aus einem vermischten Puzzleteilehaufen zusammensetzen.

Alter: eher für ältere Kinder geeignet
Dauer, Tempo: 30–45 min, lebhaft bis hektisch
Aktionsform: kombinieren, kooperieren, experimentell verhalten
Vorbereitung: Die Teile aller Puzzle zusammenschütten, mischen und in etwa gleich große Häufchen aufteilen (so viele Haufen wie Kleingruppen mitspielen)
Bildungschancen: Konkurrenz- und Kooperationsverhalten erleben und reflektieren
Gruppierung: mehrere Kleingruppen, jede an einem Tisch
Material: so viele Puzzle (mit jeweils geringer, aber gleich vieler Teileanzahl) wie Kleingruppen; ein Tisch in der Raummitte zum Puzzleteiletauschen oder -ablegen („Marktplatz“)

Jede Kleingruppe erhält einen etwa gleich großen Haufen Puzzleteile und soll nach einem gemeinsamen Startsignal ein Puzzlebild zusammensetzen. In der Raummitte befindet sich ein Tisch, auf dem Puzzleteile, die man selbst nicht benötigt, abgelegt werden können, und von dem man beliebig viele Teile wegnehmen kann. Ziel für jede Gruppe ist das schnellstmögliche Fertigstellen eines Puzzles. Dabei ist jede Taktik (außer körperliche Auseinandersetzungen) erlaubt, also z. B. auch das zeitweilige Horten fremder Puzzleteile.

Erweiterungen

Jede Gruppe erhält einen Beobachter, der die taktischen Absprachen in der Gruppe notiert und in der Reflexionsphase berichtet.
Statt Puzzleteile können auch Bausteine von bestimmten LEGO-Bauten gemischt aufgeteilt werden.

Varianten

Alle Puzzles sind gleich, oder die Teile werden von verschiedenen Puzzlebildern gemischt. Probieren Sie beide Varianten aus und laden Sie die Kinder zu diesem „Experiment“ bzw. zu diesen zwei „Versuchsanordnungen“ ein.

Die Gruppen dürfen nur innerhalb ihrer Gruppe, nicht aber mit anderen sprechen (also auch nicht verhandeln oder Puzzleteile erbitten). Diese Variante ist leichter durchführbar, wenn sich die Gruppentische in getrennten Räumen befinden oder Stellwände als Sicht- und Schallschutz zwischen den Tischen aufgestellt sind.

Tipp

Man kann die Situation verschärfen, indem Preise für die schnellsten Gruppen ausgeschrieben werden.

Pädagogischer Hinweis

Die Kinder sollten von vornherein wissen, dass mit diesem Spiel ein exemplarisches Experiment stattfindet, um die Vor- und Nachteile von Konkurrenz und Kooperation erlebbar und diskutierbar zu machen.

Mein geheimer Freund

Jeder zieht den Namen eines anderen Kindes und bereitet ihm heimlich nette Überraschungen und darf dabei nicht entdeckt werden!

Alter: geeignet für alle Grundschul-Jahrgangsstufen
Dauer, Tempo: über Tage möglich
Aktionsform: Rollenspiel
Gruppierung: Parallelspiel zum „Alltag"
Bildungschancen: prosoziales Verhalten erlernen und kreativ umsetzen, Empathie
Material: Stifte, Papier
Vorbereitung: Namen aller Kinder auf einem kleinen Zettel notieren

Vielen Mitarbeitern aus der Kinder- und Jugendarbeit ist das Mörderspiel bekannt, bei dem auf Freizeiten, Klassenfahrten oder in ähnlichen Situationen die Mitspieler versuchen, die anderen Mitspieler unbemerkt „aus dem Weg zu räumen", indem sie ihm einen verbotenen Gegenstand übergeben oder zeigen.
Doch hier kommt nun die freundschaftliche und sehr wertschätzende Variante. Die Namen aller Kinder werden auf kleine Zettel geschrieben und in einem schönen Säckchen versteckt. Nun ziehen alle Kinder einen Namen. Dabei muss darauf geachtet werden, dass keiner seinen eigenen Namen zieht.
Und nun beginnt das Spiel, welches parallel zum gewohnten Alltag stattfindet: Jedes Kind muss heimlich der Person, deren Namen er gezogen hat, Annehmlichkeiten bereiten.
Auf Ferienfreizeiten kann dies ein gemachtes Bett sein. Oder jemand findet auf einmal seinen Lieblingssnack auf dem eigenen Sitzplatz. Und die Schuhe nach der Wanderung sind schon geputzt. Das Spiel, das man noch wegräumen sollte, ist schon heimlich vom geheimen Freund aufgeräumt worden. Die heruntergefallene Jacke hängt wieder heimlich am Haken.
Einmal täglich finden sich alle im Plenum ein. In dieser Runde kann dann der Verdacht geäußert werden, wer wessen heimlicher Verehrer ist. Dazu heben alle gleichzeitig den Arm und zeigen auf ein Kommando gleichzeitig auf ihren Verdacht, also jeder auf die Person, von der er glaubt, dass sie ihm etwas Gutes getan hat. Sollte dieser Verdacht sich als richtig erweisen, wird die ganze Runde aufgeklärt und neue Zettel werden gezogen. Benimmt sich nun der Verehrer etwas unauffälliger aber weiterhin so gut?

Tipp

Wichtig ist, den Kindern klar zu machen, dass es nicht um materielle Geschenke geht. Kleine Aufmerksamkeiten, wie ein netter Gruß an der Tafel, auf der steht: „Ich freu mich, dass du heute da bist, Lisa!", wird Lisa für den Rest des Tages ein Lächeln aufs Gesicht zaubern.

Pädagogischer Hinweis

Das Spiel eignet sich besonders gut auf Klassenfahrten, wo die Kinder grundsätzlich schon eine andere Atmosphäre im Verband erleben. Zudem bietet der andere Zeitrahmen und das Herauskommen aus alltäglichen Strukturen mehr Möglichkeiten für heimliche Überraschungen. Das Spiel sorgt für eine sehr schöne Gruppendynamik mit wertschätzender Atmosphäre.

Foto-Papiertheaterszenen

Mit ausgeschnittenen Personenfotos werden Papiertheaterszenen erarbeitet und aufgeführt.

Alter: geeignet für alle Grundschul-Jahrgangsstufen
Dauer, Tempo: 2 Stunden, ruhig
Aktionsform: fotografieren, gestalten, erfinden, präsentieren
Gruppierung: mehrere Kleingruppen an Tischen
Material: Geräte zum Erstellen und Ausdrucken von Fotos, großer Pappkarton für die Umgestaltung zur Tischbühne

Bildungschancen: Porträtfotografie erlernen, Tischbühne gestalten, Szenen erfinden
Vorbereitung: für kleine Papiertheaterszenen geeignete Themen aus dem (Familien-)Alltag der Kinder mit ihnen auflisten, um zu wissen, welche Personen dafür fotografiert werden müssen; diese Fotos machen und mitbringen.

Jede Kleingruppe einigt sich auf eine mit dem Foto-Papiertheater aufzuführende Geschichte und fotografiert die darin vorkommenden Personen/Lebewesen oder bringt entsprechende Fotos in digitaler Form von Zuhause mit.
Die Fotos werden im Computer so bearbeitet, dass sie in einer einheitlichen Größe (z. B. max. 10cm hoch) ausgedruckt werden können. Die Bilder werden auf möglichst steifem Kartonpapier ausgedruckt und die Personen dann ausgeschnitten und unterhalb der Füße an Pappstreifen angeklebt, mit denen die Figuren dann auf der Bühne hin und her geschoben werden können.

Eine der Gruppen ist derweil mit der Herstellung einer Papiertheaterbühne beschäftigt, die aus einem großen Pappkarton gestaltet wird.
Jede Gruppe malt dann noch ein für ihre Szene passendes Bühnenbild und malt zusätzliche Requisiten auf, die ausgeschnitten und – falls ihre Bewegung für die Szene erforderlich ist – mit Führungsstreifen versehen werden.
Jede Gruppe einigt sich noch auf einen Geschichtenerzähler und teilt die Figurenführungen unter sich auf. Damit ist alles bereit für die Aufführung der Szenen.

Erweiterungen

Jede Szene kann musikalisch begleitet werden, vor anderen Kindern aufgeführt und mit Video aufgezeichnet und bei einem Elternabend präsentiert werden.

Tipp

Die Szenen sollten Begebenheiten aus dem (Familien-)Alltag der Kinder darstellen, z. B. Hochzeit eines älteren Geschwisterkinds, Erlebnis mit unserem Haustier, „Wir helfen in einer Flüchtlingsunterkunft“, „Die Tante aus der Türkei ist zu Besuch“ …

Unser Zuhause

Kinder recherchieren nach unterschiedlichen Wohn- und Lebensformen in der Schule und in ihrem Umfeld.

Alter: geeignet für ältere Grundschul-Jahrgangsstufen
Dauer, Tempo: mehrere Aktionen von 30–45 min, ruhig
Aktionsform: recherchieren, befragen, vorstellen
Gruppierung: in Kleingruppen

Bildungschancen: Auseinandersetzung mit unterschiedlichen Wohn- und Lebensformen

Material: Kameras, Fragebögen, Zeitschriften, Stifte, Papier
Vorbereitung: –
Siehe auch: die Vorschläge im Spielprogramm „Wo wir wohnen", ab Seite 63

In kleinen Gruppen werden die Kinder zu Reporterteams. Dabei berichten sie sich gegenseitig davon, wie sie daheim zusammenleben:

- Leben sie mit beiden Elternteilen zusammen?
- Wie viele Geschwister gibt es?
- Wohnen eventuell die Großeltern bei ihnen?
- Leben sie auf einem Bauernhof?

Auch von Patchworkfamilien, vom Leben in einer Wohngemeinschaft, vom Leben mit nur einem Elternteil, vom Zusammenleben als Großfamilie oder als Regenbogenfamilie kann hier berichtet werden.

Die Befragung durch die Reporterteams kann auch auf andere Gruppen und Klassen ausgeweitet werden. Zu den unterschiedlichen Lebensformen werden dann Collagen erstellt oder, wenn möglich, sogar Fotos von den Familien gemacht.

Anschließend erfolgt ein durch den Spielleiter moderierter Museumsgang. Hier werden die Protagonisten der Collagen interviewt. Sie können dabei von den Besonderheiten ihres Zuhauses berichten. Dabei ist die Sensibilität des Spielleiters gefragt, um einen empathischen Museumsgang zu ermöglichen.

Tipp

Die Wohn- und Lebensformen werden bewertungsfrei in den Collagen ausgestellt.

Die Kinder können eine Gewichtung vornehmen, welche Wohnform die am häufigsten anzutreffende in ihrem Umfeld ist.

Pädagogischer Hinweis

Jedes Kind kann und darf berichten. Kinder, die das nicht möchten, sollten nicht dazu überredet werden.

Gestern – heute – morgen

Zu sehr alten Fotografien wird erzählt, wie es heute ist, und Szenen ausgedacht und vorgespielt, wie es in Zukunft sein könnte.

Alter: geeignet für alle Grundschul-Jahrgangsstufen
Dauer, Tempo: 45–90 min, ruhig
Aktionsform: wahrnehmen, erzählen, erfinden, vorführen
Gruppierung: im Kreis sitzen, dann Kleingruppen
Bildungschancen: historischen Alltag kennenlernen, sich zukünftigen Alltag ausdenken, alltägliche Abläufe bewerten, über Aufgabenverteilung und Rolle der Technik nachdenken
Material: alte Fotografien aus dem Alltag; evtl. Material für die Herstellung von Requisiten und Kostümen
Vorbereitung: historische Fotografien und Abbildungen besorgen
Siehe auch: „Die Gegend sieht heute ganz anders aus!“, Seite 70.

Die historischen Abbildungen werden gemeinsam betrachtet und anhand der Bilder besprochen, was heute alles anders ist, und wie die Veränderungen zu bewerten sind. Dann werden die Bilder gruppiert (Familienfotos, Haushaltsarbeiten, Reisebilder, Straßenfotos mit Fahrzeugen, Bilder aus der Arbeitswelt, Schulunterricht ...), und es wird sich (evtl. gruppenweise) ausgedacht, wie die Fotos wohl in zwanzig Jahren aussehen könnten.
Diese Fantasievorstellungen werden dann als Standbilder aufgestellt und fotografiert. Dabei können sie live oder später durch digitale Bildbearbeitung mit passenden Zukunftsgeräten und -kleidungsstücken ausgestattet werden.

Variante
Zu den historischen Fotos werden Zukunftsbilder gemalt.

Erweiterungen
Gestaltung einer Ausstellung mit den gegenübergestellten historischen Aufnahmen und abfotografierten Zukunftsstandbildern der Kindergruppen; Texttafeln erläutern die Zukunftsideen der Kinder, soweit sie nicht im Foto offensichtlich sind.
Die Zukunftsvisionen können auch als kleine Theaterszenen gespielt und zu einer Revue zusammengefügt werden.

Diese kreative Aktion lässt sich ideal mit dem Besuch eines Heimat- oder Industriemuseums verbinden.

Pädagogischer Hinweis
Die pädagogische Fachkraft sollte eigene Erinnerungen oder Erzählungen von Eltern und Großeltern in das Gespräch über die historischen Abbildungen einbringen.

Helfer-Stadtplan

Kinder recherchieren alle Notfall- und Unterstützungseinrichtungen in ihrem Stadtteil und stellen dazu einen wandgroßen Stadtplan her.

Alter: eher für ältere Jahrgangsstufen geeignet
Dauer, Tempo: mehrere Stunden, lebhaft
Aktionsform: recherchieren, gestalten
Gruppierung: im Kreis sitzen, dann Kleingruppen
Vorbereitung: Vorhaben mit Einrichtungen im Stadtteil absprechen
Bildungschancen: helfende Berufe und Serviceeinrichtungen im Stadtteil kennenlernen, Informationstafel gestalten
Material: große Zeichenkartonblätter verschiedenfarbige Klebepunkte, Computer, Kopierer
Siehe auch: Stadtteilbaumeister-Spiel, Seite 74

Gemeinsam wird überlegt, welche Hilfsangebote es im Stadtviertel (oder Ortsteil) gibt und in welche Gruppen diese Einrichtungen oder Personen sich übersichtlich zusammenfassen lassen.
Gruppenweise werden nun alle nötigen Informationen (Kontaktdaten, Ansprechpartner, Webadresse, Hilfsangebote) zusammengetragen. Zur Recherche werden die Einrichtungen im Ort aufgesucht.
Wenn entschieden worden ist, in welcher Form diese Informationen dargestellt werden sollen, werden die Infos auf einen groß aufgemalten Stadtplan eingetragen.

Erweiterungen

Zusammen mit der Stadtverwaltung kann die Liste als kleines Faltblatt veröffentlicht werden. Ein Projekt, bei dem die Angehörigen dieser Helferberufe interviewt werden, kann sich anschließen.

Beispiele für Hilfe-Einrichtungen

Polizei, Feuerwehr, Arztpraxen, Kliniken, Beratungsstellen, bestimmte Vereine (z. B. Mieterverein) und Bürgerinitiativen, Heime, Therapeuten, Apotheken – aber auch Reparaturdienste, Änderungsschneidereien, Schülerhilfe usw.

Tipp

Damit die Informationen leicht aktualisiert werden können, werden sie am besten in einer vergrößert kopierten Liste notiert, die neben den Stadtplan gehängt wird. Vor jeden Eintrag wird ein nummerierter farbiger Klebepunkt angebracht und ein entsprechender Punkt wird auf den Plan geklebt. Bei Veränderungen lässt sich die Liste immer wieder leicht erneuern und Punkte auf dem Plan ergänzen oder versetzen. Das Ablösen und Versetzen der Punkte auf dem Plan geht besonders einfach, wenn man vor dem ersten Anbringen der Punkte den Stadtplan mit einer selbst klebenden Klarsichtfolie überzogen hat (macht ihn auch schön haltbar).

Pädagogischer Hinweis

Die Erstellung eines solchen Stadtplans sollte nicht nur mit der Schulleitung, sondern auch mit den zuständigen Ämtern der Stadtverwaltung und den anderen Einrichtungen abgesprochen und die Recherche der Kinder angekündigt werden.

Rollenspiel Gerichtsverhandlung

In einem Rollenspiel soll anhand fiktiver, aber kindergerechter Fälle von allen fantasievoll über die Art und das Maß der Bestrafung entschieden werden.

Alter: geeignet für alle Grundschul-Jahrgangsstufen
Dauer, Tempo: 45–90 min, lebhaft
Aktionsform: darstellen, beurteilen, entscheiden
Gruppierung: in gerichtssaalähnlicher Sitzordnung
Vorbereitung: Streitfälle aus dem Kinder- und Schulalltag sammeln und auf Rollenkarten notieren
Bildungschancen: sich in Rollen und Fälle hineinversetzen, empathische und fantasievolle Urteile fällen
Material: Liste mit Bestrafungs- und Wiedergutmachungsideen, große Rollenschilder zum Umhängen
Siehe auch: „Kreativ-Labor für schwierige Fälle“

Folgende Rollen können gewählt werden: Beklagter, Verteidiger, Kläger, Richter, zwei Richter-Beisitzer.
Rollenbeschreibungen und einfache, kindgemäße (fiktive!) Fälle wurden vorbereitet.
Die Kinder aus der Gruppe können sich für die Rollen in jeder Fallverhandlung neu entscheiden. Wer keine Rolle übernimmt, spielt Publikum.
Bevor ein Fall durchgespielt wird, erstellt die Gesamtgruppe eine Liste mit originellen Wiedergutmachungs- und kindgemäßen Bestrafungsideen (z. B. eine Woche Handybenutzungsverbot; dem „Opfer“ dreimal das Mittagessen bringen und abräumen), die für alle gut sichtbar aufgehängt wird.
Bei den zu spielenden Verhandlungen geht es nicht um die Aufklärung der Tat, sondern vor allem um die Art und Angemessenheit der Strafe bzw. Wiedergutmachungsleistung. Die Rollenbeschreibung für den Beklagten sollte so formuliert sein, dass die Tat zweifelsfrei von ihm begangen wurde und er sich auch dazu bekennt. Die Umstände und Motive dürfen die Rollenspieler dazu erfinden.
Aus der Liste mit den Wiedergutmachungs- und Bestrafungsideen macht der Kläger dem Richtergremium einen zum Fall passenden

Vorschlag. In einer 5-minütigen Verhandlungspause berät das Richtergremium das Urteil. Nach der Verkündigung legen alle Spieler ihre Schilder ab und im Kreis wird von der gesamten Gruppe das Spiel diskutiert.

Variante

In einer längeren Verhandlungspause befragt ein „Gerichtsreporter" einzelne Personen aus dem Publikum und berichtet darüber in der Reflexionsphase nach dem Spiel.

Erweiterungen

Kindgemäße Fälle (Diebstahl, Verkehrsvergehen ...), die in Fernseh-Gerichtssoaps verhandelt wurden, können gemeinsam angeschaut und dann diskutiert werden.

Vielleicht ist ein Elternteil, das einen juristischen Beruf ausübt, bereit, mit den Kindern über ihre gespielten Fälle und über eigene Erfahrungen zu sprechen.

Pädagogischer Hinweis

Die pädagogische Fachkraft kann ggf. zur Unterstützung des geregelten Ablaufs die Rolle eines Richterassistenten spielen, der hinter dem Richter sitzt und ihm ggf. Ratschläge zuflüstert.

Es ist darauf zu achten, dass keine Fälle verhandelt werden, die aktuell in der Schule vorgekommen sind.

Ferner ist darauf aufzupassen, dass das Kind, das den Beklagten spielt, genügend innere Distanz zur Rolle aufbringen kann, um das Spiel emotional zu verkraften.

Streiten lernen!

Hier wird gemeinsam gestritten – aber fair und ohne beleidigende Sprüche.

Alter: geeignet für alle Grundschul-Jahrgangsstufen
Dauer, Tempo: 30–45 min, ruhig
Aktionsform: wahrnehmen, sich äußern, kooperieren
Gruppierung: alle verteilt im Raum, evtl. an Tischen
Bildungschancen: Gewaltprävention, soziale Interaktion
Material: große Plakate
Vorbereitung: Konfliktgeschichten erfinden
Siehe auch: „Kreativ-Labor für schwierige Fälle“

Den Kindern werden erfundene Konfliktgeschichten vorgestellt, die aus ihrem Umfeld stammen könnten.
Zum Beispiel: In der Lernzeit läuft Pit zu schnell an Cems Ranzen vorbei, woraufhin er den Füller von Cem zertritt. Cem ist wütend, springt auf und ruft: „Du Blödmann! Pass doch auf, wo du hinläufst! Den musst du bezahlen!“ Pit entgegnet: „Selber Blödmann, lass deinen Mist doch nicht überall liegen! Ich zahl gar nichts!“
Zwei Kinder spielen diesen Konflikt nun nach. Sie versetzen sich dabei in die unterschiedlichen Figuren des Konfliktes.
Nun folgt der zweite Schritt. Gemeinsam wird in der Großgruppe überlegt, welche Gefühle Cem und Pit gerade haben.
Und dies ist der erste Schlüssel zum fairen Streit, das Benennen der Gefühle greift nicht gleich das Gegenüber an.
Nun geht das Rollenspiel weiter. Mit den gesammelten Informationen über die Gefühle werden zwei weitere Kinder zu Übersetzern der Figuren. Wenn Cem wütend ruft, dann kann der Übersetzer die Gefühle hören und benennt diese: Cem ist wütend. Er hat nun keinen Füller mehr. Er muss seine Mutter bitten, einen neuen zu kaufen. Vielleicht bekommt er Ärger.
Nun kann der Übersetzer von Pit überlegen, was dieser wohl auf die Übersetzung antworten würde: Es tut Pit leid. Er hat es nicht gesehen. Er fragt, ob seine Eltern ihm Geld für den neuen Füller geben.
In Kleingruppen können anschließend weitere Konfliktsituationen dargestellt und neu übersetzt werden.

Erweiterungen

Die erlernten Schritte, um einen Streit zu vermeiden bzw. aus Du-Botschaften Ich-Botschaften zu machen, werden auf einem großen Plakat notiert. Schritte wie: Erkennen, Benennen, Verändern und Versöhnen werden an unterschiedlichen Beispielen bearbeitet.

Tipp

Viel kostenloses Material auch für den Einsatz in der Grundschule befindet sich auf der Seite www.jugendgewalt-vorbeugen.de

Pädagogischer Hinweis

Die Schritte zu verinnerlichen, wie fair miteinander gestritten werden kann, bedürfen eines längeren Trainings und sind nicht nach einem Nachmittag internalisiert.

Herausforderung und Zuversicht

Dieses Spielprogramm könnte auch „Balance zwischen Angst und Sicherheit" genannt werden. Es geht um den kontrollierten, geschützten Umgang mit exemplarischen Situationen, die Kindern Angst machen können. In vielen Spielen bilden solche Situationen das zentrale Spannungserlebnis. Im gemeinsamen Spiel besteht für die Kinder die Zuversicht, diese aufregenden Momente bewältigen zu können. Das vermittelt ihnen jene Selbstsicherheit, die sie für das Durchstehen vieler realer Herausforderungen wappnet.

Aus dem Wut-Hut wird der Mut-Hut: Auf Zetteln Ärgernisse sammeln und dann Ideen für gute Lösungen darauf schreiben

Über alle Hindernisse hinweg: Die Sporthalle wird in eine große Bewegungsbaustelle mit Hindernisparcours verwandelt.

Führen und geführt werden: Auf unterschiedliche Arten führen sich die Kinder paarweise durch den Raum.

Gruselgeschichte selbst vertonen: Eine Geschichte wird mit Geräuschen und Rhythmusinstrumenten gemeinsam vertont.

Unser Angst-Thermometer: Durch anonyme Feststellung der Häufigkeit von bestimmten Ängsten soll die Erkenntnis entstehen, dass man mit seinen Ängsten nicht allein ist.

Live Escape-Room-Spiel: Eine Gruppe muss innerhalb einer Stunde versteckte Rätsel gefunden und gelöst haben, um sich aus dem Raum zu befreien.

Gruppenraum Geisterbahn: Eine schaurig schöne Gruselbahn selber bauen und andere Kinder zum Gruselparcours einladen

Was ich schon mal geträumt habe …: Kinder malen ihre Traumerlebnisse auf und berichten davon, was ihnen beim Wiedereinschlafen half.

Stuntman-Training: Eine Spielkette, bei der verschiedene körperliche Herausforderungen bewältigt werden müssen

Blindschleiche im Schulgebäude: Kleingruppen bewegen sich mit geschlossenen Augen vorsichtig als Schlange durch das ganze Schulgebäude, wobei das vorderste Kind sehen kann.

Aus dem Wut-Hut wird der Mut-Hut

Auf Zetteln Ärgernisse sammeln und dann Ideen für gute Lösungen darauf schreiben

Alter: geeignet für alle Grundschul-Jahrgangsstufen
Dauer, Tempo: 30–45 min, ruhig
Aktionsform: beschreiben, Ideen entwickeln, diskutieren

Bildungschancen: Problemlösungen gemeinsam erarbeiten
Gruppierung: alle verteilt im Raum, evtl. an Tischen
Material: ein Hut oder eine Mütze, A7-Karteikärtchen
Vorbereitung: –

Die Kinder notieren auf kleine Karteikärtchen Fälle, die für sie sehr ärgerlich sind, die sie wütend machen, die ihnen „stinken" und werfen die Karten in den Hut. Dann einmal gut durchmischen und anschließend wird ein Zettel nach dem anderen aus dem Hut gezogen, vorgelesen und von allen überlegt, was man in diesem Fall tun kann. Über alle Lösungen wird diskutiert und abgestimmt und die beste (und vielleicht auch die zweitbeste) Lösung zu jedem Fall wird auf die Rückseite des Kärtchens notiert. Zum Schluss werden alle Wut-Kärtchen mit Lösungsnotizen zurück in den Hut geworfen, der sich damit vom „Wut-Hut" zum „Mut-Hut" verwandelt.

Erweiterungen

Einzelne Wut-Anlässe können zunächst beiseitegelegt werden, um sie zu einem gesonderten Zeitpunkt ausführlich zu behandeln, vielleicht auch mit einem Rollenspiel oder ggf. mit Unterstützung durch einen Mitarbeiter der Schulsozialarbeit oder des Schulpsychologischen Dienstes.
Wurden viele ähnliche Wut-Anlässe beschrieben, lohnt sich möglicherweise, eine Gruppierung und die Häufigkeit der Fallgruppen festzustellen, ähnlich wie beim „Angst-Thermometer" (siehe Seite 128).
Diese Methode kann auch für eine generelle, regelmäßig wiederholte Evaluation des Schulklimas mit herangezogen werden.

Tipp

Die Idee zu diesem Spiel haben wir einem Beitrag von Uli Geissler im Heft 1/2013 der Zeitschrift *gruppe & spiel* entnommen, der sich dort mit dem Problem *Mobbing im Schulalltag* befasst.

Pädagogischer Hinweis

Wenn jüngeren Jahrgängen in der Grundschule das Aufschreiben noch schwerfällt, sollte das ein Mitarbeiter stellvertretend bei einer mündlichen Sammlung von Wut-Fällen und Problemlösungen übernehmen – damit es nicht nur bei einem Gespräch bleibt und man auf das symbolische In-den-Hut-Werfen verzichten müsste.

Über alle Hindernisse hinweg

Die Sporthalle wird in eine große Bewegungsbaustelle mit Hindernisparcours verwandelt.

Alter: geeignet für alle Grundschul-Jahrgangsstufen
Dauer, Tempo: 30 – 120 min, actionreich
Aktionsform: bewegen, ausprobieren, kooperieren
Gruppierung: Paare, in der Variante in Kleingruppen
Bildungschancen: Sensibilisierung in der Körperwahrnehmung, kreative Umnutzung der Sportgeräte
Material: sämtliche Sportgeräte der Turnhalle
Vorbereitung: Die Turnhalle wird in einer großen Umräumaktion in einen Hindernisparcours verwandelt. In der Variante passiert dies in Kleingruppen.

Die Turnhalle wird umgebaut, sodass die Spielgeräte einen neuen Reiz bieten. Die Bänke liegen schräg an der Sprossenwand gelehnt, so dass eine Schräge entsteht, oder sie stehen verkehrt herum, sodass nur über den dünnen Holm balanciert werden kann. Kästen werden mittels Barren miteinander verbunden, sodass alle Stationen für jeden eine große Herausforderung darstellen. Natürlich steht die Sicherheit dabei an erster Stelle. Dennoch sollen die Kinder ihre persönlichen Grenzen richtig einschätzen und für sich den besten Weg wählen. Zu zweit sollen sie den Parcours bewältigen, wobei sie die Hindernisse nacheinander nehmen und der andere Partner zum „Buddy" wird, der hilft, ermutigt und auch etwas absichert. Wichtig ist, dass nicht miteinander gemessen wird, wer der Schnellste oder Mutigste ist. Jeder soll nach seinen persönlichen Fähigkeiten agieren.

Erweiterungen

Für geübte Mitspieler kann die Aufgabe, den Parcours zu durchqueren, erschwert werden. Hier kann ein Mitspieler aus der Kleingruppe versuchen, den Parcours rückwärts zu durchqueren, wobei seine Mitspieler ihn unterstützen und ihn mittels Ansagen sicher führen. Vielleicht traut sich auch ein Kind, Teile des Parcours mit geschlossenen Augen zu absolvieren. Die anderen Kinder können ihm die Hand reichen und so führen. Durch den Slalomparcours kann ein Kind auch rein verbal geführt werden.

Varianten

In Kleingruppen können die Kinder den Parcours auch selbst gestalten und aufbauen. Dann können sie den Schwierigkeitsgrad selbst bestimmen. Dies bedarf aber der Kontrolle des Spielleiters, damit Verletzungsgefahren ausgeschlossen sind.

Tipp

Den Abschluss sollte dabei eine kooperative Aktion bilden. Dies kann zum Beispiel das Spinnennetz sein. Literatur zu kooperativen Abenteuerspielen findet man in den Büchern *Kooperative Abenteuerspiele 1 – 3* von Rüdiger Gilsdorf und Günter Kistner.

Pädagogischer Hinweis

Die Bewegungsbaustelle soll den Kindern Spaß machen. Weiterhin soll sie so angelegt sein, dass sie die Kinder herausfordert und jeder nach der Aktion stolz seine eigene Leistung betrachten kann.

Führen und geführt werden

Auf unterschiedliche Arten führen sich die Kinder paarweise durch den Raum.

Alter: geeignet für die älteren Grundschul-Jahrgangsstufen
Dauer, Tempo: 20 min, ruhig
Aktionsform: bewegen, wahrnehmen, kooperieren
Gruppierung: paarweise verteilt im leeren Raum, der Turnhalle oder auf dem Flur
Bildungschancen: Verantwortung übernehmen, Vertrauen lernen, Führung akzeptieren lernen
Material: ein Stift und eine dünne Schnur von ca. 30cm pro Paar, evtl. Augenbinden
Vorbereitung: –

Bei diesem Spiel geht es um das Führen und Geführtwerden, natürlich teilen sich dafür die Kinder paarweise selbst ein. Nun beginnt die erste Art des Führens: Ein Kind nimmt die Augenbinde oder schließt die Augen, das andere Kind stellt sich neben seinen Partner und ergreift mit der rechten Hand die rechte Hand des Partners. Die blinde Person winkelt den rechten Arm im 90°-Winkel an, und der sehende Partner greift mit der linken Hand den rechten Ellbogen des Partners. In dieser Form führen sich die Partner durch den Raum. Natürlich sind Zusammenstöße unbedingt zu vermeiden! Nach zwei bis drei Minuten tauschen die Rollen, der eben noch Geführte wird zum Führenden, die Art des Führens bleibt gleich.

Wichtig ist dabei, dass die Partner nicht miteinander sprechen dürfen. Nachdem nun beide einmal geführt worden sind, erzählen sie sich gegenseitig, wie sie es empfunden haben. Danach kann man als Spielleiter noch einmal in die große Runde fragen, wie es in den unterschiedlichen Rollen erlebt wurde.

Und nun kommt Phase 2: Der Führende nimmt den Geführten nur noch bei der Hand, auch hier tauschen nach einiger Zeit wieder die Rollen und anschließend ist wieder Zeit, um miteinander zu reden. In der nächsten Stufe bekommt jedes Paar nun einen Stift, den jeder in der Hand hält. Direkter Körperkontakt besteht zwischen den beiden Partnern nicht mehr, die anderen Regeln und auch die Zeit für den Austausch bleiben gleich.

Anschließend wird der feste Stift gegen ein ca. 20cm langes Stück Paketschnur oder Wolle ausgetauscht, die anderen Regeln bleiben gleich.

Anschließend wird in der Großgruppe sich gegenseitig berichtet, was angenehm war, wo man sich vielleicht unsicher gefühlt hat, was einem Sicherheit gab.

Wenn viele Kinder gleiche Erfahrungen in ihrer Wahrnehmung gemacht haben, werden diese Erkenntnisse festgehalten. Ein Gespräch kann dann darüber erfolgen, was dies für den Umgang miteinander bedeutet.

Erweiterungen

Wenn die oben beschriebenen Spiele gut funktionierten, kann noch eine weitere Steigerung erfolgen: Der Geführte wird von dem Führenden nur über ein leises Geräusch geführt, z. B. das Aneinanderreiben der Handflächen, leises Summen oder mit der Zunge schnalzen. Hier können auch die Instrumente aus dem Spiel „Das hört sich gut an" in dem Kapitel „Was uns gefällt" auf Seite 80 zum Einsatz kommen.

Die Steigerung kann zuletzt sein, dass der zu Führende einfach läuft und der Führende nur eingreift, wenn Gefahr, also ein Zusammenstoß drohen könnte. Dann wird auf diejenige Schulter getippt, in deren Richtung abgebogen werden soll. In Fünfergruppen kann ein Kind durch einen Parcours, zum Beispiel ein Weg über bestimmte Teppichfliesen, geführt werden, indem die anderen vier Spieler mittels Geräuschen an den vier Seiten des Teppichfliesenlabyrinthes deutlich machen, in welche Richtung der Spieler zu gehen hat.

Pädagogischer Hinweis

Dieses Spiel erfordert ein hohes Maß an Vertrauen, dass einem nichts geschieht. Es muss eine ruhige und entspannte Atmosphäre da sein, damit das Spiel gelingen kann. Die Partner sollten, wenn sich alle wohlfühlen, nicht wechseln, da die unterschiedlichen Arten des Führens aufeinander aufbauen.

Gruselgeschichte selbst vertonen

Eine Geschichte wird mit Geräuschen und Rhythmusinstrumenten gemeinsam vertont.

Alter: geeignet für alle Grundschul-Jahrgangsstufen
Dauer, Tempo: mehrere Einheiten à 45 min, ruhig
Aktionsform: wahrnehmen, kooperieren,
Gruppierung: in der Großgruppe
Bildungschancen: akustisches wahrnehmen, zuhören und eine Geschichte in eine andere Form verwandeln
Material: Rhythmusinstrumente, digitales Aufnahmegerät, Stifte, Papier
Vorbereitung: –

Gemeinsam soll eine schaurig schöne Geschichte entstehen, deren Geräusche gemeinsam vertont werden. Im Anschluss wird diese gemeinsam geprobt, aufgenommen und kann einem Publikum präsentiert werden.
Um einen ersten Durchlauf zum Vertonen einer Geschichte zu machen, ist es hilfreich, eine schon bekannte Geschichte zu vertonen. Die Geschichte *Der Indianerjunge Kurubum* gibt es schon mit fertigen Regieanweisungen und einer Auswahl an Instrumenten im Netz zu finden. Mit dieser einfachen Geschichte können erste Versuche zum Vertonen einer Geschichte gemacht werden. Das Spielen der Instrumente sowie ihre Einsatzmöglichkeit, um unterschiedliche Toneffekte zu erzielen, können nun stattfinden.
Nun kann eine eigene Gruselgeschichte erfunden werden. Einfach gestaltet es sich, wenn man das Schema einer Reihengeschichte nimmt, in der zunächst der Held entworfen wird. Dieser hat einen Auftrag. Er bittet mehrmals vergeblich um Hilfe. Schließlich erhält er Hilfe von jemand. Die Frage, wie dieser jemand hilft, ist von Bedeutung. Anschließend sollte es ein glückliches Ende geben, auch wenn es eine Geschichte voller gruseliger Geräusche ist. Wichtig ist, beim Erfinden von Geschichten mit Kindern die richtigen Fragen zu stellen.

Die erste Frage ist dabei, wer unser Held ist. Die Figur wird gemeinsam entworfen und vielleicht sogar skizziert. Eine weitere Wichtige Frage ist, wo die Geschichte spielt: im Wald, in einem Schloss, in einem verlassenen Haus... Nun wird gemeinsam überlegt, wann diese Geschichte spielt: gibt es schon Handys und Computer oder spielt die Geschichte im Mittelalter?
Beim Aufschreiben der Geschichte empfiehlt sich folgender Aufbau: In der Einleitung wird die Hauptfigur vorgestellt. Anschließend folgt der motorische Moment und die Steigerung, unser Held hat eine Aufgabe und zieht los. Die Situation wird für den Helden schwieriger. Nun folgt der Höhepunkt, hier wird die Geschichte am spannendsten für die Zuhörer, die sich nun die Frage stellen, wie es wohl ausgehen wird. Das erfährt man am Ende des Höhepunktes und es folgt der Ablauf, also die Konsequenz, die sich aus dem Ausgang ergibt. Zum Ende folgt das Schlussbild, in Märchen ist dies die allseits bekannte Formel: „Und wenn sie nicht gestorben sind, dann leben sie noch heute."
Die Geschichte wird aufgeschrieben und gemeinsam wird überlegt, welche Passagen um Töne oder Geräusche ergänzt werden. Töne, die nicht mit Instrumenten produziert werden können, können auch durch Nachahmung mit der Stimme gemacht werden. Auch viele Alltagsgegenstände können für Geräusche genutzt werden, ein dünnes Metallblech wird beim Wackeln zu Donner, ein Geisterrufen kann durch leise gruselige Rufe durch eine Pappröhre, die in einem Metalleimer gehalten wird, erzeugt werden. Ein Schuss entsteht, wenn ein Lineal mit Schnelligkeit unter Spannung auf einem Tisch aufschlägt.
Nachdem die Aufnahme im Kasten ist, können andere Kinder zu einem gruseligen Hörerlebnis eingeladen werden.
Neben dem angebotenen Material können die Kinder auch mit Alltagsmaterial in Kleingruppen experimentieren. Die Geräusche werden aufgenommen und der Großgruppe vorgestellt und anschließend überlegt, ob das Geräusch zu der Geschichte passt.

Tipp

Viele Hinweise, wie mit Kindern ein gemeinsames Hörspiel gemacht werden kann, findet man auf der Seite www.auditorix.de.
Schön ist es, wenn jedes Kind anschließend die Geschichte auf einer CD mitnehmen kann.

Pädagogischer Hinweis

Das Ende der Geschichte sollte bei Grundschulkindern unbedingt ein Gutes sein, gerade wenn weitere Kinder zum Hören eingeladen werden.

Unser Angst-Thermometer

Durch anonyme Feststellung der Häufigkeit von bestimmten Ängsten soll die Erkenntnis entstehen, dass man mit seinen Ängsten nicht allein ist.

Alter: geeignet für alle Grundschul-Jahrgangsstufen
Dauer, Tempo: 30–45 min, ruhig
Aktionsform: wahrnehmen, beurteilen
Gruppierung: alle verteilt im Raum, evtl. an Tischen
Bildungschancen: zu eigenen Ängsten stehen können, Solidarität erleben
Material: vorbereitete Kärtchen, Pinwand, Pinwandnadeln
Vorbereitung: siehe Spielbeschreibung

Mehrere Kärtchen mit Angstbezeichnungen und -symbolzeichnungen sollten zunächst für alle kopiert und in Stapel sortiert werden. Dieselben Angstkärtchenstapel (aber auf andersfarbigen Karten) wählt dann das Mitarbeiterteam anonym aus und nimmt es zur Stunde mit den Kindern mit.

Jedes Kind erhält einen Stapel mit den „Was macht mir Angst“-Karten und setzt sich damit allein in eine ruhige Ecke. Wenn der beste Freund oder die beste Freundin anwesend ist, kann man sich auch zu zweit in eine Ecke verkrümeln.

Jeder schaut die Kärtchen in Ruhe durch und sucht drei bis höchstens zehn Karten heraus, vor denen man Angst hat, egal, ob es sich dabei um eine richtige Gefahr handelt und egal, wie wahrscheinlich das Ereignis tatsächlich eintritt. Die Spielleitung könnte das so formulieren: „Es geht nicht um wirkliche Gefahren, sondern um eure Gefühle, um Angst und Furcht. Wenn man sich damit beschäftigt, ist das gut und richtig. Damit ihr seht, dass man die Ängste nicht allein hat, wollen wir feststellen, wie häufig die Dinge vorkommen, vor denen man Angst hat. Das Ganze machen wir anonym, also ohne Nennung des Namens. Jeder wirft seine ausgesuchten Karten hier in den Behälter, dann mischen wir und pinnen die Karten an die Wand.

Und damit ihr seht, dass natürlich auch Erwachsene Angst haben, hat jeder Mitarbeiter

aus unserem Ganztagsteam das auch gemacht und diese blauen Kärtchen pinnen wir dann auch an."

Wenn alle fertig sind, kann man noch vorschlagen, dass jeder seine ausgesuchten Kärtchen nochmal genau durchschaut und die zwei größten Ängste umkringelt.

Schließlich wirft jeder seinen Stapel mit den zutreffenden Ängsten in einen Behälter, alles wird durchgemischt und dann angepinnt und zwar so, dass gleiche Angstkarten als Säule übereinander angeheftet werden, wodurch sofort die Anzahl der Nennungen sichtbar wird. Über das Ergebnis wird ausführlich diskutiert.

Beispiele für Kärtchen:

- Angst vor Spinnen und Käfern
- Angst vor großen Hunden
- Angst im Straßenverkehr
- Angst vor Klassenarbeiten
- Angst vor dem Verlust einer Freundschaft
- Angst vor (älteren, stärkeren) Mitschülern
- Angst, gemobbt zu werden
- Angst davor, dass sich meine Eltern trennen
- Angst vor Krieg und Terroranschlägen
- Angst vor einem schlimmen Unfall
- Angst vor zu viel Ausländern/Flüchtlingen/ Fremden
- Angst vor Verbrechern und Kriminellen
- Angst vor den Zeugnissen
- Angst vor Schlägen zu Hause
- Angst vor Strafe zu Hause
- Angst vor einem Umzug in eine andere Gegend
- Angst vor dem Schulwechsel nach der Grundschule
- Angst davor, dass andere mich blöd finden
- Angst vor Versagen in einem Schulfach

Im Downloadbereich zu diesem Buch finden Sie eine große Anzahl vorbereiteter Kärtchen (auch mit Zeichnungen für Kinder mit Leseschwierigkeiten). Bitte ergänzen Sie die Karten um Angstsituationen, die Ihnen einfallen bzw. deren Vorkommen Sie vermuten.

Erweiterungen

Siehe „Vom Wut-Hut zum Mut-Hut", Seite 122.

Pädagogischer Hinweis

Diese Methode benötigt eine ruhige, vertraute Gruppenatmosphäre.

Live Escape-Room-Spiel

Eine Gruppe muss innerhalb einer Stunde versteckte Rätsel gefunden und gelöst haben, um sich aus dem Raum zu befreien.

Alter: geeignet für alle Grundschul-Jahrgangsstufen
Dauer, Tempo: 60 – 90 min, lebhaft
Aktionsform: bewegen, wahrnehmen, kombinieren, kooperieren
Gruppierung: max. zehn Kinder in einem präparierten Raum
Bildungschancen: unter Zeitdruck gemeinsam Rätsel lösen und Aufgaben kooperativ bewältigen
Material: zur Geschichte passende Requisiten; Gegensprechanlage oder Telefonverbindung für Hilfe durch die Spielleitung
Vorbereitung: Spielgeschichte und Aufgaben müssen entwickelt und Raum muss präpariert sein

Der Kindergruppe wird die Geschichte erzählt, mit der ihre Rolle und Aufgabe beschrieben ist. Sie werden dann in den vorbereiteten Raum geführt, in dem verschiedene Rätsel und Aufgabenzettel versteckt sind. Das Spielziel (Schatz finden, Lösungsspruch zusammensetzen, Kunstwerk bauen o. Ä.) muss in maximal einer Stunde geschafft werden, sonst gilt das Spiel als verloren. Bis zur Lösung oder bis zum Ablauf der Stunde darf keiner den Raum verlassen (Ausnahme: Toilettengang).

Geschichtenbeispiele:
Die Gruppe sind Forscher, die in dem Labor den Impfstoff für einen Virus finden müssen, der sich nach 60 Minuten blitzschnell über das Land ausbreiten und die Menschheit ausrotten wird.
Die Gruppe sind Künstler und Musiker, die innerhalb von 60 Minuten eine passende Melodie finden muss, mit der sie die Aliens besänftigen können, die mit einer Invasion der Erde begonnen haben.

Die Gruppe sind Freunde von Robin Hood, die den Code für das Schloss zum Verlies des Grafen von Nottingham finden müssen, in dem Robin gefangengehalten wird.

Erweiterungen

Ältere Kindergruppen können sich auch gegenseitig Escape-Spiele gestalten.
Neben den üblichen Matherätseln und Suchaufgaben sollten auch anspruchsvolle künstlerische Gestaltungsaufgaben eingebaut werden.

Varianten

Eine Mitarbeitergruppe, die ein Live Escape-Room-Spiel erarbeiten möchte, sollte gemeinsam ein in vielen deutschen Städten veranstaltetes Game besuchen, um sich zu vielfältigen Rätsel- und Aufgabenideen anregen zu lassen. Adressen auf: www.escaperoomgames.de
Einen Bericht über den Einsatz von Live Escape-Room-Games in der Schule hat Horst Pohlmann in Heft 1/16 der Zeitschrift *gruppe & spiel* veröffentlicht.

Tipp

Wichtig ist bei der Zusammenstellung der Rätsel und Aufgaben, dass möglichst verschiedene Fähigkeiten unterschiedlicher Kinder herausgefordert werden, damit die Lösungen möglichst kooperativ zustande kommen.

Pädagogischer Hinweis

Die Spielleitung muss die Momente, in denen eine Hilfestellung angebracht ist, sehr einfühlsam abpassen.

Gruppenraum Geisterbahn

Eine schaurig schöne Gruselbahn selber bauen und andere Kinder zum Gruselparcours einladen

Alter: geeignet für eher ältere Grundschul-Jahrgangsstufen
Dauer, Tempo: mehrere Stunden, ggf. in einer Projektwoche, ruhig
Aktionsform: kombinieren, kooperieren, gestalten
Gruppierung: in der Großgruppe
Bildungschancen: darstellen, verändern von Raum und Gegenständen, Empathie
Material: gruselige Dekorationen, Lampen, Tücher, schaurige Musik, Stroboskoplicht, Seile und Schnüre, Kabelbinder etc.
Vorbereitung: –

Gemeinsam wird mit der Gruppe aus dem Gruppenraum eine Geisterbahn gebaut. Dafür muss ein Weg durch den Raum festgelegt werden. Dieser Weg kann durch Tücher abgespannt werden, sodass es nur eine Möglichkeit des Weges gibt. Auch Stellwände können den Weg für Kinder markieren. Der Raum muss abgedunkelt sein, nur an besonderen Stellen, an denen Schauer-Effekte präsentiert werden, gibt es entsprechende Beleuchtung. An den anderen Orten und der gesamten Strecke können mit Schwarzlicht und fluoreszierender Farbe schaurige Bilder gemalt sein. An einzelnen Stationen passieren dann „schlimmste" Dinge, die mittels Schattenspiel auf die Tücher projiziert werden können. Dafür werden kräftige Lampen benötigt und Kinder, die mit gruseligen Requisiten zwischen Lampe und Tuch interagieren. Dafür können die Kinder kleine Szenen einüben, während die anderen den Effekt sich erst einmal anschauen und beratend zur Seite stehen. Wenn der Gruppenraum dann die Zustimmung der Großgruppe erhält, können nun andere Kinder eingeladen werden, um so eine Runde in der Geisterbahn zu verbringen.

Erweiterungen

Besonders schön ist es, wenn man aus einem Kranken- oder Sanitätshaus oder einem Altenheim für die Eröffnung der Geisterbahn Rollstühle entleihen kann und die Besucher einzeln von einem Geist, einem schaurigen Monster oder einer Hexe durch die Bahn geschoben werden können. Diese schiebenden Personen können zusätzlich durch das Erzählen einer gruseligen Geschichte zu Beginn für die richtige Stimmung sorgen.

Tipp

Bei einer Geisterbahn wissen alle, dass es eine Inszenierung ist, die einen erschrecken und leicht erschauern lassen soll. Dies ist wichtig, denn so können die Kinder selbst entscheiden, ob sie diese besuchen wollen oder nicht. Wichtig ist, dass nur die Kinder, die die Bahn besuchen wollen, dies auch tun und keiner dazu überredet oder gar gezwungen wird.

Pädagogischer Hinweis

Sich zu gruseln, macht bei Kindern einen großen Reiz aus. Wichtig ist und bleibt die freie Entscheidung dazu.

Was ich schon mal geträumt habe ...

Kinder malen ihre Traumerlebnisse auf und berichten davon, was ihnen beim Wiedereinschlafen half.

Alter: geeignet für alle Grundschul-Jahrgangsstufen
Dauer, Tempo: 30 – 45 min, ruhig
Aktionsform: einzeln oder in Paaren
Gruppierung: an Tischen
Vorbereitung: Material bereitstellen und für eine ruhige und ungestörte Atmosphäre sorgen

Bildungschancen: Kommunikation, bildnerisches Gestalten, Empathie
Material: Wasserfarben und Papier, schöne kleine farbige hochwertige Blätter in DIN-A5, Locher und Lochstreifen

Jedes Kind hat schon einmal schlecht geträumt. Wie fühlte sich das an? Und wie sah der Traum aus?
Der böse Traum soll auf einem großen Bild festgehalten werden, dabei geht es nicht so sehr darum, dass die Szenen sehr realistisch aufgemalt werden, sondern dass sich auch das „dunkle Gefühl" widerspiegelt. In einem anschließenden Museumsgang, in dem mit der gesamten Gruppe ein Rundgang zu den einzelnen Bildern gemacht wird, kann jeder, der möchte, seinen bösen Traum erzählen.
Nun setzt sich die Gruppe im Stuhlkreis zusammen und gemeinsam wird überlegt, was gegen den bösen Traum half, sodass der Schlaf wieder fortgesetzt werden konnte.
Das kann das Krabbeln ins Bett der Eltern sein, eine schöne ausgedachte Geschichte, ein Glas Wasser, eine gute Idee vom Tag. Alle gesammelten Ideen werden anschließend auf die DIN-A5-Papiere niedergeschrieben.
Gemeinsam wird eine Vorderseite gestaltet für das „Rezeptbuch gegen böse Träume". Die „Rezepte" werden kopiert, sodass jedes Kind eines mitnehmen kann.

Erweiterungen

Im Anschluss können Traumfänger aus Draht, Bast, Federn und Perlen gebastelt werden, die jeder mitnehmen und über sein Bett hängen kann.
Das Rezeptbuch kann auch öfter vervielfältigt und so als Geschenk an andere Kinder weiterverteilt werden.
In der Schülerzeitung können jeweils ein paar der Rezepte gegen böse Träume veröffentlicht werden.

Tipp

Gerade in Gruppen mit Kindern mit Fluchterfahrungen kann es sein, dass bei ihnen traumatische Erlebnisse auf den Bildern wiederzufinden sind. Ein Tandem-Team mit einer sozialpädagogischen oder psychologischen Fachkraft ist in diesen Gruppen sinnvoll, falls ein Kind an sehr tiefe Ängste kommt, um es aufzufangen.

Pädagogischer Hinweis

Wichtig ist für diese Aktion eine ruhige und vertrauensvolle Atmosphäre, in der jeder, der möchte, den Raum zum Erzählen hat, ohne dass er dafür belächelt wird. Der Spielleiter kann mit dem Start beim Erzählen so auch das Eis brechen. Während der Erzählsituation darf kein Gruppendruck entstehen! Wichtig ist, dass die Kinder erkennen, dass es auch gegen ungeahnte Herausforderungen oder Ängste ein Rezept geben kann.

Stuntman-Training

Eine Spielkette, bei der verschiedene körperliche Herausforderungen bewältigt werden müssen

Alter: geeignet für alle Grundschul-Jahrgangsstufen
Dauer, Tempo: 60–90 min, sehr lebhaft
Aktionsform: bewegen, wahrnehmen, kooperieren
Gruppierung: mehrere Spielstationen, die von Spielpaaren durchlaufen werden
Bildungschancen: Mut entwickeln, körperliche Herausforderungen überlegt meistern, gegenseitige Hilfeleistungen
Material: vielfältige Sportgeräte: Tücher, Matten u. dgl.
Vorbereitung: sorgfältige Platzierung von Sicherungs- und Hilfseinrichtungen
Siehe auch: Astronautentraining, Seite 82

Ähnlich wie bei der Bewegungsbaustelle (siehe Seite 123) werden übliche Sportgeräte und bekannte Übungen aus dem Sportunterricht unkonventionell genutzt und in den Rahmen eines „Trainings für angehende Stuntmen" verpackt.

Ein professionelles Stuntman-Training besteht aus fünf Phasen:

1. Aufwärmübungen zur Verringerung der Verletzungsgefahr bei gefährlichen Filmszenen: Wachklopfen, Stretching, Balanceübungen im Stand, leichter Trab u. Ä.
2. Fallübungen für das Simulieren von Filmszenen, bei denen man getroffen wurde: mit einem Bein seitlich wegknicken auf einer Matte, auf aufgeblasene Luftballons fallen lassen u. Ä.
3. Fluchtübungen zu Fuß oder mit Fahrzeugen: Spiele mit Brettern auf Stäben oder mit Rollbrettern, Laufen, ohne von Schüssen (kleine Schaumstoffbälle) getroffen zu werden u. Ä.
4. Hindernis-Verfolgungsjagd: Schnell zu zweit unter Tischen hindurch, an Boulderwand entlang, unterm blauen Schwungtuch (durchs Wasser) usw.
5. Cooldown-Übungen: Atem- und Massageübungen

Der Trainings- und Spielcharakter der einzelnen Übungen wird hervorgehoben, wenn einzelne Aufgaben in Zeitlupe erfüllt werden oder real völlig ungefährlich sind.

Erweiterungen

Eine Kindergruppe kann auch einen kompletten Stuntman-Parcours zusammen mit dem Mitarbeiter planen und vorbereiten.
Die im „Training" geübten Szenen können zu einem kleinen realen Action-Videofilm zusammengestellt werden und mit Green-Screen-Tricktechnik in gefährliche Videoschnipsel (Explosionen usw.) einkopiert werden.

Tipp

Besonders lustig wird es, wenn die Spielleitung zu den einzelnen Übungen typische Spielfilme aus dem Actiongenre benennt.

Pädagogischer Hinweis

Die Spielleitung muss die einzelnen Übungen unbedingt so konzipieren, dass keine ernsthafte Verletzungsgefahr besteht, die Kinder aber ein bewältigbares Risikoempfinden erleben. Der Gegensatz zwischen realer Zuversicht und gespielter Gefahr lässt die besonderen Spannungsmomente bei dieser Methode entstehen.

Blindschleiche im Schulgebäude

Kleingruppen bewegen sich mit geschlossenen Augen vorsichtig als Schlange durch das ganze Schulgebäude, wobei das vorderste Kind sehen kann.

Alter: geeignet für alle Grundschul-Jahrgangsstufen
Dauer, Tempo: 30–45 min, ruhig
Aktionsform: bewegen, wahrnehmen, kooperieren
Gruppierung: Kleingruppen mit 4–6 Kindern
Vorbereitung: evtl. Blindspiele für Paare, siehe Seite 124
Bildungschancen: Achtsamkeit und Wahrnehmung mit geschlossenen Augen, gegenseitige Hilfe, nonverbale Kommunikation
Material: evtl. Tücher zum Augenverbinden oder Schlafmasken

Die Gesamtgruppe teilt sich in kleine Gruppen mit je etwa fünf Kindern auf. Alle Kinder einer Kleingruppe stellen sich hintereinander auf, schließen (bis auf den Ersten) die Augen und legen die Hände auf die Schultern des Vordermannes. Dann geht jede Gruppe vorsichtig und langsam durch den Raum und danach durch Flure und über Treppen.
Der vorderste Spieler darf ansagen, was zu beachten ist, wie man sich festhalten sollte und welche Hindernisse es zu überwinden gilt. Er muss ab und an seine Schlange anschauen und prüfen, ob auch alle mitkommen – er hat die volle Verantwortung für die Gruppe.
Es kommt überhaupt nicht auf die Zeit an, sondern auf die gegenseitige Hilfe in der Schlange und darauf, dass sich keiner stößt oder ängstlich wird. Innerhalb eines Spieldurchgangs kann auch der vordere Spieler gewechselt werden, damit auch andere einmal die Verantwortung übernehmen können.
Nachdem jede Gruppe etwa zwanzig Minuten durch verschiedene Gänge und Räume gelaufen ist, werden alle zusammengerufen und tauschen sich über ihre Erlebnisse aus.

Erweiterungen

Einfacher oder schwieriger wird das Spiel natürlich mit weniger oder mehr Spielern je Gruppe. Und je nach Raumsituation bzw. Gelände kann der Schwierigkeitsgrad des Weges für die Gruppen variiert werden. Es können auch zusätzliche Hindernisse (unter Tische durch usw.) eingebaut werden.
Der Weg der Blindschleiche kann auch durch ein vor Straßenverkehr geschütztes Außengelände (Sportplatz, naher Park, Spielstraße) geführt werden.

Tipp

Es ist angebracht, die Kinder immer mal wieder zwischendurch daran zu erinnern, ganz langsam und vorsichtig zu gehen und möglichst die Augen die ganze Zeit geschlossen zu halten.

Pädagogischer Hinweis

Um die Sicherheit bei der Fortbewegung der Gruppen zu gewährleisten, ist es hilfreich, wenn die Gruppen die ganze Spielzeit über von Erwachsenen beobachtet werden. Gibt es nur eine Lehrperson als helfender Beobachter, sollten sich die Gruppen nur in einem von einer Person überschaubaren Bereich bewegen (Klassenraum, Turnhalle).

Fremd und vertraut

Menschen, Orte, ja ganze Kulturen können uns fremd oder vertraut sein. Fremdes erscheint uns oft zunächst einmal bedrohlich, weil wir es noch nicht einordnen und beurteilen können. Um Vertrauen entwickeln zu können, muss sich durch Informationen und vor allem Erleben das Unbekannte in Bekanntes wandeln. Spiele können dazu einladen, sich unbelastet und vorurteilsfrei dem Fremden anzunähern, eine Nähe zum Fremden auszuprobieren, das Unbekannte anzutesten. Vielleicht freundet man sich an, vielleicht weicht man respektvoll zurück, wer weiß ...

Flaggen und mehr zuordnen: Zuordnungsspiel selbst gestalten: 10 Ländernamen sollen richtig 10 Hauptstädten oder 10 Flaggen oder 10 Länderumrissen zugeordnet werden

Ich reise nach Tunesien und ...: Ähnlich wie bei „Ich packe meinen Koffer ...“ wird ein Land zusammen mit einem passenden Mitbringsel genannt; der nächste Spieler wiederholt.

Wo war ich schon? Wo will ich hin?: Alle markieren auf einer Weltkarte sowohl die Orte, an denen sie schon einmal im Urlaub waren, als auch ihre Wunschreiseziele

Geliebte und gehasste Orte: In einem Stadtplan oder Schulgrundriss Stellen kennzeichnen, die man mag und die man nicht mag und darüber erzählen

Expedition ins Unbekannte: Eine Spielkette als Mitmachgeschichte, bei der eine fantastische Reise in unbekannte Gegenden führt

Afrikanische Mühle: Gespielt wird auf der ganzen Welt. Gemeinsam wird das Spiel Kwasidaa Franka aus Ghana aus Alltagsmaterialien gebaut und gespielt.

Internationale Spiele: Nach einer Recherche suchen die Kinder Spiele aus, stellen diese der Gruppe vor und bewerten sie.

Wie heißt denn das?: Kinder-Reporter suchen Übersetzungen für ihre Wörter.

Wie schmeckt es anderswo?: Gemeinsam werden Leckereien aus unterschiedlichen Kulturen zubereitet und in passendem Ambiente probiert.

Fühlkisten mit merkwürdigen Dingen: Zu zweit in vorbereitete Behälter greifen und sich über die erfühlten ungewöhnlichen Materialien austauschen

Flaggen und mehr zuordnen

Zuordnungsspiel selbst gestalten: 10 Ländernamen sollen richtig 10 Hauptstädten oder 10 Flaggen oder 10 Länderumrissen zugeordnet werden.

Alter: geeignet für alle Grundschul-Jahrgangsstufen
Dauer, Tempo: 30–45 min, ruhig
Aktionsform: wahrnehmen, kombinieren, raten, kennenlernen, kooperieren, Spiel selber gestalten
Gruppierung: mehrere Spielteams mit je 2–3 Kindern an Tischen
Vorbereitung: Die Blätter und zugehörigen Zettelstapel müssen in der Anzahl der Spieleteams kopiert bereitgelegt werden.
Bildungschancen: Wissen (z. B. über Herkunftsländer) erweitern, untereinander kennenlernen, Informationen abschätzen
Material: je Spieldurchgang ein vorbereitetes Blatt mit 10 Informationen und ein Stapel mit 10 zugehörigen Zetteln

Die Gesamtgruppe teilt sich in Spieleteams mit je zwei bis drei Kindern auf. In jedem Spieldurchgang erhalten die Teams dieselben Zuordnungsaufgaben, gespielt wird simultan.
Für jeden Durchgang erhalten alle Teams ein Blatt und 10 Zettel, die verdeckt auf den Tischen liegen und auf ein Signal hin von allen gleichzeitig umgedreht werden.
Auf dem Blatt stehen 10 Informationen als Texte oder Abbildungen – z. B. 10 verschiedene Flaggen. Die 10 Zettel enthalten je eine Information, z. B. einen Ländernamen. Die Zettel sollen so um das Blatt herum gelegt werden, dass alle Zettel den Infos auf dem Blatt erkennbar richtig zugeordnet sind.
Das Team, das glaubt, als erstes die richtige Zuordnung fertiggestellt zu haben, ruft laut „Fertig!“ Dann müssen alle Teams stoppen. Die Spielleitung nennt die richtige Zuordnung. Hat das Team alles richtiggemacht, erhält es beim ersten Durchgang einen Pluspunkt, beim zweiten zwei usw. Sind nicht alle Zuordnungen richtig, werden keine Punkte vergeben.

Beispiele für verschiedenste Zuordnungsaufgaben können im Downloadbereich heruntergeladen und als Kopiervorlagen verwendet werden. In der Zeitschrift *gruppe & spiel* 4/2011 sind exemplarische Aufgaben mit folgenden Varianten abgedruckt: Zuordnung englische Redewendung zur deutschen Übersetzung; Zuordnung Satellitenbild zu Insel; Zuordnung Statistik zu Land; Zuordnung Oberflächenstruktur zu Material: Erweiterungen.
In diese Spielform können die verschiedensten Themen und Informationen eingefügt werden. Ähnlich wie bei einem Quizspiel, lassen sich die Zuordnungsaufgaben an die Altersgruppe und Zusammensetzung der Spielenden anpassen.
Diese Lernspielform eignet sich zur Festigung und Wiederholung von Lerninhalten, aber auch als Quiz und einfaches Spiele-Erfinder-Format: Das selbstständige Zusammenstellen von Zuordnungsaufgaben hat sich als besonders lernwirksam für die Gruppe herausgestellt, die die Aufgaben recherchiert.
Wenn viele Kinder mit verschiedenen Migra-tionsgeschichten in der Gruppe sind, kann das Zuordnungsspiel auch mit Selbstgebackenem oder Konservendosen aus den jeweiligen Herkunftsländern gespielt werden. Zum Abschluss wird dann mit diesen Lebensmitteln ein Festessen veranstaltet.

Varianten

1. Die richtige Zuordnung wird nicht von der Spielleitung bekanntgegeben, sondern wird von allen per Recherche im Internet oder in Atlanten recherchiert.
2. Anderes Bewertungssystem: Alle haben je Durchgang eine vereinbarte Zeit (z. B. drei Minuten) für das Lösen der Aufgabe und alle erhalten für jede richtige Zuordnung je einen Punkt.

Tipp

Damit nicht zu oft voneinander abgeschaut wird, sollten die Tische der Spielteams möglichst weit voneinander entfernt stehen.

Pädagogischer Hinweis

Die Teams sollten darauf hingewiesen werden, dass man nur „Fertig“ rufen sollte, wenn man sich der Lösung sicher ist, da das schnellste Team bei einer fehlerhaften Lösung keine Punkte erhält. Bei der Zusammenstellung der Zuordnungsaufgaben können beliebige Unterrichtsinhalte verwendet werden. Besonders empfehlenswert sind Informationen über die Familienherkunftsländer der Kinder in der Gruppe, damit ein Austausch über die Migrationsursprungsgebiete erfolgen kann.

Ich reise nach Tunesien und …

Ähnlich wie bei „Ich packe meinen Koffer …" wird ein Land zusammen mit einem passenden Mitbringsel genannt; der nächste Spieler wiederholt.

Alter: geeignet für alle Grundschul-Jahrgangsstufen
Dauer, Tempo: 15 min, ruhig bis lebhaft
Aktionsform: konzentrieren, erinnern, sprechen
Gruppierung: im Kreis
Bildungschancen: Wissen über andere Länder aneignen oder festigen
Material: –
Vorbereitung: –

Der jüngste Spieler beginnt und denkt sich ein Land und ein Mitbringsel aus diesem Land aus und sagt den Satz: „Ich, Stefan, reise nach Tunesien und bringe Datteln mit." Sein linker Nachbar wiederholt den Satzinhalt so: „Stefan reist nach Tunesien und bringt Datteln mit." Und setzt direkt mit einem neuen Land und Mitbringsel fort: „Und ich bin Svenja und ich reise nach Kroatien und bringe einen Kieselstein vom Adriastrand mit." So geht das Spiel weiter, bis jemand einen Fehler macht. Dann geht mit dessen linkem Nachbar das Spiel von vorn los: Name, Land, Souvenir.

Varianten/Erweiterungen

1. Sind in einer Kindergruppe Kinder aus vielen verschiedenen Herkunftsländern: Alle Herkunftsländer werden auf Zettel geschrieben und der Spieler, der dran ist, zieht einen Ländernamen, wiederholt die vorherigen Sätze, fragt dann das Kind, dessen Herkunftsland gezogen wurde nach etwas Typischem aus diesem Land und spricht dann den Satz „Ich reise nach …" usw.
2. Statt den Gegenstand zu benennen, wird eine Handbewegung gemacht, die die Sache pantomimisch zeigt oder ihre Verwendung/Benutzung darstellt. Alle anderen Kinder rufen ihre Vermutungen und wenn die gemeinte Sache genannt wird, wiederholt der Spieler den Satz und spricht die mitgebrachte Sache auch aus. Die Handbewegungen oder kleinen pantomimischen Darstellungen werden auch bei den Satz-wiederholungen nochmal begleitend dabei gemacht. Dadurch lassen sich die genannten Dinge sogar leichter merken und das Spiel kann in einer größeren Gruppe gespielt werden.

Tipp

Bei der Wahl „landestypischer" Mitbringsel darf sehr kreativ verfahren werden: So darf aus Südafrika durchaus ein Elefant, aus New York ein Finger der Freiheitsstatue oder aus Indien der Haufen einer heiligen Kuh mitgebracht werden.

Pädagogischer Hinweis

Da es bei diesem Spiel nicht in erster Linie ums Sprachelernen geht, sollte Kindern mit Formulierungsschwierigkeiten bei den deutschen Wörtern geholfen werden.

Wo war ich schon? Wo will ich hin?

Alle markieren auf einer Weltkarte sowohl die Orte, an denen sie schon einmal im Urlaub waren, als auch ihre Wunschreiseziele.

Alter: geeignet für alle Grundschul-Jahrgangsstufen
Dauer, Tempo: 45 min, ruhig
Aktionsform: kreatives Kommunikationsspiel
Gruppierung: Großgruppe, Partnerarbeit
Material: für jedes Kind eine Kopie des Stadtplans, des Kreises, des Bundeslandes, des Landes
Bildungschancen: Stadtpläne als Orientierung nutzen, geografische Zusammenhänge erkennen
Vorbereitung: Die Kopien der Stadt-, Kreis- und Landkarte sollten möglichst A3-Größe haben. Zum Markieren können die Kinder Stifte oder Klebepunkte nutzen.

Jedes Kind bekommt eine Kopie des Stadtplans der Heimatstadt. Die Schule als gemeinsamer Ort kann entweder schon im Vorfeld markiert werden oder als gemeinsamer Startpunkt zusammen auf dem Stadtplan markiert werden. Nun sucht jeder auf dem Stadtplan seine Straße und markiert den Ort seines Wohnhauses. In Partnerinterviews erzählen sich die Kinder nun, wie sie ihre Freizeit verbringen. Sind sie in einem Turnverein, wird der Sportplatz oder die Halle markiert. Auch Musikschulen, Wohnungen von Freunden, Einkaufs- oder Gemeindezentren werden so markiert. Die Stadtpläne werden dann vorgestellt und gemeinsame Orte gefunden und besondere einzelne Orte vorgestellt. Nun werden nach und nach die Karten größer: Die Karte des Kreises, dann des Bundeslandes und anschließend eine Deutschlandkarte stehen nun im Mittelpunkt. Auch hier markieren die Kinder wieder die Orte, die ihnen vertraut sind.

Erweiterung

Auf einer großen Weltkarte, die auf einer Stellwand befestigt ist, können nun mit farbigen Stecknadeln, die mit Namen der Kinder versehen sind, Urlaubs- oder aber auch Herkunftsländer markiert werden.

Variante

Im nächsten Durchgang können die Kinder auch ihre Traumreiseziele markieren und den anderen mitteilen, warum sie genau dort hinreisen möchten.

Pädagogischer Hinweis

Gerade bei den Markierungen im Stadtplan kann der Aktionsradius der Kinder abgelesen werden. Der Spielleiter kann hier auch Empfehlungen für interessante Orte für Kinder geben (z. B. Bücherei, Spielplätze, Museum, Jugendzentren …).

Geliebte und gehasste Orte

In einem Stadtplan oder Schulgrundriss Stellen kennzeichnen, die man mag und die man nicht mag und darüber erzählen

Alter: geeignet für alle Grundschul-Jahrgangsstufen
Dauer, Tempo: 30 – 45 min, ruhig
Aktionsform: wahrnehmen, bewerten, erzählen
Gruppierung: im Stuhlkreis sitzen
Material: Stadtteilplan oder Schulgrundriss, großer Papierbogen, Klebepunkte
Bildungschancen: sich über Wohlbefinden bewusst werden, über Gefühle reden
Vorbereitung: Material besorgen, evtl. überträgt eine kleine Kindergruppe den Stadtplan oder den Schulgrundriss auf den großen Papierbogen, der in die Mitte gelegt wird.

Jedes Kind erhält zwei grüne und zwei rote Klebepunkte und kennzeichnet jeden Punkt mit seinem Namenskürzel oder einem „Logo“. Der Grundriss der Schule oder der Stadtteilplan liegt in der Mitte auf dem Boden. Jedes Kind überlegt, wo die Plätze in der Schule bzw. im Stadtteil sind, an denen es sich besonders gern und nicht so gern aufhält und klebt dort seine Punkte hin.
Dann spricht man in der Runde über Häufungen und es kann berichtet werden, weshalb dieser Platz gewählt wurde, wie oft er aufgesucht wird und was ihn zum Lieblingsort oder ungeliebten Ort macht.

Ergänzende Hinweise zur Erstellung eines Kinderstadtplans und Links zu Stadtplanbeispielen finden sich im Downloadbereich.

Erweiterungen

Ein vertiefendes Gespräch über Wohlfühlen, über Zuhausesein und über Heimat und Sicherheit.
Ein Gespräch führen über die Gründe für unbeliebte Orte und wie man mit ihnen umgeht.

Variante

„Tolle Orte – blöde Orte“: Auf einem Stadtplan wird das Stadtviertel in mehrere Sektoren auf-

geteilt. Jede Kleingruppe wählt einen Sektor und sucht Stellen, Einrichtungen und Grundstücke in ihrem gewählten Sektor auf, die sie mögen oder die für Kinder ihrer Altersgruppe nützlich sind, und Stellen, die für Kinder gefährlich oder „blöd“ sind. Diese Stellen (Gelände, Gebäude ...) werden fotografiert. Wenn alle wieder zurück sind, werden zwei Ausstellungstafeln gestaltet, eine mit der Überschrift „Tolle Orte“ und die andere mit dem Titel „Blöde Orte“. Unter den Fotos werden Begründungen für die Wertung geschrieben.

Komplexe Variante

Ein Kinderstadtplan mit den Fotos und Begründungen wird mit einem Präsentationsprogramm (z. B. PowerPoint) als Multimedia-CD oder als smartphonekompatible PDF-Datei erstellt.
Diese komplexe Variante eignet sich für eine Projektwoche oder einen mehrwöchigen Ganztagskurs.

Pädagogischer Hinweis

In der Gruppe sollte ein offenes Klima herrschen, sodass die Gefühle frei geäußert werden können. Wenn jemand nicht seine so oder so bewerteten Orte bekanntgeben möchte, ist das zu respektieren.

Expedition ins Unbekannte

Eine Spielkette als Mitmachgeschichte, bei der eine fantastische Reise in unbekannte Gegenden führt

Alter: geeignet für alle Grundschul-Jahrgangsstufen
Dauer, Tempo: Kurzfassung 45–60 min, sehr lebhaft
Aktionsform: bewegen, wahrnehmen, kooperieren
Gruppierung: Paare („Expeditionsteams"), alle Paare hintereinander in einer Schlange
Vorbereitung: größere Umräumaktionen, evtl. mit einer Vorbereitungsgruppe
Bildungschancen: komplexe Situationen durch gegenseitige Hilfe bewältigen, Fantasie fördern
Material: große Tücher, vielfältige Sportgeräte, Musikanlage
Siehe auch: Spielgeschichte mit „John Silver", Seite 38

Die „Expedition" ist eine Kette mehrerer kurzer Mitmachspiele, die durch eine Geschichte zusammengehalten wird. Als Geschichten ist eine Entdeckungsreise, Raumfahrt oder Expedition besonders gut geeignet, denkbar sind auch eine Schatzsuche oder eine Kreuzfahrt in Anlehnung an die TV-Serie *Das Traumschiff*.
Die Spielleitung erzählt die Geschichte und leitet zu den einzelnen Spielen bzw. Spielstationen über.
Bei den einzelnen Spielen der Kette handelt es sich um kurze Bewegungsspiele, bei denen alle Kinder beispielsweise Mondkälber (beim Besuch auf der Rückseite des Mondes), Affen (bei der Durchquerung eines Dschungels) oder Delfine (unter einem großen blauen Schwungtuch) spielen. Tücher, Möbel und Sportgeräte bilden Hindernisse, die mit gegenseitiger Hilfe bewältigt werden.
Bewegte und ruhige Spiele sollten miteinander abwechseln und alles kann mit einem gemeinsamen Tanz enden.

Erweiterungen

Vor oder nach einer solchen Spielkette können passende Spielfilme gezeigt werden, z. B. Filme mit Erlebnissen in fremden oder magischen Welten.

Der gesamte Parcours kann mit einer „Reiseleitergruppe“ vorbereitet werden, die auch an einzelnen Reisestationen Aufgaben übernimmt.

Varianten

1. Bei entsprechender Gelegenheit kann die Geschichte auch abends in etwas unwegsamem Gelände oder während einer Nachtwanderung gespielt werden.
2. Einige Spielteile sollten auch mit geschlossenen Augen bewältigt werden, damit Imagination und Spannung verstärkt werden.

Tipps/Downloadmaterial:

Wichtig für diesen „Aufbruch in unbekannte Welten“ ist es, an einzelnen Spielstationen für die passende Atmosphäre durch Material- und Lichtinstallationen sowie Musik zu sorgen.
Einige Beispiele für ausgearbeitete Spielketten finden Sie zum Ausdrucken im Downloadmaterial.
Viele einzelne Spiele, die zu einer langen Spielkette zusammengefügt werden können, finden Sie in diesen Spielesammlungen:

Baer, Ulrich (1994, 2013): *666 Spiele*. Seelze: Klett Kallmeyer, Friedrich Verlag.
Hechenberger, Alois/Michaelis, Bill/O’Connell, John M. (2001): Bewegte Spiele für die Gruppe. Münster: Ökotopia.
Gilsdorf, Rüdiger/Kistner, Günter (1995ff.): Kooperative Abenteuerspiele, Band 1–3. Seelze: Klett Kallmeyer, Friedrich Verlag.

Pädagogischer Hinweis

Je nach Aufwand, kann die gesamte Spielkette auch über mehrere Treffen in mehreren Abschnitten der Reise durchgeführt werden und dann den roten Faden eines ganzen Schuljahrprogramms bilden.

Afrikanische Mühle

Gespielt wird auf der ganzen Welt. Gemeinsam wird das Spiel Kwasidaa Franka aus Ghana aus Alltagsmaterialien gebaut und gespielt.

Alter: geeignet für alle Grundschul-Jahrgangsstufen
Dauer, Tempo: 3–4 min, ruhig
Aktionsform: Brettspiel
Gruppierung: zu zweit
Material: Stoff und Stoffmalfarbe für den Spielplan und 2 mal 3 Spielsteine einer Farbe, Farben für die Spielsteine, kleine Steine, Schnüre oder Lederbändchen.
Bildungschancen: taktisches Verhalten, vorausschauendes Denken
Vorbereitung: Die Kinder teilen sich in Paare auf. Der Spielplan wird gut sichtbar an Tafel oder Flipchart aufgezeichnet. Nun können die Kinder mit dem Bauen beginnen und anschließend gemeinsam spielen.

Jeder Spieler erhält drei Spielsteine einer Farbe. Das Spielfeld besteht aus einem Quadrat, das durch eine Senkrechte und einer Waagerechten sowie zwei Diagonalen unterteilt ist. Nun wechseln die Spieler abwechselnd einen Spielstein auf die Kreuzungspunkte, die „Felder" der Linien. Nun werden die Spielsteine um je ein freies Feld weitergezogen. Es dürfen keine freien Felder übersprungen oder über ein leeres Feld hinweggezogen werden. Gewonnen hat der Spieler, der zuerst seine drei Spielsteine in einer Reihe liegen hat, egal, ob waagerecht, senkrecht oder diagonal.

Erweiterungen

Das Spielbrett kann für eine kurze Aktion oder zur Einführung des Spiels einfach mit Stiften auf einem Stück Papier gezeichnet werden. Utensilien aus dem Federmäppchen können für diese erste Runde als Spielsteine dienen.
Als Gruppenspiel kann das Spielfeld auch in groß mit Kreide auf dem Schulhof aufgezeichnet werden. In dieser Variante spielen dann immer Dreierteams zusammen, die Teammitglieder bilden dann lebendige Spielsteine.

Varianten

Für ältere Kinder kann auch das Spiel Römische Mühle gebaut werden. Hier ist das Spielfeld ein Kreis, der in acht „Tortenstücke“ unterteilt ist. Es befinden sich acht „Felder“ somit gleichmäßig auf dem Kreis und ein „Feld“ bildet den Mittelpunkt. Die Spielregeln bleiben gleich.

Natürlich können die Kinder auch in Kleingruppen nach Gesellschaftsspielen aus unterschiedlichen Ländern recherchieren. Die Ergebnisse werden dann vorgestellt. In der Großgruppe wird dann überlegt, welche dieser Spiele nachgebaut werden können.

Einfach gestaltet sich der Bau des Spiels Mancala aus selbst härtendem Ton. Dieser wird länglich ausgerollt und Mulden hineingedrückt, je sechs pro langer Seite. An den Stirnenden werden zwei größere Gruben, die Kalahs, geformt. Aus dem restlichen Ton können die Spielsteine hergestellt werden. Zu Beginn des Spiels ist die Kalah noch leer. In jeder Spielgrube liegen vier Steine. Die eigene Kalah befindet sich vom Spieler aus gesehen auf der rechten Seite.

Gezogen wird abwechselnd und nach folgenden Regeln: Der erste Spieler nimmt aus einer Spielgrube auf seiner Seite alle vier Steine und legt jeweils einen in die folgenden Gruben. Dabei geht er gegen den Uhrzeigersinn vor und wird eventuell auch in den Gruben des Gegners Steine ablegen. Die gegnerische Kalah wird ausgelassen. Der Gegner verfährt nun ebenso und verteilt alle Steine aus einer seiner Gruben. Man darf nochmal ziehen, wenn der letzte Stein eines Zuges in der eigenen Kalah landet.

Trifft einer der Spieler mit dem letzten Stein in der eigenen Hälfte auf eine leere Grube, darf er diese Steine und die des Gegners aus der gegenüberliegenden Grube nehmen und in seine Kalah legen. Auf der gegnerischen Seite muss mindestens ein Stein übrigbleiben, damit derjenige Spieler weiterspielen kann. In dem speziellen Fall, dass ein Spieler mit dem letzten Stein in der eigenen Hälfte auf eine leere Grube trifft und alle Gruben des Gegners bis auf die gegenüberliegenden Grube leer sind, dürfen keine Steine geklaut werden.

Bleibt auf der generischen Seite kein Stein übrig, darf der andere Spieler alle seine Steine in seine Kalah legen. Damit ist das Spiel beendet. Es werden nun die Steine gezählt, und wer die meisten hat, ist der Gewinner.

Das Spielbrett kann auch eine kunstvolle Form erhalten, etwa eines Fisches oder auch eine Fantasieform. Nach dem Aushärten kann das gehärtete Spielbrett mit Dekorlack oder Abtönfarben bemalt werden.

Tipp

Das gemeinsame Erstellen des Spieles kann schon paarweise erfolgen. Kleine Steine können gemeinsam gesucht und als Spielsteine bemalt werden.

Wird der Spielplan aus Stoff hergestellt und mit einem Band versehen, können die Steine in die Mitte gelegt und der Spielplan als „Bündel“ darumgebunden werden, sodass das Spiel leicht zu transportieren ist.

Pädagogischer Hinweis

Dieses einfache Mühlespiel kann auch in altersheterogenen Gruppen gespielt werden, jüngere Spieler durchschauen die Spielregel ebenso schnell wie ältere. Durch die Einfachheit des Materials kann es schnell zum Einsatz kommen. Das Suchen geeigneter Spielsteine (Eicheln, Steine, Muscheln, Legosteine etc.) erhöht die Motivation, mitzuspielen.

Internationale Spiele

Nach einer Recherche suchen die Kinder Spiele aus, stellen diese der Gruppe vor und bewerten sie.

Alter: geeignet für alle Grundschul-Jahrgangsstufen
Dauer, Tempo: mehrere Einheiten à 30 – 45 min, ruhig und bewegt
Aktionsform: recherchieren, präsentieren, bewerten, bewegen, wahrnehmen
Gruppierung: in Paaren oder Kleingruppen à drei Personen, evtl. an Tischen
Bildungschancen: einen Konsens herstellen, präsentieren und verständlich anleiten lernen
Material: Bücher oder PC, Tablet mit Internetzugang, je nach Spielauswahl Murmeln, Stöcke, Reifen, Kreide, Bälle etc.
Vorbereitung: entsprechende Literatur bereithalten, Lose mit Ländernamen

Die Kinder teilen sich in Paare oder Dreierteams auf. Jedes Team zieht ein Kärtchen mit dem Namen eines Landes. Nun recherchieren die Kinder nach Spielen, die in dem jeweiligen Land gespielt werden. Wichtig ist, dass der Fokus auf Gruppenspielen, nicht auf Brett- und Kartenspielen liegt. Nun lesen sie sich die Spielanleitungen durch und wählen ein Spiel aus, das sie der Großgruppe präsentieren möchten. Ein großes Plakat mit der Einteilung wie bei einer Spielkartei mit den Einteilungen: Dauer, Gruppierung, Tempo, Material. Falls dieses Spiel Material benötigt, wird dieses zur Präsentation mitgebracht oder in der Schule dazu angefertigt und bereitgestellt.

Nun stellt jede Kleingruppe ihr favorisiertes Spiel vor, das in der Großgruppe gespielt wird. Nach dem Spielen reflektieren die Kinder das Spiel: Gibt es Ähnlichkeiten zu uns bekannten Spielen? Macht die Spielidee Spaß? Wenn das Spiel eine positive Bewertung erfährt, kann es in der selbst erstellten Spielekartei „Unsere besten Spiele“ (siehe Seite 88) aufgenommen werden.

Erweiterungen

Die internationalen Spiele können auch in „Unserem Ganztagsblog“ (siehe Seite 164) veröffentlicht werden.

Varianten

Kinder der Schule aus anderen Herkunftsländern werden nach ihren Lieblingsspielen aus dem Heimatland gefragt. Gerne können diese als Experten die Spiele dann auch direkt anleiten.
Ebenso können Kleingruppen im Stadtteil recherchieren gehen und eine Befragung durchführen. Hierbei sollten sie vorher Fragen entwickeln, die sie dem Interviewpartner stellen. Dabei soll das Herkunftsland, das Material, die Dauer, das Spielziel und das Spielprinzip erklärt werden. Wenn es möglich ist, können die Kinder den Interviewpartner auch filmen und das Spiel mit ihm gemeinsam anspielen.

Tipp

- Literaturtipp: Die 50 besten Spiele zum interkulturellen Lernen, Don Bosco Verlag
- Im Internet findet sich auf der Seite von UNICEF eine Spielesammlung: https://www.unicef.de/blob/10560/.../spiele-rund-um-die-welt-2009-pdf-data.pdf
- Eine weitere Internetseite vom Friedensbüro Graz: http://www.friedensbuero-graz.at/cms/fileadmin/user_upload/Schule/Materialien/Kulturen/11_Spiele_und_Anleitungen-Teil2.pdf

Pädagogischer Hinweis

Die Spiele anderer Kulturen kennenzulernen und zu erleben, macht Kindern Spaß. Der Prozess kann Vorurteile abbauen und Offenheit fördern. Bei der Bewertung der Spiele ist es wichtig, den gesellschaftlichen Bezug herzustellen, gerade im Hinblick auf die Spielgeschichte oder aber auch das Material.

Wie heißt denn das?

Kinder-Reporter suchen Übersetzungen für ihre Wörter.

Alter: geeignet für alle Grundschul-Jahrgangsstufen
Dauer, Tempo: 45 – 120 min, aktiv im Stadtteil
Aktionsform: Kommunikationsspiel
Gruppierung: in Kleingruppen
Vorbereitung: Die Spielleitung stellt mit den Kindern eine Wörterliste von 20 Wörtern zusammen. Diese Liste wird für jede Kleingruppe kopiert.
Bildungschancen: kommunikative Kompetenz; eine Befragung/Reportage durchführen können
Material: für jede Kleingruppe Stifte, Klemmbretter, vorbereitete Wörterlisten, ggf. Reporterschirmmützen, Aufnahmegerät (Kamera oder Tonaufnahmegerät)

Gemeinsam werden in der Gruppe Begriffe gesammelt, die im täglichen Sprachgebrauch wichtig sind. Zudem können Wörter, die zur Orientierung aus Kindersicht im Stadtteil genutzt werden, gesammelt werden. Beispiele für die Wörterliste können Bäcker, Geschäft, Kirche, Schule, Spielplatz, Sportplatz, Bibliothek, Bushaltestelle, Bahnhof, Schnellimbiss und viele mehr sein. Diese zwanzig Wörter werden nun für alle Kleingruppen kopiert. Nun schwärmen die Kleingruppen in Begleitung eines Erwachsenen in die nähere Umgebung aus und suchen Übersetzungen in unterschiedlichen Sprachen für die Wörter. Neben Englisch, Französisch oder anderen Sprachen, die in der Schule erlernt werden, sollen gerade auch Menschen aus anderen Ländern befragt werden. Gern kann auch der Dialekt der Region Einzug in die Wörterliste erhalten.

Tipp

Da die Begriffe vielleicht schwer aufzuschreiben sind, sollten die befragten Personen um das Aufschreiben gebeten werden. Eine Ton- oder Filmaufnahme bereichert die Übersetzung, da die richtige Aussprache daran geübt werden kann. Ein Wörterbuch kann so für die Gruppe erstellt werden.

Pädagogischer Hinweis

Sprachbarrieren können auch schon bei der Befragung hinderlich sein. Hier empfiehlt es sich, der Wörterliste auch noch einfache Bilder oder Piktogramme hinzuzufügen.

Wie schmeckt es anderswo?

Gemeinsam werden Leckereien aus unterschiedlichen Kulturen zubereitet und in passendem Ambiente probiert.

Alter: geeignet für alle Grundschul-Jahrgangsstufen
Dauer, Tempo: mehrere Einheiten à 45 min, Projekttag
Aktionsform: gemeinsam recherchieren, zubereiten und verköstigen
Vorbereitung: unterschiedliche Kochbücher mit Dessertrezepten bereitlegen, Computer zu Recherchezwecken zugänglich machen, Musik aus den entsprechenden Ländern und Kinder-Atlas mit Bildern zur Verfügung stellen
Bildungschancen: Rezepte lesen und umsetzen, Zubereitung von Desserts, Schulung des Geschmackssinnes, Nutzen von Werkzeugen in der Küche
Gruppierung: in parallelen Kleingruppen
Material: unterschiedliche Rezepte von Desserts aus verschiedenen Nationen, schwerpunktmäßig; aus den Nationen der Kinder der Ganztagsgruppe
Siehe auch: Das große Like-Festival, Seite 87

Gemeinsam werden Dessertrezepte aus unterschiedlichen Ländern zubereitet. Zunächst werden die Lieblingsnachspeisen der Kinder der Gruppe gesammelt. Hier sollen neben Gerichten aus dem Heimatland auch Speisen aus Urlaubsorten genannt werden. Gemeinsam werden nun Gerichte aus verschiedenen Ländern recherchiert oder andere Kinder der Schule, die aus anderen Ländern stammen, befragt. Nach der Recherche zu den verschiedenen Gerichten wird eine Einkaufsliste erstellt. Gemeinsam werden dabei Produkte und deren Herkunft gesichtet, Preise verglichen und abgewogen. In jeder Einheit kann nun ein Dessert zubereitet werden. Neben der Zubereitung der Nachspeise kann der Tisch mit selbst gemalten Landesfahnen dekoriert werden. Musik aus dem jeweiligen Land rundet die Tafel ab.

Tipp

Eltern aus unterschiedlichen Kulturen können zur Mithilfe bei der Zubereitung angefragt werden. Mit den Kindern kann anschließend ein Kochbuch der Lieblingsdesserts erstellt werden.

Pädagogischer Hinweis

Diese Aktion eignet sich gut für Projektwochen. Sollte eine Küche nicht zugänglich sein, so können Eltern und Bekannte aus unterschiedlichen Ländern gebeten werden, eine Nachspeise mitzubringen und zu erzählen, was dieses Dessert so besonders macht.

Fühlkisten mit merkwürdigen Dingen

Zu zweit in vorbereitete Behälter greifen und sich über die erfühlten ungewöhnlichen Materialien austauschen

Alter: geeignet für alle Grundschul-Jahrgangsstufen
Dauer, Tempo: 30 – 45 min, ruhig
Aktionsform: wahrnehmen, kombinieren, raten, beschreiben, kooperieren
Gruppierung: alle verteilt im Raum, evtl. an Tischen
Material: 5 – 8 Behältnisse, ungewöhnliche Materialien und Gegenstände
Bildungschancen: sich auf Fremdes einlassen, Fantasie entwickeln, Wahrnehmung differenzieren
Vorbereitung: 5 – 8 Behältnisse (Kartons, textile Einkaufstüten o. Ä.) mit ungewöhnlichen Materialien oder Gegenständen vorbereiten und so aufstellen und herrichten, dass hineingegriffen werden kann, aber die Materialien beim Ertasten nicht gesehen werden können

Paare bilden und die Inhalte ausführlich ertasten lassen – aber jedes Kind nur mit einer Hand! Die Spielpaare dürfen sich erst nach dem Fühlen in allen Behältnissen miteinander austauschen.
Dann werden die Eindrücke und erfühlten Eigenschaften gesammelt, entweder mündlich oder auch je nach Schreib- und Sprachfähigkeiten schriftlich. Nutzen und Gebrauch können geschätzt werden, fantastische Ideen dürfen entwickelt werden.

Beispiele für ungewöhnliche Materialien und Gegenstände: Banksia-Kienäpfel, exotische Früchte, kleine Skulpturen aus fernen Ländern, ungewöhnliche Büroartikel oder technische Geräte und Werkzeuge, seltene Flaschenverschlüsse, Wurzeln, Trockenfutter, Mineralien, Körner, Nüsse usw.

Erweiterungen

Alles, was erfühlt werden soll, besteht aus zwei oder mehr Teilen, die zusammengehören und eventuell im Behältnis zusammengesetzt werden können.

Varianten

Feste Materialien werden hinter dem Rücken im Kreis herumgegeben.
Statt zwei Kinder spielen drei oder sogar vier Kinder miteinander. Das kann das Spiel einfacher oder auch schwieriger machen.
Es kann sofort und nicht erst nach dem Erforschen aller Behältnisse miteinander gesprochen werden (einfacher).
Jedes Kind darf beide Hände benutzen (einfacher).
Einige zusammenzusetzende Dinge bestehen aus drei Teilen (schwieriger).

Es befinden sich Einzelteile darunter, die mit den zusammenzusetzenden Dingen nichts zu tun haben (noch schwieriger).

Tipp

Beim Sammeln der Eindrücke viele Nachfragen stellen, damit die Kinder ihre Wahrnehmung zunehmend differenzieren lernen. Dabei sollte auch zum nochmaligen Nachfühlen Gelegenheit bestehen.

Pädagogischer Hinweis

Bei der Wahl der Materialien muss darauf geachtet werden, dass sie die Kinder nicht erschrecken oder gar verletzen könnten – was den Kindern auch vorher versichert werden sollte.

Meine Medien

Spiele zum aktuellen Thema elektronische Medien kommen bei Kindern gut an, denn die digitale Welt ist in ihrem Alltag permanent präsent. Aber es gibt einen zweiten Grund für Spiele zu diesem Thema: In kreativen, spielerischen Aktionen zu den komplexen Themen Medien, Internet, Elektronik und Technik können Kinder den nötigen Durchblick erlangen, der sie von der distanzlosen Zuschauerrolle zum kritischen Akteur führt. Das Ziel dabei ist, nicht von unbegriffenen und unreflektierten neuen Mächten beherrscht zu werden, sondern sich in diesen neuen Welten gekonnt und relativ selbstbestimmt bewegen zu können.

Musik-Clip raten: Jede Kleingruppe speichert aktuelle Musikclips und lässt sie von der Gesamtgruppe raten.

Lustige Foto-Fragekarten gestalten: Ein (Kennenlern-)Fragen-Spiel mit eigenen Haustierfotos selber machen

Wir spielen Internet: In einer großen Spielaktion lernen die Kinder die Abläufe des Internets, seine Vorzüge und Gefahren kennen.

Spiele-Apps testen und raten: Altersgemäße Spiele auf Tablets und Smartphones werden getestet und danach durch Vorspielen kurzer Szenen erraten.

Tanzende Roboter: Die Kinder bauen kleine bewegliche Figuren und lassen sie mittels der Stop-Motion-Technik tanzen.

Digital wird analog: Gaming begeistert Kinder und Jugendliche. Hier werden die digitalen Helden und digitalen Spielideen ins analoge Setting geholt.

Fälscherwerkstatt (Original und Fälschung): Kleingruppen erstellen mit Bildbearbeitung Fehler-Ratebilder von Originalfotos oder Gemäldereproduktionen.

Repair–AG: Die Kinder reparieren gegenseitig ihre defekten Lieblingsspielzeuge.

Unser Ganztagsblog: Die Kinder erstellen einen Blog über die Themen, die sie im Schulalltag und in der Freizeit interessieren.

Ich und meine Stars/Vorbilder: Jedes Kind stellt eine Collage mit einem ausgedruckten Porträtfoto von sich und einem Bild seines bewunderten Stars/Vorbilds her.

Musik-Clip raten

Jede Kleingruppe speichert aktuelle Musikclips und lässt sie von der Gesamtgruppe raten.

Alter: geeignet für alle Grundschul-Jahrgangsstufen
Dauer, Tempo: 30 – 45 min, ruhig
Aktionsform: raten, genau zuhören und zusehen, kooperieren
Gruppierung: mehrere Kleingruppen
Bildungschancen: Musikgeschmack austauschen, akustische Wahrnehmung verbessern
Material: Smartphones, Tablets mit Beamer
Vorbereitung: –

Die Gesamtgruppe wird in Kleingruppen mit ähnlichem Musikgeschmack aufgeteilt.
Nachdem von jeder Kleingruppe zwei bis drei Musikvideos (z. B. von YouTube) heruntergeladen wurden, werden sie auf eine besondere Art allen vorgespielt und es sollen dann die Gruppe bzw. der Sänger oder die Sängerin mitsamt Titel erraten werden.

1. Auf dem Smartphone oder Tablet-PC 30 Sekunden eines Musikvideos stumm abspielen.
2. Das Musikvideo 30 Sekunden lang mit einem Player wiedergeben, der Videos mit halber oder doppelter Geschwindigkeit abspielen kann. Dabei das Bild natürlich nicht zeigen. Bei den meisten Musikstücken ist das Raten bei doppelter Geschwindigkeit etwas einfacher als bei halber Geschwindigkeit. Für iOS-Geräte empfehle ich die Oplayer-App.

Erweiterungen

Nach dem Erraten der Clips können diese komplett abgespielt werden und die Gruppe kann erläutern, was sie an dem Stück oder an dem Video besonders gut findet.
Als größeres Projekt kann zu einem Lied ein eigener neuer Videoclip gedreht werden.

Tipp

Als Hilfen können dann wie bei jedem Ratespiel z. B. ein Wort aus dem Titel oder der Vorname eines Sängers genannt werden.

Pädagogischer Hinweis

Beim vollständigen Ansehen eines Clips sollte auf die Wechselbeziehung zwischen Tonspur und Bildspur aufmerksam gemacht werden, als eines der wichtigsten Gestaltungsmerkmale bei Musikvideoclips. Eine Zusammenarbeit mit dem Musikpädagogen der Schule kann sinnvoll sein (vgl. auch „Das große Like-Festival, S. 87).

Lustige Foto-Fragekarten gestalten

Ein (Kennenlern-)Fragen-Spiel mit eigenen Haustierfotos selber machen

Alter: geeignet für alle Grundschul-Jahrgangsstufen
Dauer, Tempo: 1 – 2 Stunden, ruhig bis lebhaft
Aktionsform: Medien gestalten, erfinden, Spiel erarbeiten
Gruppierung: mehrere Kleingruppen
Bildungschancen: Verständnis für Analogien und Metaphern entwickeln, Umgang mit Digitalkameras und Computern
Material: Smartphone oder Digitalkamera oder Tablet-PC; Drucker; Kartonfotopapier
Vorbereitung: Fotos von eigenen Haustieren machen und in digitaler Form mitbringen

Herstellung des Spiels

Mit einem permanenten Stift auf die Rückseite von ausgedruckten oder professionell ausbelichteten Fotos Kennenlernfragen schreiben und dann nach einer der drei folgenden Regeln spielen. Die Fragen sollten zum Foto passend ausgewählt werden. Besonders ausdrucksstarke Fotos macht man von Hunden, Katzen, Hamstern und Meerschweinchen. Vögel, Schlangen und Schildkröten oder gar Spinnen sind nicht so ergiebig oder geeignet.

Spielregelvarianten

1. Alle Fotos gemischt als Stapel übereinanderlegen. Dann nimmt jeder in der Runde ein Foto vom Stapel und übergibt die Frage an einen Mitspieler seiner Wahl zum Beantworten.
2. Alle Fotokarten werden auf dem Tisch ausgebreitet. Nachdem sie jeder gründlich anschauen konnte, schnappt sich jeder ein Foto zum Selberbeantworten – der Jüngste hat die erste Wahl, dann der Nächstältere usw.
3. Zu den Fotofragen müsst ihr euch noch (bei bis zu sieben Mitspielern) einen Würfel besorgen. Alle Fotos werden verdeckt und gemischt auf einem Stapel bereitgelegt. Mit dem Würfel erwürfelt der Kartenzieher denjenigen, dem er die Frage stellt.

Erweiterungen

Memo-Spiele mit Digitalfotos herstellen, z. B. mit einer Gesamtaufnahme des Tiers und als zugehöriges Bild eine Detailaufnahme eines Körperteils des Tieres.

Tipp

Ein Beispiel haben wir in Heft 1/2014 der Zeitschrift *gruppe & spiel* als Spiel zum Sofortspielen abgedruckt: „Der Mops fragt …“. Vier Fotos dieses Spiels finden Sie im Downloadmaterial.

Wir spielen Internet

In einer großen Spielaktion lernen die Kinder die Abläufe des Internets, seine Vorzüge und Gefahren kennen.

Alter: geeignet für alle Grundschul-Jahrgangsstufen
Dauer, Tempo: 1–2 Stunden, lebhaft
Aktionsform: bewegen, wahrnehmen, kombinieren, kooperieren
Gruppierung: alle verteilt in einem möglichst großen Raum
Material: Textblätter, Fotos, Schilder mit Rollenbezeichnung
Bildungschancen: durch gegenständliches Nachspielen digitale Prozesse und Zusammenhänge begreifen
Vorbereitung: Mit Kreide, oder besser noch mit Kreppband, wird in einem großen Raum ein Netz auf dem Boden markiert, das die Kabelverbindungen zwischen Internetknoten, Servern und Haushalten darstellt.

Die ganze Gruppe spielt Abläufe im Internet nach, indem Textblätter und ausgedruckte Fotos zwischen verschiedenen Stationen hin- und hergeschickt werden. Jede Station wird von einem oder zwei Kindern gespielt. Das Netz wird auf dem Boden aufgezeichnet oder mit Kreppband geklebt, dabei werden die Stationen erklärt und die Kinder wählen sich die Stationenrollen. Folgende Stationen sollten vorkommen: Wikipedia, Google, Facebook, Amazon, amerikanischer Netzknoten, deutscher Netzknoten, Deutsche Telekom, mehrere Haushalte (Familien), Schule XY, Hackergruppe, Werbeagentur.

Folgende Abläufe werden dann simuliert:
Ein Bild von Familie A auf Facebook hochladen, das in Kopien von Facebook an mehrere Familien, Schulen und Werbeagenturen geschickt wird.
Eine E-Mail von Familie B an Familie C über die Telekom. Dabei fängt die Hackergruppe die Adresse ab und gibt sie an die Werbeagentur weiter, die eine Spam-Mail an die beteiligten Familien schickt.
Die Schule schickt an Google eine Suchanfrage. Google leitet weiter an Wikipedia und schickt über die Werbeagentur eine Kopie an Amazon. Wikipedia schickt eine Antwort und Amazon eine passende Werbemail.

Erweiterungen
Viele weitere Vorgänge können durchgespielt werden, um Dienstleistungen und Gefahren des Internets erfahrbar zu machen.

Varianten
Die Texte und Fotos können bei einer großen Gruppe von Kindern hin- und hergetragen werden oder an Schnüre geklammert und von Station zu Station gezogen werden.

Tipp
Die Abläufe sollten immer langsam nacheinander gespielt werden, nicht simultan, damit sie von allen gut verfolgt werden können und die Spielleitung sie erläutern kann.

Pädagogischer Hinweis
Da eine solche Spielaktion viel Spaß macht, muss die Spielleitung auf eine sinnvolle Balance zwischen hektischer Betriebsamkeit und ruhiger, verständlicher Reflexion und Erklärung der Vorgänge achten.

Spiele-Apps testen und raten

Altersgemäße Spiele auf Tablets und Smartphones werden getestet und danach durch Vorspielen kurzer Szenen erraten.

Alter: geeignet für alle Grundschul-Jahrgangsstufen
Dauer, Tempo: 30–90 min, ruhig
Aktionsform: Spiele testen, darstellen, raten
Gruppierung: alle verteilt im Raum, evtl. an Tischen
Material: Tablets und Smartphones mit Spiele-Apps
Bildungschancen: Beurteilungskriterien ausdenken, Warentest üben, Medienkritik, charakteristische Medieninhalte zum Darstellen auswählen und diese erkennen
Vorbereitung: Geräte vorbereiten und zu testende Spiele herunterladen

Die Kindergruppe überlegt sich Merkmale und Kriterien, nach denen sie in Kleingruppen Spiele-Apps auf Tablets und Smartphones testen wollen. So erarbeiten sie einen Testbogen, der für alle entsprechend oft kopiert wird.
Jede Kleingruppe wählt drei bis vier Spiele einer vergleichbaren Kategorie aus, spielt sie je ca. 15 Minuten lang an und füllt danach gemeinsam einen Beurteilungsbogen aus.
Dann kommen alle zusammen und stellen ihre Spiele und deren Beurteilung vor.

Erweiterungen

In einer späteren Stunde führt jede Gruppe eine markante Szene aus einem ihrer getesteten Spiele vor und die anderen sollen den Spieletitel erraten.
Die Spieletests werden in der Schülerzeitung oder auf der Schulwebseite veröffentlicht.
Das Ziel eines Computerspiels wird in eine reale Spielsituation übertragen. Dazu eignen sich besonders gut verschiedene Adventure-Games-Typen, z. B. sogenannte Escape-Room-Games, bei denen Spieler sich durch das Lösen von Rätseln und Aufgaben innerhalb einer begrenzten Zeit aus einem Raum befreien können. Mit diesem Prinzip entwickelt eine Gruppe eine reale Spielkette. Siehe auch Seite 144.

Tipp

Falls nicht genügend Tablets zum Spieletesten zur Verfügung stehen: Für diese und weitere Projekte können Geräte auch relativ preiswert bei Verleihfirmen gemietet oder bei den Medienstellen der Bundesländer ausgeliehen werden.

Pädagogischer Hinweis

Bei der Auswahl der zu testenden Spiele-Apps muss von der pädagogischen Begleitung ein Augenmerk auf die Altersangemessenheit gelegt werden.

Tanzende Roboter

Die Kinder bauen kleine bewegliche Figuren und lassen sie mittels der Stop-Motion-Technik tanzen.

Alter: geeignet für alle Grundschul-Jahrgangsstufen
Dauer, Tempo: mehrere Einheiten à 45 min, besser Projekttage, ruhig
Aktionsform: gestalten, darstellen, werken
Gruppierung: alle verteilt im Raum, an Tischen
Bildungschancen: Medienkompetenz, Detailarbeit
Material: Digitalkameras, Stative, PC oder Laptop, Blechdosen, Schrauben, Spiralen, Draht, Kleber, Farben, Hölzer, Lampen, Stoffe, Musik, Werkzeuge
Vorbereitung: Tische fürs Werken präparieren

Jedes Kind nimmt zunächst ein Spielzeugmännchen, das in den Gelenken beweglich ist. Nun wird ein Lied ausgewählt, das den Kindern gut gefällt. Beim gemeinsamen Tanzen können sich die Kinder gegenseitig mit Smartphones filmen und anschließend ihre Bewegungen analysieren: Was mache ich mit den Armen, der Hüfte und den Beinen beim Tanzen?
Anschließend soll mittels der Stop-Motion-Technik die Figur zum Tanzen gebracht werden. Hierfür sollte jedes Team einen kleinen „Regietisch“ bekommen, an dem es ungestört arbeiten kann, und die Figuren auch stehen bleiben können, damit der Aufbau nicht immer neu geschehen muss. Wichtig ist, dass jedes Team eine Kamera mit Stativ nutzen kann, um so die Bilderserie ungestört fortsetzen zu können, denn schon kleinste Abweichungen beim Aufnehmen stören/beeinträchtigen den Filmfluss später.
Zum Abschluss der Projektwoche ist ein Kinotag mit den selbst gedrehten Filmen ein Muss – Popcorn inklusive.

Erweiterungen

Jedes Kind baut aus den Materialien eine Figur, gern auch in Partnerarbeit. Wichtig dabei ist, dass die Figur in den Gelenken beweglich ist. Am einfachsten ist dies, wenn die Konstruktion der Figur mithilfe eines Drahtgerüstes entsteht, da dieses flexibel ist und so die Figur bewegt werden kann. Die Figur kann bemalt, besprüht oder mit Alufolie verkleidet werden.
Die Filme können im hauseigenen Ganztagsblog hochgeladen werden (siehe „Unser Ganztagsblog“, S. 164).

Tipp

Neben der Software iStopMotion gibt es auch kostenlose Software wie Animator DV oder Anasazi Stop-Motion-Animator, gerade für Windows-Betriebssysteme.

Digital wird analog

Gaming begeistert Kinder und Jugendliche. Hier werden die digitalen Helden und digitalen Spielideen ins analoge Setting geholt.

Alter: geeignet für alle Grundschul-Jahrgangsstufen
Dauer, Tempo: unterschiedlich
Aktionsform: bewegen, wahrnehmen, transformieren
Gruppierung: je nach Spielidee
Bildungschancen: soziales Gruppenspiel selbst aus einem Computerspiel entwickeln
Material: je nach Spielidee, im Vorfeld Konsolen, PCs oder Handys mit Games
Vorbereitung: –

Die Kinder berichten zunächst von ihren liebsten Games, die sie spielen. Diese werden gesammelt und nach Genres unterteilt aufgelistet, hier kann beispielsweise in die Gattungen Jump'n'Run, aber auch Adventure-Games oder Quizspiele, Sportspiele und Rollenspiele unterteilt werden.

Nun wird geschaut, welche Spiele den größten Anklang haben und wie die Spielgeschichte der einzelnen Spiele ist. Im Anschluss wird gemeinsam überlegt, wie diese analog umgesetzt werden können. Für ein Jump'n'Run-Spiel, in dem ein digitaler Held durch die Gegend rennt, springt und beispielsweise Münzen oder andere wichtige Belohnungsgegenstände einsammelt, kann die Turnhalle in eine Spiellandschaft verwandelt werden, in der Sachen mitgenommen und transportiert werden müssen.

Besonders schön ist es, wenn das Spielsetting hierbei berücksichtigt wird, indem die Landschaft des Spiels auch umgesetzt wird. Super Mario läuft beispielsweise durch das Pilzkönigreich und sammelt Pilze und Sterne, um schneller voran zu kommen.

Auch *Mario Kart* kann mithilfe von Fahrgeräten wie Kettcar oder Rollern ins analoge Spiel umgesetzt werden. Hierbei müssen immer wieder unterschiedliche Rennstrecken auf dem Schulhof entstehen. Anstelle von Gegenständen, die im Spiel überfahren werden müssen, können unterwegs knifflige Geschicklichkeitsaufgaben oder Hindernisse die Rennsituation flexibel und aufregend gestalten. Das gegeneseitige sich Behindern, was auch einen Reiz in diesem Spiel ausmacht, kann an heißen Sommertagen ein Wassereimer mit Schwämmen sein, der sich an einer

Stelle im Parcours befindet. Hier dürfen sich die Fahrer einen Schwamm mitnehmen und auch auf die Renngegner werfen.

Verschiedene Point & Click-Spiele kann man in einen kleinen Escape-Raum umwandeln, in dem die Kinder rätseln müssen, um so einen Code zu knacken. Solche Räume können sich die Kinder auch mit Hilfe jeweils einer Fachkraft pro Kleingruppe gegenseitig bauen, sie sind im Endeffekt wie eine kleine Indoor-Schnitzeljagd. Aufwendige Vorhängeschlösser oder Technik sind nicht zwingend notwendig, und die Kinder haben viel Spaß beim Rätselstellen und auch beim Lösen.

Erweiterungen

Um das Spiel *Minecraft* analog umzusetzen, bedarf es nur Legosteine. Auch Pappkartons, die ähnlich wie die bekannten Spielsteine aufgebaut sind, können im Internet bestellt werden und so kann eine begehbare *Minecraft*-Welt entstehen.

Varianten

Einige Computerspiele können auch in Brettspiele umgewandelt werden, indem sich Super Mario beispielsweise durch Würfeln vorwärtsbewegt und seine Booster über Ereigniskarten erhalten kann.

Tipp

Wenn Shooter-Spiele bei der ersten Auflistung der Lieblingsgames genannt werden, können auch diese mit Softbällen analog umgesetzt werden. Nur muss an dieser Stelle ein wichtiges Gespräch über Altersfreigabe und Spielformen stattfinden. Grundsätzlich ist bei dieser Spielaktion wichtig, nur Spiele auszuwählen, die der jeweiligen USK der Kinder entsprechen.

Pädagogischer Hinweis

Das Gaming gehört zur Alltagswelt von Kindern. Es ist wichtig, eine gute Schnittstelle zu finden/zu gewährleisten, die Kinder mit ihrer Faszination ernstnehmen und gleichzeitig Gruppenprozesse positiv gestalten.

Fälscherwerkstatt (Original und Fälschung)

Kleingruppen erstellen mit Bildbearbeitung Fehler-Ratebilder von Originalfotos oder Gemäldereproduktionen.

Alter: geeignet für ältere Grundschul-Jahrgangsstufen
Dauer, Tempo: 1–2 Stunden, ruhig
Aktionsform: Bildbearbeitung, digital gestalten, kooperieren
Gruppierung: mehrere Kleingruppen an Computern
Vorbereitung: eine grundsätzliche Einführung in die Benutzung eines Bildbearbeitungsprogramms
Bildungschancen: Genauigkeit in visueller Wahrnehmung fördern, Grundlagen der Bildbearbeitung erlernen
Material: je Gruppe mindestens ein hochaufgelöstes Digitalfoto; einfach zu handhabendes Bildbearbeitungsprogramm (wie z. B. Corel Photo Impact oder Photoshop Elements); Computer-Arbeitsplatz

Jede Gruppe verändert ein Foto oder fotografiertes Gemälde mit Mitteln der digitalen Bildbearbeitung. Im Downloadmaterial werden an einem Beispielfoto zehn verschiedene Veränderungsarten beschrieben und wie sie erzeugt werden. Dann druckt jede Gruppe ihr Originalfoto und die veränderte Fassung aus (möglichst in Farbe) und gibt die Fehlersuchaufgabe an eine andere Gruppe weiter.

Erweiterungen

Die Schwierigkeit, die Veränderungen zu erkennen, kann durch Anzahl und Art der erstellten „Fehler" verringert oder vergrößert werden.

Variante

Statt mit digitaler Bildbearbeitung, kann auch auf analoge Weise eine Bildveränderung, vor allem bei Gemälden, erstellt werden: Dazu wird ein möglichst groß ausgedrucktes Foto eines Gemäldes mit einem Malpinsel entsprechend dem Malstil des Künstlers verändert, wieder abfotografiert und entweder digital oder ausgedruckt neben das Originalfotogemälde als Suchaufgabe präsentiert.

Tipp

Stehen Tablets zur Verfügung, können auch einfache Bildbearbeitungs-Apps genutzt werden.

Viele Bildveränderungsmöglichkeiten bietet das kostenlose Programm Faststone Image Viewer für Windows-Rechner.

Pädagogischer Hinweis

Wie bei der Erstellung anderer Rätselbilder, muss die Gruppe auch hier die Wahrnehmungsgenauigkeit der Gruppe, für die sie das Fotorätsel erarbeitet, gut einschätzen, um den Schwierigkeitsgrad für die Veränderungen angemessen bestimmen zu können. Diese Fähigkeit könnte man „visuelle Empathie" nennen.

Repair-AG

Die Kinder reparieren gegenseitig ihre defekten Lieblingsspielzeuge

Alter: geeignet für ältere Grundschul-Jahrgangsstufen
Dauer, Tempo: 45 min, ruhig
Aktionsform: reparieren, kommunizieren, werken
Gruppierung: in Kleingruppen an Tischen
Bildungschancen: werken, reparieren
Material: unterschiedliche Werkzeuge, Handarbeitssachen etc.
Vorbereitung: Präparieren der Tische zum Werken

Das Lieblingsspielzeug geht kaputt, der Puppe fehlt ein Auge und die Hände und Pfoten des Teddys sind durchgewetzt. Alltag in den Kinderzimmern. Eine Repair-AG bietet hier Abhilfe. Gemeinsam mit einer pädagogischen Fachkraft, die handwerklich sehr begabt sein sollte, können diese Dinge gegenseitig repariert werden. Die Kinder erlernen so den Umgang mit unterschiedlichen Werkzeugen und – was noch viel wichtiger ist – Sachen wieder zu reparieren anstatt sie wegzuwerfen. Das gegenseitige Helfen rückt dabei in den Mittelpunkt. Bei Gerätschaften, die viel technisches Know-How beinhalten, kann eine Anfrage bei einem ortsansässigen Elektriker für eine Kooperation erfolgen, als einmaliges Special-Angebot für die Kinder von den Auszubildenden des Betriebes.

Erweiterungen

Wenn Dinge wirklich irreparabel sind, können diese auch auseinandergenommen und analysiert werden. Vielleicht gibt es für das ein oder andere Teil noch Verwendung?
Dinge nicht gleich wegzuwerfen, sondern ihnen einen neuen „Sinn" zu geben, ist auch der Gedanke bei vielen Upcycling-Projekten. Dort werden aus leeren Tetrapaks beispielsweise Geldbörsen oder Vogelfutterstellen für den Winter.
Für technisch wesentlich Interessierte können auch unterschiedliche Medienpädagogen als Kooperationspartner für eine Maker-AG angefragt werden, wo Kinder erste Zusammenbauten kleiner Roboter erlernen.

Variante

Vor einem Ausflug oder vor den Ferien können auch die eigenen Fahrräder repariert werden. Größeres Material, wie neue Schläuche oder andere Ersatzteile, müssen die Fahrzeughalter selbst mitbringen.

Tipp

Bei einer guten Öffentlichkeitsarbeit durch die Schule gestaltet es sich einfacher, Handwerksbetriebe zur Unterstützung mit ins Boot zu holen. Durch einen Bericht in der Presse und Nennung des Betriebes, kann der Einsatz eine sehr gute Werbung für die jeweilige Firma sein.

Pädagogischer Hinweis

Das Verlassen eines aufgeräumten Arbeitsplatzes und Zurückräumen des Werkzeugs ist auch ein wichtiger Teil dieser Aktion. Die Kinder werden merken, dass die Werkzeuge sich schneller wiederfinden lassen, wenn sie feste Plätze haben.

Unser Ganztagsblog

Die Kinder erstellen einen Blog über die Themen, die sie im Schulalltag und in der Freizeit bewegen.

Alter: geeignet für ältere Grundschul-Jahrgangsstufen
Dauer, Tempo: wöchentlich, ca. 90 Minuten
Aktionsform: berichten, recherchieren, Medienkompetenz entwickeln
Bildungschancen: Medienkompetenz
Gruppierung: in Kleingruppen
Material: internetfähige PCs oder Laptops, Kameras
Vorbereitung: siehe Tipp

Eine Schülerzeitung erscheint nun in moderner Form. In einem Blog können die Kinder über Schulaktionen berichten, Fotos und Videos einstellen. In dieser AG-Form wird eine Redaktion für diesen Blog gebildet. Dabei sollen die Kinder ihre Sachen auch selbst online stellen, nur sollten Rubriken gebildet werden, die regelmäßig bedient werden.
Folgende Rubriken können für Eltern und vor allem für andere Kinder interessant sein:

- die besten Zitate der Woche
- die Lieblingsspiele am Nachmittag
- die Lieblingsbrettspiele
- Lieblingsbücher
- die besten Rezepte der Mensa

Auch Interviews mit neuen Kindern der Schule, mit Lehrern, Hausmeistern, Erziehern sind hier möglich. Tipps zu den AGs oder zu Veranstaltungen der Schule finden sich auch hier wieder.
Wichtig ist, dass die pädagogische Fachkraft sich mit den Kindern gemeinsam gute Rubriken überlegt, die auch über einen längeren Zeitraum immer wieder aktualisiert werden können und sowohl für die Leser als auch die Redaktion interessant und spannend bleiben.

Tipp

Das Einrichten des Blogs mit dem entsprechenden Domainnamen sollte schon im Vorfeld von der pädagogischen Fachkraft erfolgen. Hierbei muss recherchiert werden, ob ein Web-Hosting-Dienst genutzt wird, der gegen eine monatliche Gebühr auch werbefrei erscheinen kann, oder ob der Blog auf dem schuleigenen Server liegen kann.
Zu empfehlen ist außerdem Wordpress, eine werbefreie Software, die auch auf dem eigenen Webspace genutzt werden kann. Beiträge in einen Wordpress-Blog lassen sich von jedem Computer oder Tablet-PC aus einfügen.

Pädagogischer Hinweis

Für das Einstellen von Fotos und Videos, auf denen Kinder erkennbar abgebildet sind, muss eine schriftliche Einverständniserklärung der Eltern vorliegen.

Ich und meine Stars/Vorbilder

Jedes Kind stellt eine Collage mit einem ausgedruckten Porträtfoto von sich und einem Bild seines bewunderten Stars/Vorbilds her.

Alter: geeignet für alle Grundschul-Jahrgangsstufen
Dauer, Tempo: 2 x 30–45 min, ruhig
Aktionsform: fotografieren, recherchieren, kombinieren
Gruppierung: alle verteilt im Raum an Tischen
Bildungschancen: über Vorbilder diskutieren, analoge und digitale Collagetechniken lernen
Material: Geräte zum Aufnehmen und Ausdrucken von Digitalfotos
Vorbereitung: –

Jedes Kind benennt einen Star, ein Vorbild oder eine als „Held" zu bezeichnende Person. Das kann auch eine Gruppe, eine Person aus der Geschichte oder Verwandtschaft oder eine Lehrperson sein. Von dieser Person wird ein Foto im Internet gesucht oder aufgenommen oder mitgebracht.
Dann fotografieren sich die Kinder gegenseitig, drucken die Aufnahmen aus und kleben sie mit dem Starbild zu einer Collage zusammen.
In einer Schlussrunde stellt jedes Kind seine Collage vor und erzählt, was es an seinem Star bewundert.

Erweiterungen

Ausstellung der Collagen gestalten und mit den Fanclubs der Stars Kontakt aufnehmen.
Porträts der Kinder in typischem Ausdruck und Haltung ihrer Stars fertigen und auf abfotografierte passende Zeitschriftentitelblätter digital montieren oder ausdrucken und kleben. Einzelheiten zu dieser Projektidee: „Covergirls und Coverboys" unter www.lag-kunst-und-medien.de.

Variante

Die Collagen werden mithilfe digitaler Bildbearbeitung erstellt, indem die Kinderbilder vor einem einfarbigen (vorzugsweise grünen) Hintergrund aufgenommen werden. Das Kinderporträt wird dann (z. B. mit dem „Zauberstab"-Auswahlwerkzeug) freigestellt und in ein Bild des Stars hineinkopiert.

Tipp

Bei den Aufnahmen der Kinderporträts ist bereits zu berücksichtigen, dass die Haltung und Gestik der Kinder zu den Starbildern passen sollten, um gut zur Collage zusammengefügt werden zu können.

Pädagogischer Hinweis

Je nach Zeit und Motivation der Kinder sollte über die Thematik Vorbilder, Verhalten von Stars und Medienvermarktung gesprochen werden (vgl. auch „Das große Like-Festival", S. 87).

Natur und Umwelt

Umweltwissen wird in jedem Sachkundeunterricht vermittelt. Durch das Erleben in ganzheitlichen Spielprojekten kann aus diesem Wissen ein grundlegendes Umweltbewusstsein und ein umweltgerechtes Handeln entstehen. Die Wahrnehmung der Umwelt, dabei jedoch den Fokus auf die natürliche Umwelt gerichtet, steht im Mittelpunkt. Kreativ mit den Materialien umgehen, alles sinnlich erforschen – das regt zum weiteren Nachdenken über die Natur an. Die pädagogischen Mitarbeiter machen ihre Achtung gegenüber der Natur und der Umwelt dabei deutlich erkennbar. Dann bleiben Nachhaltigkeit und ökologisches Handeln keine leeren Worthülsen, sondern werden mit Werten, Handlungen und Erfahrungen gefüllt.

Flusslauf indoor: Der Wasserkreislauf wird nachgespielt mit der Gestaltung eines Flusses und mehreren symbolischen kleinen Stationsspielen.

Horchen und Lauschen: Geräusche wahrnehmen und unterschiedlich darstellen

Geräusche-Detektive: Mit Smartphones werden Geräusche in der Schule und der Umgebung festgehalten und der Standort soll erraten werden.

Experimente am Bach: Die Kinder machen einen Spaziergang zu einem nahegelegenen Bach und nehmen ihn mit allen Sinnen wahr.

Wir machen natürlich Kunst: Aus den Materialien der Natur und in der Natur machen die Kinder gemeinsam Kunst.

Spielkette mit Laub: Eine Spielkette mit mehreren kleinen Spielen, bei denen achtsam mit Sommer- oder Herbstblättern umgegangen wird

Naturdenkmal-Ausstellung: Teams erstellen mit gesammelten Materialien aus der Natur kleine Kunstwerke, die in ein großes Gurkenglas passen sollen.

Lehmbaustelle: Mit dem natürlichen Baustoff Lehm darf nach Herzenslust gematscht werden, kleine und größere Skulpturen bis riesige Bauwerke entstehen.

Tierunterkünfte selbst bauen: Die Kinder recherchieren, welche Insektenunterkünfte und Vogelhäuser sie für den Schulhof erstellen wollen, und bauen diese.

Das Ratespiel mit dem Unsichtbaren: Ratebilder mit Mikroskop-Fotografie von Naturmaterial und Oberflächen erstellen

Flusslauf indoor

Der Wasserkreislauf wird nachgespielt mit der Gestaltung eines Flusses und mehreren symbolischen kleinen Stationsspielen.

Alter: besonders für jüngere Grundschul-Jahrgangsstufen geeignet
Dauer, Tempo: 30–90 min, ruhig und bewegt
Aktionsform: gestalten, bewegen, wahrnehmen, kooperieren
Gruppierung: alle verteilt im Raum
Material: große Papierbahn (z. B. Tapetenrolle), blaue Abtönfarbe, drei Decken
Bildungschancen: naturwissenschaftliches und technisches Wissen zum Thema Wasser, gemeinsames Gestalten, mit symbolischen Spielen reale Abläufe darstellen
Vorbereitung: Plastikfolie oder Zeitungspapier unter ein Ende der Papierbahn gegen Farbverschmutzung des Bodens legen

Die Kinder erzeugen einen eigenen Flusslauf. Dazu wird eine mindestens drei Meter lange Papierbahn (z. B. Tapetenrolle) ausgerollt. An einem Ende und den beiden Längsseiten wird die Bahn leicht hochgehalten, sodass ein sanftes Gefälle entsteht. Ein Kind gießt dann vorsichtig und langsam vom angehobenen Ende aus flüssige blaue Farbe auf die Bahn. Durch das Fließen der Farbe entsteht ein Flusslauf. An passenden Stellen des entstandenen Flussbildes können Schleusen, Schiffsanlegestellen, vielleicht sogar ein Stausee, ein Hafen, ein Nebenarm oder Zulauf dazu gemalt werden.
Ist die Flusslandschaft fertig, kann die Reise eines Fisches oder Ruderboots von der Quelle bis zur Mündung gespielt werden. An einzelnen Stationen spielen alle folgende Spiele:

Gebirgsbach mit Felsen: 5–7 Kinder legen sich bäuchlings eng nebeneinander auf den Boden, eine Decke wird über ihre Rücken gebreitet. Alle anderen Kinder rollen sich als Wasser über dieses steinige Flussbett.
Kinder springen über Steine ans andere Flussufer: Mit Bierdeckeln (oder Papptellern) wird ein Parcours gelegt.
Lachstreppe: Bockspringen über drei Kinder.
Hängebrücke über dem Fluss: Spielpaare stellen sich gegenüber, legen ihre Handflächen aneinander und gehen so weit wie möglich auseinander.

Schiffshebewerk: Fünf oder sieben Kinder bilden eine Kleingruppe. Vier bzw. sechs Kinder heben ein Kind vom Boden auf einen Tisch.
Hafen: Pantomimisch stellen Kleingruppen Maschinen im Hafen dar, z. B. einen großen Kran, ein Förderband zum Transport von Schüttgut, ein Lotse dirigiert einen großen Frachter.
Ruderverein: jeweils drei Kinder hocken sich eng hintereinander auf eine Decke und rutschen auf glattem Boden vorwärts.
Staudamm: Zwei Halbgruppen stellen sich Rücken an Rücken. Gruppe A drückt gegen die Gruppe B (Staumauer), die aber dagegenhält. Danach Rollenwechsel.
Feuchtbiotop am alten Flussarm: Alle machen typische Tierstimmen (Frösche, Vögel) und Wasserplätschern nach.

Erweiterungen

Einen Wasserkreislauf nachbilden, indem ein Fluss mit Abtön- oder Fensterfarbe auf eine wasserfeste Folienbahn gemalt wird. Die Bahn wird auf eine Tischreihe gelegt und so unterpolstert, dass Wasser entlangrinnen kann. Am Ende fließt das Wasser in eine Schüssel. Dort kann es mit einem gelben Schwamm (Sonne, Wolken) aufgenommen werden. Dann regnen sich die Wolken über dem Quellgebiet ab.

Varianten

Geschichten erfinden: Kleine Papierfische oder -boote basteln. Während ein Kind mit seinem Fisch oder Boot einen Flussabschnitt entlangschwimmt, erzählt es, was da passiert, was es alles zu sehen gibt.

Horchen und Lauschen

Geräusche wahrnehmen und unterschiedlich darstellen

Alter: geeignet für alle Grundschul-Jahrgangsstufen
Dauer, Tempo: 30–45 min, ruhig
Aktionsform: bewegen, wahrnehmen
Gruppierung: alle verteilt im Raum, evtl. an Tischen
Bildungschancen: wahrnehmen, Sensibilisierung, Rhythmik erleben
Material: Stifte, Papier
Vorbereitung: –
Siehe auch: Spiel „Geräusche-Detektive“, Seite 171

Jedes Kind bekommt ein Blatt Papier und zwei Farb- bzw. Filzstifte. Dann sucht jede Person einen Platz, an dem sie sich wohlfühlt, schließt die Augen und horcht auf die Geräusche der Umgebung. Die Geräuschelandkarte wird folgendermaßen dargestellt:
Ins Zentrum wird ein Stern o. Ä. gemalt. Dieser charakterisiert die Position, an der man sich selbst befindet.
Dann werden die Geräusche rund um diesen Stern in der richtigen Richtung und Entfernung eingetragen. Es sollen dabei keine Zeichnungen gemacht werden, stattdessen sollen einige Striche die Geräusche charakterisieren – zum Beispiel Wellenlinien für Wind, Zickzack für ein vorbeifahrendes Motorrad usw.
Durch die Verwendung von zwei Farben können als angenehm bzw. unangenehm erlebte Geräusche gekennzeichnet werden.
Immer wieder die Augen schließen und bewusst hören!
Nach etwa zehn Minuten trifft die Gruppe wieder zusammen und vergleicht die Geräusche-Landkarten.
Für die Kommunikation über die Geräusche-Landkarten können die folgenden Fragen hilfreich sein:

- Wie viele verschiedene Geräusche wurden gehört?
- Wer bzw. was hat sie hervorgerufen?
- Wie ist das Verhältnis zwischen „natürlichen“ und „zivilisatorischen“ Geräuschen?
- Welche davon wurden als angenehm erlebt, welche als unangenehm und warum?
- Wie viele dieser Geräusche (oder vermutliche: wie wenige) wurden bereits vor dieser Übung bewusst wahrgenommen?

Erweiterungen

Die Kinder können die gehörten Geräusche nicht nur in Form einer Bildgestaltung, sondern auch in einer einfachen Body Percussion umsetzen. Klatschen, stampfen, schnipsen und vieles Mehr ist für diese Form der Darstellung möglich.
Zusätzlich können auch Geräusche von Teilen der Kindergruppe im Raum gemacht werden. Hierbei wird besonders das Richtungshören gefördert. Die zuhörenden Kinder können mit geschlossenen Augen auf die jeweilige Richtung der Geräuschquelle dann zeigen.

Geräusche-Detektive

Mit Smartphones werden Geräusche in der Schule und der Umgebung festgehalten, und der Standort soll erraten werden.

Alter: geeignet für alle Grundschul-Jahrgangsstufen
Dauer, Tempo: etwa 90 min, lebhaft
Aktionsform: bewegen, wahrnehmen, kombinieren, raten
Gruppierung: mehrere Kleingruppen
Bildungschancen: bewusstes akustisches Wahrnehmen, Geräuschkulisse in der Umgebung verorten
Material: Smartphones oder andere Tonaufzeichnungsgeräte, Notizblätter mit Schreibunterlage, evtl. Augenklappen
Vorbereitung: evtl. Vorübungen im Raum

Es werden mehrere Teams von Geräusche-Detektiven gebildet. Jede Gruppe benötigt mindestens ein Notizblatt mit Schreibunterlage und ein Tonaufzeichnungsgerät (z. B. Smartphone). So ausgestattet, schwärmen die Detektive aus und sollen je Team drei bis fünf Geräuschkulissen an interessanten Orten innerhalb und außerhalb der Schule aufnehmen. Für jede Aufnahme reichen 30 Sekunden. Während der Aufnahmen werden alle Geräusche aufgelistet, die bei konzentriertem Hören (evtl. mit geschlossenen Augen) im Vorder-, aber auch im Hintergrund zu hören sind.

Sind alle Teams wieder zurück, kann eine Geräuscheort-Ratestation aufgebaut werden: Jeweils vier Geräusche werden auf ein Gerät kopiert. Durch Anhören (mit Kopfhörern) sollen die Geräusche und zugehörigen Aufnahmeorte erraten werden.

Auf einem Blatt neben jedem Abspielgerät stehen die Orte in zufälliger Reihenfolge. Die Auflösung steht dann auf der Rückseite: In einer Karte werden die Orte angekreuzt, von denen die Aufnahmen stammen. Darunter werden die zu hörenden Geräusche (wie auf den Blättern notiert) aufgelistet.

Erweiterungen

Eine Geschichte mit einer Auswahl der aufgenommenen Geräuschkulissen erfinden und erzählen oder sogar in ein richtiges Hörspiel verwandeln.

Das Spiel kann zur „Umweltdetektive-Ausbildung“ ausgeweitet werden. Dann suchen Teams im nahen Park seltene Pflanzenformen oder Steinmuster o. Ä. und halten diese mit Fotos und Skizzen oder mittels Frottagetechnik fest. Für ältere Kindern kann das Thema auch „Umweltverschmutzung in der Schulumgebung“ lauten.

Pädagogischer Hinweis

Durch Vorübungen im Gruppenraum können die Kinder für eine differenzierte akustische Wahrnehmung sensibilisiert werden: Alle schließen die Augen. Die Kinder machen im Raum Geräusche an ungewöhnlichen Stellen. Nun soll geraten werden, wie sie erzeugt wurden. Vgl. Spiel „Horchen und Lauschen“, Seite 170.

Experimente am Bach

Die Kinder machen einen Spaziergang zu einem nahegelegenen Bach und nehmen ihn mit allen Sinnen wahr.

Alter: geeignet für alle Grundschul-Jahrgangsstufen
Dauer, Tempo: 45 min, gern auch mehr
Aktionsform: wahrnehmen, erforschen
Gruppierung: Plenum und Zweiergruppen
Bildungschancen: Wahrnehmen differenzieren, Umwelterfahrung
Material: Schnüre, Blätter, Stifte, Feinstrumpfhosen, Draht, Nadel, Faden, flache weiße Schale, Lupe, entsprechende Kleidung für die Kinder
Vorbereitung: –

Aus Strumpfhose, Nadel, Faden und Draht werden einfache Kescher hergestellt. Diese können mit den Kindern schon im Vorfeld gebastelt werden. Aus dem Draht wird ein Kreis gebogen. Von der Strumpfhose wird ein Bein abgeschnitten und über den Ring gezogen, anschließend mit Nadel und Faden vernäht. Fertig ist ein kleiner Kescher.
Der Bach wird von den Kindern paarweise oder in Kleingruppen mit allen Sinnen erforscht. Dafür können beispielsweise folgende vier Stationen vorbereitet werden:

- Mit einem Stück Schnur von ca. 40 cm grenzt jedes Kind ein kleines Stück am Bachufer ab. Nun versucht man, unterschiedliche Pflanzen zu entdecken. Für jede Pflanze macht man einen Strich.
- Die Kinder setzen sich an einen Teil des Baches, wo sie ungestört sind. Dann schließen sie die Augen und hören genau hin. Welche Geräusche können sie dort wahrnehmen? Die Ergebnisse halten sie schriftlich oder zeichnerisch fest und berichten sich gegenseitig darüber.
- An einem Uferstück lässt sich jeder nieder und beobachtet die dort wachsenden Pflanzen. Die drei Pflanzen, die ihm am besten gefallen, zeichnet er so detailgetreu wie möglich ab.
- Nun kommt der Kescher zum Einsatz. Mit einem Stock wird der Boden des Baches etwas aufgewühlt. Mit dem Kescher versuchen die Kinder kleine Lebewesen einzufangen. Der Kescherinhalt wird in die weiße, mit Was-

ser gefüllte flache Schale gefüllt. Hat man ein Tierchen einfangen können? Wenn nicht, ruhig einen weiteren Versuch wagen. Die kleinen Lebewesen können nun durch eine Lupe betrachtet werden. Die interessantesten Tierchen können abgezeichnet werden. Nach dem Zeichnen wird der Schaleninhalt in den Bach zurück geleert.

Auch die angrenzende Wiese und das Bach-ufer werden nun mittels Becherlupen untersucht. Wie viele unterschiedliche Insekten und Würmer befinden sich dort? Mit einem exikon kann ermittelt werden, um welches Tier es sich handelt. Die interessantesten werden auch detailgetreu abgezeichnet.
Besonders schön ist es, wenn die Kinder ein eigenes kleines Skizzenheft haben, in dem sie sich ihre Forscherergebnisse oder Fragen, die aufkommen, notieren.

Erweiterungen

Viele weitere Stationen können hier rund um den Bach entstehen, wie z. B. die Wassertiefen messen oder die Fließgeschwindigkeit ermitteln.

Auch am Ufer können einige Tiere beobachtet werden, wenn es leise und nicht hektisch zugeht. Außerdem kann die Wassergüte ermittelt werden. Im Anschluss kann eine Wasserfilteranlage gebaut werden, in der mittels Steine, Sand und Filterpapier Schmutzstoffe aus dem Wasser gefiltert werden.

Tipp

Auch ein gemeinsames Picknick mit Wassergeschichten kann ein schöner Abschluss sein. Für einen gemeinsamen Abschluss können kleine selbst gebastelte Flöße aus Naturmaterialien eine Regatta fahren.

Pädagogischer Hinweis

Der Spielleiter sollte den Kindern einen sensiblen und verantwortungsvollen Umgang mit der Natur vermitteln. Der Unterschied zwischen begradigten und natürlichen Gewässern sollte den Kindern am Bach klargemacht/verdeutlicht werden.

Wir machen natürlich Kunst

Aus den Materialien der Natur und in der Natur machen wir gemeinsam Kunst („Land-Art").

Alter: geeignet für alle Grundschul-Jahrgangsstufen
Dauer, Tempo: mehrere Einheiten à 45 min, ruhig
Aktionsform: wahrnehmen, gestalten, verändern
Material: Kleber, Abtönfarben, Pinsel, schwere Bücher, selbstklebende Wackelaugen, Kreide, Kamera, Laminiergerät, Kleister, Transparentpapier, leere Schraubgläser, Lackstifte

Bildungschancen: Natur genauer wahrnehmen, mit Naturmaterialien ästhetisches Gestalten lernen
Gruppierung: alle gemeinsam im Raum oder in der Natur
Vorbereitung: mit den Kindern gemeinsam Kieselsteine sammeln und säubern, buntes Herbstlaub zwischen Büchern pressen

Wir werden gemeinsam zu Künstlern!
Nachdem Kieselsteine unterschiedlicher Größe gesammelt und gesäubert worden sind, suchen sich alle Kinder einige heraus. Nun wird überlegt: Kann dies ein Männchen werden oder ein Frosch? In Partnerarbeit kleben und halten die Kinder die Steine so lange fest, bis der Kleber getrocknet ist. So entstehen Figuren und Skulpturen. Diese können nach dem Trocknen bemalt werden. Natürlich müssen nicht unbedingt Skulpturen und Steinfiguren geklebt werden, einige Steine laden schon durch ihre Form zum Bemalen ein. Die Wackelaugen erwecken die Figuren nahezu zum Leben.
Bei einem Streifzug in Kleingruppen durch die Natur kann man auch unterschiedliche Formen entdecken. Eine runzlige Borke eines Baumes mit einem Astloch sieht vielleicht aus wie ein Waldgeist. Hier können auch die Wackelaugen zum Einsatz kommen und die Kontur mit Kreide nachgemalt werden. Wenn alle Kleingruppen ihre Waldwesen so markiert haben, kann anschließend ein Museumsgang von Kunstwerk zu Kunstwerk erfolgen. Auf dem Rückweg kann buntes Herbstlaub eingesammelt werden.
Das bunte Herbstlaub wird zwischen schweren Büchern gepresst, wenn keine Blumenpresse vorhanden ist. Um den Vorgang des Trocknens zu beschleunigen, kann man die Blätter zwischen Löschblätter legen. Wenn das farbenfrohe Herbstlaub getrocknet ist, werden die Rippen mit Lackstiften nachgezeichnet.

Erweiterungen

Das getrocknete Herbstlaub kann auch mit Kleister auf einem ausgemusterten Schraubglas geklebt werden, so entstehen stimmungsvolle Windlichter.

Die Blätter, die mit den Lackstiften verschönert wurden, können mit einem Transparentpapier gemeinsam laminiert werden. Zusammengerollt und oben und unten festgetackert, kann es auch zum Windlicht oder zum Serviettenring werden.

Auch Traumfänger oder Mobiles können aus Naturmaterialien entstehen. Hierzu werden schöne Naturgegenstände gesammelt und anschließend mit schönem Stickgarn oder Bast und Draht miteinander verbunden. Die in der Erweiterung gebastelten Kunstwerke können das Klassenzimmer schmücken oder auch auf einem Handwerker- oder Kunstmarkt angeboten werden.

Noch eine Spielidee:

Pssst – ein ruhiges Spiel in Kleingruppen. Die Teilnehmer dürfen in diesem Spiel nicht miteinander sprechen. Jede Kleingruppe hat Naturmaterialien zur Verfügung. Der Spielleiter nennt einen Oberbegriff, zum Beispiel Tier, Möbelstück, Sportart, Kleidungsstück etc. Nun legen die Teilnehmer abwechselnd immer ein Material (zum Beispiel einen Stein, ein Stöckchen, ein Stück Rinde) auf die gemeinsame Gestaltungsfläche, um so ein passendes Kunstwerk zum Oberbegriff zu gestalten. Nonverbal wird sich in diesem Schaffensprozess geeinigt, gemeinsam entsteht dann ein Kunstwerk, was zu dem Begriff passt. Dieses Spiel fördert die Kreativität und die Kooperation im Team.

Tipp

In Ausgabe 02/2015 der Zeitschrift *gruppe & Spiel* zum Thema *Land-Art Street-Art* sind viele spielerische Zugänge zu diesem Thema enthalten, zudem 16 Spielkarteikarten zu Land-Art-Spielen.

Pädagogischer Hinweis

Gerade bei dem Waldgeist-Spiel ist es gut, eine leicht mystische Atmosphäre zu schaffen. Das Eintauchen mittels einer Geschichte in eine Fantasiewelt weckt die Imaginationsfähigkeit der Kinder. So können sie einfacher nach den „Spuren der Waldgeister" Ausschau halten.

Spielkette mit Laub

Eine Spielkette mit mehreren kleinen Spielen, bei denen achtsam mit Sommer- oder Herbstblättern umgegangen wird

Alter: eher für jüngere Grundschul-Jahrgangsstufen geeignet
Dauer, Tempo: 30 – 60 min, ruhig
Aktionsform: bewegen, wahrnehmen, kombinieren, kooperieren
Gruppierung: alle verteilt im Raum, teilweise im Kreis
Bildungschancen: ganzheitliche Materialerfahrung, Konzentration, Achtsamkeit, Sensibilisierung der Bewegungen
Material: viele Blätter aus dem Sommer oder Herbst, ruhige Musik, Wollfäden
Vorbereitung: Blätter können evtl. von einem Ausflug mitgebracht werden.

Forscherstation: Die Blätter werden genau untersucht und ihre verschiedenen Formen, Farben und Oberflächen benannt. Fühlen, riechen, am Blattrand tasten – Zeit lassen beim Erforschen mit allen Sinnen: Blätter genau vergleichen durch Beschreiben, Abwiegen, Ausmessen. In einem Buch wird nachgeschaut, von welchen Bäumen bzw. Pflanzen die Blätter stammen und wie man die einzelnen Teile eines Blattes bezeichnet. Besonders nachhaltig werden die verschiedenen Blattformen erfasst, wenn der Umriss mit Fäden nachgelegt wird.
Blättermusik: In einen großen Karton werden Blätter gefüllt. Alle schließen die Augen und ein Kind geht mit dem Karton in verschiedene Raumecken und erzeugt durch rhythmisches Bewegen der Blätter unterschiedliche Geräusche. Die Kinder zeigen mit ihren Armen auf die Richtung, aus der sie die Geräusche hören. Blättertransport: Dann werden die Blätter auf verschiedene Weise vorsichtig im Kreis herumgegeben. Spielregel: Möglichst kein Blatt soll kaputtgehen oder herunterfallen! Mit einer ausgeklügelten Strategie klappt sogar die Weitergabe von Fuß zu Fuß. Die lustigen Verrenkungen üben gleichzeitig die Fein- und Grobmotorik. Sehr viel Geschick erfordert das Weitergeben von Schulter zu Schulter – sogar ohne Benutzung der Hände.
Blättertanz: Die Blätter werden auf einen Handrücken gelegt und dann soll damit zu ru-

higer Musik durch den Raum getanzt werden. Als Variante können Blätter auch auf die Köpfe gelegt und so zu zweit getanzt werden.

Blättersturm: Die Blätter werden nun fallengelassen und dabei genau beobachtet. Dann soll das Herabsegeln mit dem eigenen Körper nachgemacht werden.

Laubbläser: Alle heruntergesegelten Blätter werden nun auf dem Boden zu einem großen Haufen zusammengepustet.

Erweiterungen

Mit Bildbearbeitung grüne Sommerblätter zu Herbstblättern verfärben. Die Verfärbung mit vielen Zwischenstufen zu einem Kurzvideo (oder GIF) zusammenfügen.

Verschiedene Blätter unter dem Mikroskop betrachten und untersuchen (siehe „Das Ratespiel mit dem Unsichtbaren", Seite 182).

Mit essbaren Blättern einen Salat zubereiten.

Varianten

Mit Blättern Namen und Zahlen legen und so auf einen Plakatkarton aufkleben.

Tipp

Beim Ertasten mit geschlossenen Augen ist der Eindruck besonders intensiv. Die Reduzierung auf einen einzelnen Sinnesreiz fördert die Wahrnehmungs- und Konzentrationsfähigkeit der Kinder.

Naturdenkmal-Ausstellung

Teams erstellen mit gesammelten Materialien aus der Natur kleine Kunstwerke, die in ein großes Gurkenglas passen sollen.

Alter: geeignet für alle Grundschul-Jahrgangsstufen
Dauer, Tempo: 60 – 90 min, ruhig bis lebhaft
Aktionsform: bewegen, wahrnehmen, kombinieren, kooperieren, gestalten
Gruppierung: mehrere Kleingruppen
Material: selbst gesammeltes Naturmaterial, Klebepistolen, große Gurkengläser mit Beleuchtungsmöglichkeit

Bildungschancen: Sensibilisierung für Formen und Farben und Vielfalt in der Natur; geschicktes und ästhetisch interessantes Kombinieren von Naturmaterialien, gemeinsam eine künstlerische Idee verwirklichen, präsentieren lernen
Vorbereitung: Großverbraucher-Gurkengläser in der Schulküche oder bei der Metro oder im Internet besorgen und im Baumarkt oder bei Ikea preiswerte Beleuchtungsmöglichkeiten besorgen.

Die Gesamtgruppe wird in Künstlerteams aufgeteilt. Jedes Team wählt sich ein Thema (z. B. rund, gezackt, rauh, dunkel, gemustert ...) und zieht dann los in die nahe Parkanlage oder in den Wald und sucht kleine Naturmaterialien zu seinem Thema.

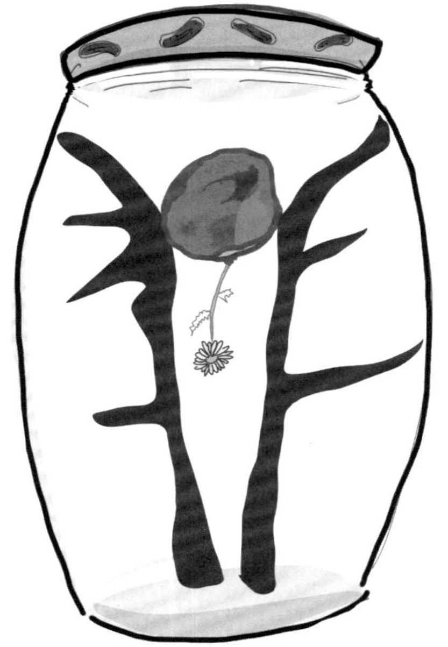

In der „Künstlerwerkstatt" werden diese Materialien dann zu einem interessanten Kunstwerk zusammengesteckt, geklebt, aufgeschichtet oder anders arrangiert. Einzige Bedingung: Das Werk muss in ein großes Gurkenglas passen. Und schon kann eine ungewöhnlich attraktiv präsentierte Ausstellung der Kunstwerke gestaltet werden.

Erweiterungen

Eine Waldgeistergeschichte erfinden und dann erzählen. Zur Illustration der Geschichte wird an passenden Stellen bei entsprechenden Gurkengläsern das Licht angeschaltet.
Statt schöne Naturmaterialien für eine Ausstellung in Gurkengläsern zu sammeln und zu arrangieren, kann auch eine Sammlung von Umweltverschmutzungsbeispielen in den Gläsern ausgestellt werden. Und neben die Gläser werden dann aufklärende Infotäfelchen dazugestellt.

Tipp

Das ist unsere Präsentationsidee: Man nehme ein großes Gurkenglas, schlage in den Deckel mit Hammer und Nagel drei Löcher: zwei kleine für die Wärmeabluft und ein großes für eine Lampenfassung – die gibt es fertig montiert im Baumarkt. 250-Lumen LED-Birne reinschrauben und fertig ist eine aufsehenerregende Ausstellungsvitrine.

Lehmbaustelle

Mit dem natürlichen Baustoff Lehm darf nach Herzenslust gematscht werden. Kleine und größere Skulpturen bis riesige Bauwerke entstehen

Alter: geeignet für alle Grundschul-Jahrgangsstufen
Dauer, Tempo: Projekttage oder -woche
Aktionsform: gestalten, werken, matschen
Gruppierung: in der Großgruppe draußen
Bildungschancen: ganzheitliche haptische Erfahrungen, künstlerisches Gestalten
Material: Lehm, Werkzeug, Kellen, entsprechende Kleidung
Vorbereitung: Lehm über Baustoffhändler besorgen

Lehm ist ein Naturprodukt, ein Gemisch aus Ton und unterschiedlichen Sandsorten und völlig ungiftig. An der Luft erhärtet er und wird durch Zugabe von Wasser wieder weich und formbar. Dadurch ist er ein vielseitiges Gestaltungs- und Baumaterial. Von einer kleinen Figur, über Öfen, Bänke und Höhlen kann alles Mögliche gestaltet werden. Wichtig ist dabei, dass die Bauwerke vor Feuchtigkeit, also Regen und auch Grundwasser geschützt werden.
Für größere Bauten sollte eine gute Unterkonstruktion aus Weidenruten erstellt werden. Diese werden dann mit einem Gemisch aus Stroh und Lehm überzogen und mit feinem Lehm nachher verputzt. So können ganze Spiellandschaften entstehen.

Erweiterungen
Auch kleine und größere Spiele können aus Lehm hergestellt werden, beispielsweise ist das afrikanische Kalaha-Spiel sehr einfach zu erstellen.

Tipp
Der Verein Bunte Kuh e. V. in Hamburg hat sich auf Lehmbauprojekte spezialisiert und kann für Großprojekte angefragt werden.

Pädagogischer Hinweis
Neben dem Erstellen des Produktes soll in diesem Projekt auch die haptische Wahrnehmung im Vordergrund stehen.

Tierunterkünfte selbst bauen

Die Kinder recherchieren, welche Insektenunterkünfte und Vogelhäuser sie für den Schulhof erstellen wollen, und bauen diese.

Alter: geeignet für alle Grundschul-Jahrgangsstufen
Dauer, Tempo: mehrere Tage, Ferienaktion oder Projektwoche
Aktionsform: recherchieren, kombinieren, auswählen, werken
Gruppierung: in Kleingruppen
Vorbereitung: Absprache mit Rektor und Hausmeister, wo gute Standorte für das Insektenhotel und die Nistkästen sein könnten
Bildungschancen: sich mit der heimischen Fauna auseinandersetzen, handwerkliche Fähigkeiten erweitern
Material: internetfähige PCs oder Laptops, Papier, Stifte, Werkzeuge wie Hammer, Nägel, Sägen, Schrauben und Bohrer, Leim, Schraubzwingen, Wasserwage, Holz, Draht, Lehm, Bambus, Stroh, Schilf, Ziegel etc.

Viele Kinder zeigen großes Interesse an der Natur, sie entdecken selbst kleinste Tiere und Pflanzen. Dieser Entdeckungsgeist soll hier ausgelebt werden können, jedoch nicht einfach durch den Zusammenbau eines Bausatzes eines Insektenhotels oder eines Nistkastens. Bevor das Bauen beginnt, sollte zunächst eine gründliche Recherche über unterschiedliche Insektenarten und die Bedingungen erfolgen, die sie für einen Unterschlupf brauchen. Ohne heimische Blumen, Sträucher, Pflanzen und Bäume in der Nähe wird kein Insekt in das Hotel einziehen. Soll das Hotel für Schmetterlinge, Wildbienenarten oder Florfliegen sein?

Gemeinsam werden die Rechercheergebnisse im Plenum vorgetragen. Wenn die räumlichen Voraussetzungen gegeben sind, können die Kinder nun entscheiden, welches Hotel sie für wen erstellen wollen. Dies kann man nach eingehender Diskussion so gestalten, dass jedes Kind einen Klebepunkt bekommt. Nun werden die unterschiedlichen ausgedruckten Bilder der Hotels aufgehängt und jedes Kind klebt seinen Punkt auf das Hotel, das ihm am besten gefällt.

Danach wird erneut recherchiert, welches Material für den Bau und die Füllungen gebraucht werden. Anschließend wird nach-

geschaut, wo diese in der Nähe günstig zu beziehen sind. Der Spielleiter kann mit der Gruppe auch einen Brief mit der Bitte um Materialspenden aufsetzen und an Baumärkte, Baustoffhändler und Schreinereien in der Umgebung verteilen. Eine Nachfrage im Eltern- und Bekanntenkreis und beim Hausmeister für das Bedienen von Maschinen kann vor dem eigentlichen Bauen erfolgen.

Erweiterungen

Mit den älteren Jahrgangsstufen kann auch ein Finanzplan aufgestellt werden, so dass sie das Budget berücksichtigen müssen.
Eine Dokumentation über den Bezug durch Insekten kann im Anschluss entstehen, sodass auch im Winter sichtbar ist, welche heimischen Insekten hier Unterschlupf finden.

Varianten

Neben der Recherche zum Insektenhotel und dem Bau desselben, kann die gleiche Aktion auch mit Nistkästen für einheimische Vögel erfolgen.
Auch Schulgärten, Kräuterspiralen und Hochbeete können so für den Schulhof entworfen und bepflanzt werden. Hierbei ist es dann wichtig, dass die Kräuter oder Salate auch verköstigt werden. In einem Tagebuch kann das Wachstum der Pflanzen und die Pflege derselben festgehalten werden. Für die anderen Kinder werden Namensschilder für die Pflanzen gebastelt, auf denen auch Informationen zu ihnen zu finden sind. Vom Bau des Hochbeets bis zur Ernte sollte eine Fotodokumentation entstehen, die im Winter schon wieder Freude macht, im Frühjahr mit dem Gärtnern zu beginnen.

Tipp

Für die Recherche im Vorfeld können Referenten aus Naturschulen oder vom Naturschutzbund eingeladen werden, die den Kindern die Lebensweise und Nützlichkeit von Insekten näherbringen.

Pädagogischer Hinweis

Die Ganzheitlichkeit von der Recherche bis zur Fertigstellung und Dokumentation machen einen erheblichen Mehrwert des Projektes für die Kinder aus.

Das Ratespiel mit dem Unsichtbaren

Ratebilder mit Mikroskop-Fotografie von Naturmaterial und Oberflächen erstellen

Alter: geeignet für alle Grundschul-Jahrgangsstufen
Dauer, Tempo: 2 Stunden, lebhaft und ruhig
Aktionsform: wahrnehmen, fotografieren, Spiel herstellen
Gruppierung: mehrere Kleingruppen, zeitweise im Gelände
Vorbereitung: –
Bildungschancen: Mikroskopieren lernen, Makrofotografie lernen, Ratespiel herstellen, Empathie, winzig kleine natürliche Materialien erkunden, Grenzen der menschlichen Wahrnehmungsfähigkeiten begreifen
Material: Digitalkamera, Ausdruckmöglichkeit, evtl. Mikroskop, evtl. Mikroskopkamera mit Digitalisierungssoftware, evtl. Laminiergerät

Kleine Forschergruppen werden gebildet. Jede Gruppe erstellt ca. fünf Makroaufnahmen von natürlichen Oberflächen (z. B. Kartoffel, Pullover, Blatt, Baumrinde, Stein) und fünf Großfotos der Naturteile (z. B. Ganzbild der Kartoffel, des Pullovers, des Blattes, des Baums und des Felsens).

Für die Makroaufnahmen gibt es drei Alternativen:

1. Mit einer üblichen Digitalkamera wird die Makro-Einstellung genutzt, bei der man (je nach Kamera) auf bis zu 1cm an das Motiv herangehen kann. Durch anschließende Ausschnittvergrößerung kann dann ein Makrobild mit mehrfacher Vergrößerung erstellt und ausgedruckt werden.
2. Das Objektiv einer Digitalkamera wird auf ein Schulmikroskop gehalten und so eine Aufnahme des vergrößerten Objekts erstellt. Bei diesen Fotos muss mit der Bildbearbeitung am Computer nachgearbeitet werden.
3. Mit einer speziellen Mikroskopkamera (z. B. von pearl.de für etwa 40 Euro) können Bilder über den USB-Anschluss mit mitgelieferter Computer-Software festgehalten werden.

Die Makrobilder und zugehörigen Ganzfotos werden ausgedruckt und laminiert und sind ein eindrucksvolles Memo-Spiel, das die Kleingruppen zum Raten miteinander austauschen.

Erweiterungen

Wenn zu jeder Makrobild-Ganzbild-Kombination noch ein Textkärtchen mit der mehrsprachigen Bezeichnung des Motivs hinzugefügt wird, erhält man ein originelles 3-Karten-Memospiel zum Sprachenlernen.

Pädagogischer Hinweis

Der Film des Designer-Ehepaars Charles und Ray Eames Powers of Ten *(9 min) zeigt ab Minute 6 die immer stärker vergrößerte Darstellung von der Haut einer Männerhand – bis hin zu den Molekülen. Unglaublich faszinierend! Der Film stellt einen guten Einstieg für die Mitarbeiterteams dar, und ein kurzer Ausschnitt ist auch für die Kindergruppe geeignet.*
Der Film wurde auf YouTube zur Verfügung gestellt: https://www.youtube.com/watch?v=0fKBhvDjuy0

Wie man was erfindet

Die Königsdisziplin beim Spielen ist das teilweise Verändern bekannter Spiele bis hin zum richtigen Erfinden ganz neuer Spielwelten. Auf dem Weg dorthin lernt man die Wirklichkeit „nicht ganz ernst zu nehmen“. Wie? Mit Humor, Improvisation und der Kombination von Dingen, die auf den ersten Blick überhaupt nicht zusammenpassen. Die Dinge nicht als nun einmal gegeben und unveränderlich hinzunehmen. Traditionelle Spiele, gesellschaftliche Verhältnisse, die persönliche Situa-tion hinterfragen und – wenn als nötig empfunden – zu verändern. So entwickelt sich eine emanzipierte Lebensführung.

Kreativ-Labor für schwierige Fälle: Schnelles, spontanes Ausdenken und Sammeln von kreativen Lösungen für ausgewählte Problemsituationen

Spiele zum Improvisieren: Die Spieleinheit aus dem Improvisationstheater lädt zum schnellen Reagieren und Darstellen ein.

Geschichten erfinden: Mit einfachen Mitteln können schon junge Kinder gemeinsam Geschichten erfinden.

Riesenspiele erfinden: Neue Spielformen erfinden, indem Brettspiele so vergrößert werden, dass statt der Spielsteine Menschen spielen

Verrückte Erfindungen: Zwei Sachen, die eigentlich nicht zusammengehören, werden von Erfinderteams kombiniert, die dafür eine neue Verwendung erfinden.

Wolpertinger-Werkstatt: Kuriose Figuren malen und herstellen

Wir erfinden eine Kugelbahnstrecke: Unter bestimmten Materialbeschränkungen eine möglichst lange Kugelbahn bauen

Unterwasser-Puppenshow: Eine ganz besondere Bühnenshow entwickeln für Figuren, die nach Musik im Wasser eines Aquariums bewegt werden

Spiele-Schmiede: Mit unterschiedlichen Materialien Spiele neu erfinden oder bekannte Spiele verändern

Das ist ein …: Ein kurzes Spiel aus dem Theatersport, in dem Gegenstände eine neue Bedeutung bekommen

Kreativ-Labor für schwierige Fälle

Schnelles, spontanes Ausdenken und Sammeln von kreativen Lösungen für ausgewählte Problemsituationen

Alter: geeignet für alle Grundschul-Jahrgangsstufen
Dauer, Tempo: 45 – 60 min, ruhig
Aktionsform: kreativ sein, beurteilen, kooperieren
Gruppierung: Dreiergruppen
Material: –
Bildungschancen: empathisch kreative Problemlösungen ausdenken, Lösungen bewerten
Vorbereitung: Fälle auswählen und auf Zetteln bereitlegen
Siehe auch: Spiele aus „Wie wir zusammenleben“

Die gesamte Gruppe teilt sich in Beraterteams mit je drei Kindern auf. Vorbereitet werden vom Spielleiter so viele kleine Problemsituationen, wie Teams mitspielen. Die Teams müssen eng beieinandersitzen, um beraten zu können, damit die Nachbarn nicht zu viel mithören können.

Die Probleme stehen auf einzelnen Zetteln und liegen aufgeschichtet in der Mitte. In jeder Fallberatung ist ein Team die Jury und alle anderen sind Beratergruppen. Die Rolle der Jury geht reihum. Es sollte jedes Team einmal Jury gewesen sein.

Das Team, das als erstes die Jury spielt, nimmt einen Fall-Zettel auf und liest ihn laut vor. Dann stoppt die Jury die Zeit und alle haben drei Minuten Zeit, um sich simultan Lösungsvorschläge für den Fall auszudenken. Nach Ablauf der Beratungszeit verkünden alle Teams nacheinander ihren Ratschlag, was sie in diesem Fall tun würden.

Nachdem alle Teams ihre Ratschläge vorgetragen haben, einigt sich die Jury innerhalb von zwei Minuten auf eine Bewertung der Lösungsvorschläge.

Ihre Entscheidung teilt sie durch die Vergabe von Pluspunkten an die Teams mit und begründet sie kurz. Je Fall stehen der Jury so viele Pluspunkte zum Verteilen zur Verfügung, wie Teams beim Spiel (einschließlich Jury)

mitmachen. Es müssen nicht alle Punkte vergeben werden. Wie sie die Punkte aufteilt, ist der Einschätzung der Jury überlassen. Sie kann den praktischen Nutzen, den Witz und die Originalität der Ratschläge bewerten. Die Entscheidung der Jury kann nicht angefochten werden, muss aber begründet sein. Die Beratung der Jury kann offen erfolgen.
Dann ist die Dreiergruppe links von der Jury die neue Jury und die Jury des ersten Falles reiht sich in die Beraterteams ein. Die neue Jury zieht den nächsten Zettel, und das schnelle Ausdenken von kreativen Lösungen beginnt von vorn.

Tipp
Die Bewertungspunkte können einfach nur aus Spielsteinchen, 1-Cent-Münzen oder auch aus Fruchtgummistückchen bestehen.

Pädagogischer Hinweis
Die Auswahl der zu beratenden Problemsituationen muss sehr empathisch auf Alter und vermutete Fähigkeiten der Gruppe abgestimmt werden. Problemfälle, die akut in der Gruppe vorkommen, sollten nicht genutzt werden, weil sonst die betroffenen Kinder sich durch witzige Lösungsvorschläge nicht ernstgenommen fühlen können. Eine Reihe von Beispielfällen finden Sie im Downloadmaterial.

Spiele zum Improvisieren

Die Spieleinheit aus dem Improvisationstheater lädt zum schnellen Reagieren und Darstellen ein.

Alter: geeignet für alle Grundschul-Jahrgangsstufen
Dauer, Tempo: 45 min, bewegt
Aktionsform: darstellen, bewegen, wahrnehmen, reagieren
Gruppierung: in Kleingruppen und in der Großgruppe
Bildungschancen: schnell reagieren, Szenen annehmen, ausfüllen und weiterführen
Material: Hut, Musik, Ball, Kreppband
Vorbereitung: mit dem Kreppband eine Bühnenfläche abkleben

Zu Beginn stellt sich die Gruppe in einen Kreis. In diesem Kreis wird ein Klatscher weitergegeben. Schnell wandert dieser im Kreis umher. Klatscht einer der Mitspieler doppelt, so wechselt die Richtung des Klatschers.

Im nächsten Spiel bekommt ein Kind einen Hut aufgesetzt, beschwingte Musik erklingt im Raum und lädt zum Bewegen ein. Die Person, die den Hut trägt, gibt die Bewegungen vor, die alle nachmachen. Er kann den Hut auch weitergeben, oder ein Freiwilliger kann ihn sich holen, wenn ihm eine interessante Bewegung einfällt.

Eine Variante dazu: Die Gruppe steht zusammen, einer entfernt sich und ruft: „Ich habe eine Idee!“ Die Gruppe läuft schnell zu ihm hin und fragt: „Welche denn?“ Daraufhin ruft er z. B.: „Wir machen alle Liegestütze!“ Die Gruppe antwortet: „Au ja!“ und beginnt, Liegestütze zu machen, bis sich ein neuer Mitspieler entfernt und mit einer neuen Idee die anderen heranruft.

Hier folgt nun ein Spiel zur Wahrnehmung, der Sträflingslauf:

Alle Kinder gehen hintereinander im Kreis, wie Sträflinge im Gefängnishof. Sie gehen in einem rhythmischen Gleichschritt. Wenn nun irgendeiner im Kreis in die Hände klatscht,

wendet sich die ganze Gruppe gleichzeitig um und geht in der Gegenrichtung weiter.
Wenn das nach einigen Malen gut klappt, kann man den Richtungswechsel auch ohne Klatschen machen: Irgendjemand dreht sich spontan um und alle folgen.
Eine eher ruhige Konzentrationsübung, die die Wahrnehmung und das Gruppengefühl stärkt.
In der nächsten Übung geht es um das Assoziieren. Der Spielleiter nimmt einen Ball und wirft ihn zu einem Kind und nennt dabei ein Wort, zum Beispiel „Sonne“. Der Spieler, der den Ball fängt, wiederholt das Wort und nennt seine Assoziation dazu, beispielsweise: „Eis“. Nun wirft er mit diesem Begriff den Ball einer anderen Person zu, die das Wort wiederholt und eine neue Assoziation dazu nennt. Wenn einem Mitspieler kein Begriff einfällt, so darf er auch den gleichen Begriff weiterschicken.
Das nächste Spiel: Eine freiwillige Person geht vor die Tür. Die anderen stellen eine Szene dar, zum Beispiel im Urwald, im Konzert, auf dem Fußballplatz. Wenn der Freiwillige wieder hi-neinkommt, beginnen die anderen, die Szenerie durch Bewegung zu beleben, sodass der Freiwillige erkennt, in welcher Szene er sich befindet, und fügt sich in diese Szene ein.

Erweiterungen

In Kleingruppen können auch improvisierte Szenen mit kleinen Sätzen dargestellt werden, die sehr offen sind, zum Beispiel: „Hallo.“ „Hallo.“ „Sie wünschen?“ „Wie immer.“ „Bitte!“ „Danke!“ „Auf Wiedersehen!“ In Kleingruppen überlegen sich die Kinder Szenen, in denen diese Sätze fallen können und führen diese den anderen vor.

Tipp

In der Zeitschrift *gruppe & spiel*, Heft 3/16 zum Thema *Bewegung und Sprache* befinden sich 16 Karteikarten mit Spielbeschreibungen.

Pädagogischer Hinweis

Sprache, Spiel und Bewegung sind eng miteinander verknüpft. Die Übungen aus dem Improvisationstheater schulen Kreativität, Ausdrucksvermögen und das „Ja-Sagen“ zu den Angeboten der Mitspieler.

Geschichten erfinden

Mit einfachen Mitteln können schon junge Kinder gemeinsam Geschichten erfinden.

Alter: geeignet für alle Grundschul-Jahrgangsstufen
Dauer, Tempo: 30–45 min, ruhig
Aktionsform: erzählen, zuhören
Gruppierung: im Stuhlkreis
Bildungschancen: Fantasie entwickeln, Sinnzusammenhänge konstruieren, Empathie
Material: Pappteller, Hut, Tiermemory Karten
Vorbereitung: die Pappteller mit Bildern versehen

Die Kinder sitzen in einem Stuhlkreis. Sie haben von einem Stapel Pappteller, die mit Bildern versehen worden sind, je einen blind gezogen (nicht ausgesucht!). Der Spielleiter setzt den Hut auf und beginnt, die Geschichte mit den Kindern zu rahmen. Wo spielt die Geschichte? Wer ist der Held? Wann spielt die Geschichte? Wenn sich darauf geeinigt wurde, beginnt er, einen kurzen Anfang zu erzählen. Wenn sich beispielsweise auf einen Zwerg als Held in einem Wald geeinigt wurde, könnte der Geschichtenbeginn wie folgt aussehen: In einem großen, tiefen Wald steht gleich links neben einer alten Eiche ein kleines Haus. Darin wohnt der kleine Zwerg Trix. Eines Morgens, Trix war schon aufgestanden und hatte gefrühstückt, klopfte es an der Tür. Als er sie öffnete, staunte er nicht schlecht, denn da stand …
Hier kann der Spielleiter einen Stopp machen und den Ideenhut in die Mitte legen. Die Kinder schauen auf ihre Pappteller und versuchen, ihr Bild in die Geschichte einzubauen. Das Kind, das eine passende Idee zu seinem Teller hat, nimmt den Hut und erzählt weiter und baut sein Bild mit ein. Dann legt es den Hut in die Mitte und den Pappteller für alle sichtbar vor sich ab.
Das Ende der Geschichte nimmt zum Schluss der Spielleiter wieder in die Hand. Natürlich können auch leere Pappteller zu Beginn von den Kindern beschriftet werden, die dann eingesetzt werden.

Erweiterungen

Erzählübungen können auch in einer Kleingruppe erfolgen. Hierfür bekommen immer zwei bis drei Kinder eine Karte aus einem Tiermemory und eine weitere Karte, auf der ein Erzählanlass steht, zum Beispiel:

- sucht einen Freund
- hat Hunger
- ist zu klein
- ist zu groß
- muss umziehen

Wichtig ist, dass die Kinder immer drei Sätze erzählen sollen, dann ist der Nächste aus der Kleingruppe an der Reihe.

Geschichten können auch entstehen, wenn Kleingruppen immer einen fantasievollen Anfang bekommen, der dann weiter ausgeschmückt wird. Diese Anfänge können beispielsweise sein:

- Heute ist alles anders, denn aus dem Wasserhahn kommt nur noch Schokolade ...
- Heute ist alles anders, denn ich merke, dass ich fliegen kann
- Heute ist alles anders, denn ich bin auf einmal unsichtbar
- Heute ist alles anders, denn mein Hund kann sprechen
- Heute ist alles anders, denn mir ist ein Affe zugelaufen

Auch unterschiedliche Gegenstände bieten Erzählanlässe. Ein Fundbüro wird aufgebaut mit vielen unterschiedlichen Gegenständen. Nun nimmt sich jedes Kind einen der Gegenstände und überlegt sich, wem der wohl gehören könnte. Dann überlegen sich die Kinder, wobei die Person diesen Gegenstand verloren haben könnte. Dieses Spiel ist gut in Paaren zu spielen.

Tipp

Literaturhinweis:

Jentges, Stephanie/Knecht, Gerhard (2010): Erzählspiele von A bis Z. Sprache fördern – Zuhören lernen – Fantasie entwickeln. Braunschweig: Westermann.

Materialhinweis:

Ulrich und Alexander Baer haben mehrere Fotokarten-Sets entwickelt, die sich gut zum Geschichtenerfinden eignen, z. B. mit Aufnahmen von ungewöhnlichen Türen und Durchgängen. Jedes Set enthält methodische Vorschläge. Vertrieb: www.robin-hood-versand.de

Pädagogischer Hinweis

An der Akademie der Kulturellen Bildung werden Schulungen zu dem von Stephanie Jentgens und Gerhard Knecht entwickelten Erzählkoffer „Fabula Held" mit Materialien für Grundschulkinder angeboten.

Riesenspiele erfinden

Neue Spielformen erfinden, indem Brettspiele so vergrößert werden, dass statt der Spielsteine Menschen spielen

Alter: geeignet für alle Grundschul-Jahrgangsstufen
Dauer, Tempo: 30 – 60 min, lebhaft
Aktionsform: bewegen, Regeln verändern
Gruppierung: alle verteilt in einem großen Raum
Bildungschancen: fertige Brettspiele neu denken und erproben
Material: Brettspiele, evtl. Gestaltungsmaterial
Vorbereitung: –

Konventionelle bekannte Brettspiele wie „Mensch ärgere dich nicht", „Mühle", „Malefiz" usw. werden mit Menschen statt mit Spielsteinen gespielt.
Die Erfinderaufgabe für die Kinder besteht je nach zu veränderndem Brettspiel darin, die weiteren Spielelemente auch entsprechend zu vergrößern oder zu verändern. So wird beispielsweise aus kleinen Würfeln die Nutzung von Riesenschaumstoffwürfeln oder die Verwendung einer Würfel-App auf einem Smartphone. Statt der Hindernissteine beim Malefiz-Brettspiel denken sich die Kinder kleine Geschicklichkeitsspiele aus, die zum Überspringen der Hindernisstühle erfüllt werden müssen. Manche Brettspielregeln müssen auch neu entwickelt werden, wenn mit Kindern statt mit Spielsteinen gesetzt wird.

Tipp

Am besten verändert man Spiele, indem das Spiel nach jeder Veränderung einzelner Spielbestandteile immer wieder sofort erprobt wird.

Pädagogischer Hinweis

Die Kinder lernen das systematische Verändern von Produkten am besten, indem sie zunächst herausfinden, aus welchen Bestand-teilen sich ein Brettspiel zusammensetzt. Dann wird ein einziges Element verändert und die Auswirkungen durch Probespielen erlebt und besprochen. Dadurch erkennen die Kinder dann Stück für Stück, welche weiteren Veränderungen entwickelt werden müssen, damit das Spiel in der neuen Form gut funktioniert.

Verrückte Erfindungen

Zwei Sachen, die eigentlich nicht zusammengehören, werden von Erfinderteams kombiniert, die dafür eine neue Verwendung erfinden.

Alter: geeignet für alle Grundschul-Jahrgangsstufen
Dauer, Tempo: 30–45 min, ruhig
Aktionsform: bewegen, wahrnehmen, kombinieren, kooperieren
Gruppierung: alle verteilt im Raum, evtl. an Tischen
Material: für die Erweiterung: Gestaltungsmaterial
Bildungschancen: kreatives Denken, die Bedeutung von Alltagsgegenständen verändern, kognitive Flexibilität, Selbstverständliches nicht als selbstverständlich hinnehmen lernen
Vorbereitung: Karten mit Begriffen (Alltagsgegenstände oder -phänomene) bereithalten (siehe Downloadmaterial)

Heute findet eine große Erfindermesse statt. Spielpaare (oder Dreiergruppen) machen tolle Erfindungen aus Dingen, die es eigentlich schon gibt. Wie geht das?
Jeder Erfinder zieht eine Wortkarte. Auf den Wortkarten stehen lauter bekannte Dinge, z. B. Löffel, Uhr, Zahnrad, Wasser, 1-Euro-Münze, Handy, Holzbrett, Wind, Auto, Hundeleine, Zwiebel, T-Shirt, Kette … (eine Sammlung solcher Wortkarten finden Sie zum Ausdrucken als Downloadmaterial).
Die Erfinderteams sollen ihre zwei oder drei gezogenen Dinge kombinieren und sich für diese Erfindung eine neue Bedeutung, also Verwendung ausdenken. Die Begriffe dürfen fantasievoll genutzt werden, d. h., es können auch Einzelteile des Begriffs oder die Sache mehrfach in der neuen Erfindung verwendet werden. Zu den zwei Bestandteilen können auch noch weitere Dinge hinzugefügt werden. Hauptsache, die beiden Begriffe kommen in der neuen Sache irgendwie vor. Die neue Erfindung muss auch nicht irgendwie sinnvoll sein, nur eben neu.
Da es sich um eine Messe handelt, werden die neuen Erfindungen von ihren Schöpfern reihum erklärt und angepriesen.

Erweiterungen

Die Erfinderteams gestalten ein Werbeplakat für ihre neue Erfindung, das die Anwendung demonstriert. Oder sie drehen sogar ein kurzes Video im Stil der TV-Verkaufssender.
„Wozu gibt's das denn?" Die Spielleitung verteilt an Kleingruppen unbekannte Gegenstände. Die Gruppen haben zehn Minuten Zeit, sich dafür irgendeinen Nutzen ausdenken. Der darf gerne verrückt, witzig, unpraktisch oder abwegig sein: Wichtig ist eine fantasievolle, gute Begründung für die erfundene Bedeutung des Gegenstands.

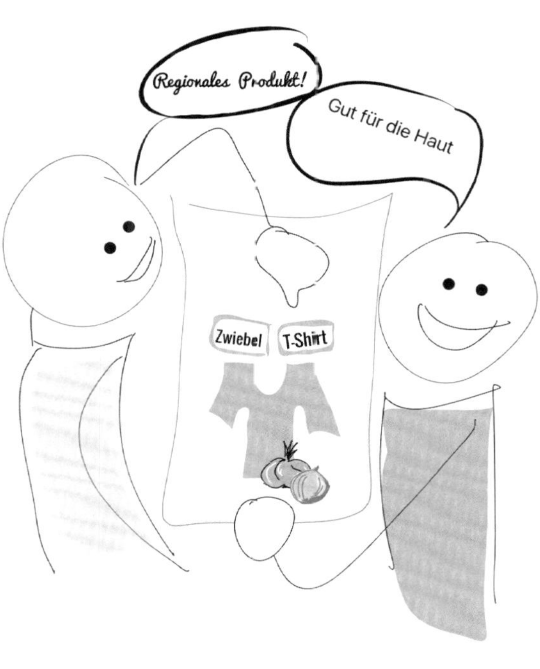

Wolpertinger-Werkstatt

Kuriose Figuren malen und herstellen

Alter: geeignet für alle Grundschul-Jahrgangsstufen
Dauer, Tempo: 45 min, ruhig
Aktionsform: kreativ sein, zeichnen, kombinieren
Gruppierung: alle verteilt im Raum, an Tischen

Bildungschancen: Kreativität
Material: Zeitschriften mit Tierbildern, Stifte, Papier, Scheren, Klebestifte, selbsthärtender Ton
Vorbereitung: –

Den Begriff Wolpertinger kennen viele Grundschüler nicht mehr. Die in bayrischen Sagen bekannten Fabelwesen rücken in den Mittelpunkt. Der Gruppenraum wird zu einer Fabeltierwerkstatt.

Die Kinder suchen sich aus den Zeitschriften Tierbilder aus und schneiden diese aus. Noch sieht das Tier ganz normal aus, aber wie sieht beispielsweise der Elefant mit einem Giraffenkopf aus oder der Delfin mit einem Geweih und Zebrabeinen?

Dem so neu entstandenen Tier kann noch eine fantasievolle Umgebung gezeichnet werden. Anschließend können die Kinder Geschichten zu den Fabelwesen entwerfen, in dem die neugewonnenen Körperteile auch bestimmte Fähigkeiten besitzen.

Nun können diese Tierfiguren auch plastisch modelliert werden aus selbst härtendem Ton. Dieser wird bunt bemalt und eine Wolpertinger-Ausstellung kann in der Schule erfolgen.

Erweiterungen

Mit vorgefertigten Rasterkarten, die die Übergänge zwischen den Körperteilen der Figuren markieren, können die Kinder auch den Spiele-Klassiker Mix Max selbst herstellen. Dafür wird die Figur des Tieres dreigeteilt in Kopf, Rumpf und Beine/Unterteil. Diese Kärtchen werden anschließend zerschnitten und laminiert. Das Zusammensetzen ergibt lustige Fantasietiere.

Gern können die Kinder auch ausrangierte Spielzeugtiere mitbringen, die dann neu kombiniert werden. Dafür werden als weiteres Material Scheren und kleine Sägen und Klebepistolen benötigt. Die anderen Schulklassen werden dann zu einer Ausstellung eingeladen.

Tipp

Die neu kreierten Figuren können nun auch die Helden in eigenen Geschichten werden. Wie Geschichten selbst erfunden werden, steht auf Seite 188.

Wir erfinden eine Kugelbahnstrecke

Unter bestimmten Materialbeschränkungen eine möglichst lange Kugelbahn bauen

Alter: geeignet für alle Grundschul-Jahrgangsstufen
Dauer, Tempo: 1–2 Stunden, lebhaft
Aktionsform: gestalten, bauen, kombinieren, kooperieren
Gruppierung: mehrere Arbeitsgruppen
Bildungschancen: kreative (technische) Lösungen für Gestaltungsaufgaben finden; physikalische Gesetzmäßigkeiten erfahren
Material: Holzleisten, Kartonpapier, Klebepistole
Vorbereitung: –

Zwischen Möbelstücken im Raum soll von der Gesamtgruppe arbeitsteilig eine möglichst lange Kugelbahn gebaut werden. Man kann den Erfindergeist zusätzlich stimulieren, indem die Materialnutzung eingeschränkt wird, z. B. dadurch, dass nur Kartonpapierstreifen – auch für größere Abstände zwischen den Möbeln – verwendet werden dürfen.

Erweiterungen

Eine Dominosteinstrecke aufbauen, die, wenn die Steine in Form einer Kettenreaktion umfallen, ein Mosaikbild ergeben.
Solche Kettenreaktionen können auch extrem komplex erstellt werden. Anregende Videos sind unter folgenden beiden Adressen zu finden:
https://youtu.be/z5iFQoEDHww (Fischli und Weiss – Der Lauf der Dinge)
https://youtu.be/qybUFnY7Y8w (OK Go – This Too Shall Pass).

Entwicklung und Bau einer großen Wandkugelbahn, bei der die einzelnen Bahnspuren aus selbst zusammengelöteten Drahtstücken bestehen. Die Schienen werden mit Winkeln an eine Holzwand geschraubt. Zwischen Schienenstücken lassen sich einfallsreiche „Stationen“ herstellen, z. B. Wippen, Falltüren, Räder. Tipp: Werden an passenden Stellen Löcher in die Holzwand gesägt, kann die Strecke auch auf der Rückseite der Holzwand fortgeführt werden.

Variante

1. Aus 20 Streichholzschachteln (einschließlich der enthaltenen Hölzer) soll eine möglichst lange Miniatur-Kugelbahn gebastelt werden.
2. Eine Kugelbahn mit Teppichrohren (an denen Auslegware aufgerollt wird) auf einer langen Flurwand installieren.

Pädagogischer Hinweis

Viele ähnliche kreative Aufgaben lassen sich mit Lego-Bausätzen stellen – immer geht es um handwerklich-technisch-physikalische Problemlösungen.
Diese Fähigkeiten können Kinder freilich auch bei nicht-technischen Erfinderaufgaben lernen und üben, z. B. beim kreativen Mixen von Erfrischungsgetränken oder Erfinden neuer Salatrezepte oder dem Gestalten von einfallsreichen Karnevalkostümen.

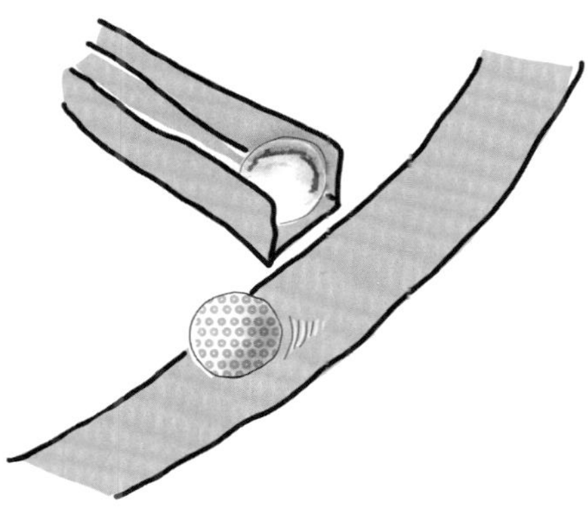

Unterwasser-Puppenshow

Eine ganz besondere Bühnenshow entwickeln für Figuren, die nach Musik im Wasser eines Aquariums bewegt werden

Alter: geeignet für alle Grundschul-Jahrgangsstufen
Dauer, Tempo: 60–90 min, lebhaft
Aktionsform: darstellen und gestalten, wahrnehmen, kombinieren, kooperieren, etwas ausdenken
Material: großes Aquarium oder Glasbehälter, Lampen, Vorhangstoff und Gerüst, mehrere Plexiglasstäbe, Materialien für die Figuren, Klebepistole, Musik
Bildungschancen: eine ungewöhnliche Bühnenshow erarbeiten, Musik in Bewegung umsetzen, Figuren für ein Figurentheater aus Alltagsmaterial entwickeln, Musik zu Bewegungen improvisieren
Gruppierung: mehrere Kleingruppen
Vorbereitung: Materialien besorgen

Von mehreren Kindergruppen wird ein ungewöhnliches Puppentheaterstück erarbeitet und aufgeführt.
Die Ausstattung für eine Unterwasser-Bühnenshow besteht aus einem möglichst großen Aquarium (neu ca. 40 Euro), mindestens zwei LED-Klemmleuchten oder Schreibtischlampen, Musik (möglichst live), einem Vorhangrahmen um das Aquarium herum (man kann etwa ein Holzkasperletheater als Rahmen nehmen).
Dann werden noch verschiedene selbst gebaute Figuren benötigt, von denen jede an einen durchsichtigen Plexiglasstab (Gardinenstab) gebunden oder geklebt wird. Die (abstrakten) Puppen können ein Wischmopp oder eine Plastikperlenkette, ein Federn- oder Lamettabüschel, ein mit Augen verzierter Schwamm oder kurios zusammengebundene Sekt- und Weinkorken sein – geeignet ist alles, was sich im Wasser durch Führen des Plexiglasstabes interessant bewegen lässt. Verschiedene Textilien (z. B. Chiffontücher) kann man auch an mehreren Stäben effektvoll durch das Wasser bewegen.
Die „Puppen“ werden dann zu einer Musik (CD, besser live) und/oder einer erzählten Geschichte passend durch das Aquarium gezogen und bewegt.

Varianten

- Einzelnen Figuren werden Musikinstrumente zugeordnet (ähnlich wie bei *Peter und der Wolf*).
- Die Figurenbewegungen richten sich nach den improvisierenden Musikinstrumenten.
- Die Musikinstrumente spielen so, wie die Puppen ihre Bewegungsimprovisation gestalten.
- Eine kleine Geschichte wird als Puppenspiel mit einer eingeübten Choreografie erzählt und die Musikinstrumente begleiten wie verabredet Rollenwechsel zwischen Puppenspielern, Musikern und Publikum.

Tipp

Bei den Proben das Spiel auf Video aufnehmen oder einen Spiegel in den Publikumsbereich stellen, weil sonst die Puppenspieler durch die Lichtbrechung der Wasseroberfläche ihre Puppenbewegungen nicht richtig sehen können.
Beispielvideo: Einen Videofilm von einem Unterwasser-Puppenspiel können Sie hier sehen: http://www.youtube.com/watch?v=TRWtQnbTCwE

Pädagogischer Hinweis

Die Show sollte arbeitsteilig von Kleingruppen entwickelt werden: Einige Kinder erfinden die Musik, eine andere Gruppe baut interessante Figuren, eine weitere Gruppe erarbeitet eine kleine Choreografie, eine Gruppe ist für die ganze Lichttechnik zuständig – alle müssen wie bei einer großen Theateraufführung zusammenarbeiten.
Übrigens: Je weniger eine Geschichte eine Rolle spielt, umso mehr konzentrieren sich Puppenspieler und Publikum auf die verblüffenden Bewegungen und die Struktur der Musik.

Spiele-Schmiede

Mit unterschiedlichen Materialien Spiele neu erfinden oder bekannte Spiele verändern

Alter: geeignet für alle Grundschul-Jahrgangsstufen
Dauer, Tempo: 45–120 min, bewegt
Material: gleiche Materialsäckchen für jede Kleingruppe mit unterschiedlichen Gegenständen, wie beispielsweise 6 Reissäckchen, ein Stapel Bierdeckel, 6 Tischtennisbälle, drei unterschiedlichen Würfeln, einigen Spielpöppeln, Stiften, Papier etc.
Bildungschancen: Förderung der Kreativität und des freien Denkens
Gruppierung: in Kleingruppen
Vorbereitung: siehe Material
Aktionsform: kombinieren, erfinden

Die Kinder in den Kleingruppen bekommen die Aufgabe, mit dem oben angegebenen Material ein neues Spiel zu erfinden.

Die Kinder werden spielerisch das Material nutzen, erkunden und entdecken. Dies ist oft ein chaotischer Prozess, da ohne Systematik vorgegangen wird.

Um dem Ganzen eine systematische Herangehensweise zu geben, kann die Osborne-Checkliste genutzt werden, in der unterschiedliche kreative Zugangsweisen beschrieben und nacheinander durchgegangen werden.

- Anders verwenden: Können die Dinge mal ganz anders verwendet werden?
- Anpassen: Gibt es schon eine ähnliche Idee, die hier auch umgesetzt werden kann?
- Vergrößern: Kann ein bekanntes Spiel hiermit vergrößert werden? Muss noch etwas hinzugefügt werden?
- Verkleinern: Kann es kleiner gemacht werden? Oder kürzer, tiefer, dünner, leichter?
- Ersetzen: Was könnt ihr an der Idee austauschen?
- Umstellen: Können Teile, Abschnitte ausgetauscht werden? Lässt sich die Reihenfolge ändern?
- Umkehren: Könnt ihr die Spielidee mal ins Gegenteil verwandeln?
- Kombinieren: Könnt ihr die Idee mit etwas ganz Anderem verbinden?
- Transformieren: Kann irgendetwas verwandelt werden?

- Wenn jede Gruppe ein für sich zufriedenstellendes Ergebnis gefunden hat, kann sie den anderen ihre Spielidee präsentieren und zum Mitspielen einladen. Wenn Spiele bei allen zu Spielfreude geführt haben, werden die Regeln schriftlich fixiert und das Spiel kann auch von anderen Kindern getestet werden.

Variante

In dieser Variante kann eine Gruppe frei – ohne Checkliste – über das Material allein versuchen, eine Spielidee zu entwickeln. Die andere Gruppe arbeitet mit der Checkliste. Im anschließenden Plenum werden beide erfundenen Spiele vorgestellt, gespielt und gemeinsam die unterschiedlichen Vorgehensweisen reflektiert.

Ein weiterer Zugang kann im Erfinden von Brettspielen gemacht werden, nämlich in der Spieleküche.

Paarweise haben die Kinder ein Tic Tac Toe-Feld vor sich und jeder vier Würfel einer Farbe. Nun wird Tic Tac Toe gespielt. Im Anschluss werden Varianten dazu gespielt. Die Würfel werden zum Beispiel in die Felder gerollt oder es wird geknobelt, wer setzen darf. Nun wird das Spielfeld um zwei Reihen erweitert, sodass ein Spielbrett von vier mal vier Kästchen entsteht. Jedes Kind bekommt einen weiteren Würfel dazu. Nun können sie damit sich ein neues Spiel überlegen. Neue Zugmechanismen oder der Kombination aus Taktik und Glücks- bzw. Geschicklichkeitsspiel stehen nun im Mittelpunkt. Besonders schön wird es, wenn auch noch eine Spielgeschichte zu dem neuen Brettspiel erfunden wird.

Pädagogischer Hinweis

Ein guter Materialmix im Säckchen ist wichtig, der die Kinder direkt zum Losspielen einlädt.

Das ist ein …

Ein kurzes Spiel aus dem Theatersport, in dem Gegenstände eine neue Bedeutung bekommen

Alter: geeignet für alle Grundschul-Jahrgangsstufen
Dauer, Tempo: 10 min, bewegt
Aktionsform: darstellen, schnell reagieren
Gruppierung: in Kleingruppen nacheinander
Vorbereitung: –
Bildungschancen: schnelles Reagieren und assoziieren, Umdeuten von gewohnten Gegenständen
Material: Unterschiedliche Gegenstände (pro Kleingruppe einen); für die Variante ausgediente Haushaltsgegenstände

Die Kinder teilen sich in Kleingruppen auf. Die erste Kleingruppe bekommt einen Gegenstand und fängt an: Jeder, dem gerade einfällt, was dieser Gegenstand sein könnte, führt ihn kurz pantomimisch vor. So wird beispielsweise aus einem Handfeger eine Zahnbürste, dann eine Querflöte und dann ein Tischtennisschläger. Wichtig ist, dass der Gegenstand nach jeder Aktion wieder in die Mitte gelegt und so die Möglichkeit zur Darstellung einem neuen Freiwilligen gegeben wird. Die Zeit wird vom Spielleiter gestoppt und sollte nicht länger als zwei Minuten pro Gruppe sein. Die Gegenstände sollten sich in Optik und Funktion stark unterscheiden, zum Beispiel können in einer Klasse ein Handfeger, ein Tuch, ein Ball und eine Gießkanne angeboten werden.

Erweiterung
Alltagsgegenstände können auch Figuren in einem Puppenspiel ersetzen. Sie besitzen Fähigkeiten und Eigenschaften für die Darstellung auf einer Tischbühne. Eine Feder verhält sich anders als ein nasser Sack, ein Seil anders als ein Schuh. Die Gegenstände und Materialien haben unterschiedliche Ausdrucksmöglichkeiten und sind ideale Darsteller für ausgesuchte oder ausgedachte Geschichten.
Der Einsatz der Stimme, die Rhythmik der Sprache kann hier sehr gut den Gegenständen einen eigenen Charakter zu verleihen.
Ein Tisch kann als Bühne genutzt werden, alternativ aber auch ein den Kindern bereits bekanntes Kasperletheater, in dem die Spieler für die Zuschauer „verschwinden".

Variante

Aus altem Krempel können auch Puppen selbst gebastelt werden, denen die Kinder dann Leben einhauchen. Zum Beispiel bekommt die ausgediente Kleiderbürste Augen aus Knöpfen und eine Krawatte aus einem Stück alten Stoff.

Tipp

Das Spiel kann zwischendurch immer wieder Einsatz finden. Es macht Kindern Spaß und benötigt kaum Material.

Pädagogischer Hinweis

Alle Kinder verdienen für ihr szenisches Spiel, sei es beim Theatersport oder auch beim Puppenspiel, Applaus. Dies fördert ihr Selbstbewusstsein und ermutigt sie weiterhin, sich kreativ mit Sachen und Herausforderungen auseinanderzusetzen.

Spielempfehlungen für spezielle Anlässe

Spiele zur Gruppenbildung

Die Schülergruppen bei Ganztagsaktivitäten sind häufig neu zusammengestellt und klassen-, oft sogar stufenübergreifend. Die folgenden Spiele aus unserem Buch können die Gruppenbildung unterstützen, den Kennenlernprozess in den Gruppen befördern und zu einer guten Atmosphäre beitragen:

Plätze wechseln
Alle im Kreis mit einem bestimmten Merkmal tauschen ihre Plätze, S. 48.

Bewegungslied für die eigene Gruppe erfinden
Zu einem bekannten Bewegungslied wird der Text verändert und mit den Lieblingsspielen der Kinder versehen, S. 51.

Maskenball
Alle basteln sich eine persönliche Maske, die bei einem kleinen Fest getragen wird, S. 52.

Wappen für sich gestalten
Jeder gestaltet für sich selbst ein großes Wappenschild, S. 56.

Richtige Straße und Hausnummer
Durch Plätzewechseln sollen Kinder zu ihrer richtigen Wohnadresse auf einem Spielfeld gelangen, S. 64.

Mein schönstes und mein liebstes Teil
Jeder bringt Lieblingsstücke von zu Hause mit und lässt sie erraten, S. 78.

Das große Like-Festival
An mehreren von Kindern organisierten Testständen wird bei der gesamten Schülerschaft ermittelt, was besonders gemocht wird, S. 87.

Berufe spielerisch entdecken
In einer Spielekette spielen die Kinder Gruppenspiele zu unterschiedlichen Ideen von Berufen, S. 96.

Berufswünsche fotografieren
Von jedem Kind wird eine Fotomontage erstellt: ein Porträtfoto mit der typischen Arbeitsumgebung des Berufs, S. 98.

Die Goldtaler-Runde
Am Ende des Tages findet die Goldtaler-Runde statt, in der die Kinder vorschlagen dürfen, wer den Goldtaler erhält, S. 110.

Mein geheimer Freund
Jeder zieht den Namen eines anderen Kindes und bereitet ihm heimlich nette Überraschungen, S. 113.

Unser Angst-Thermometer
Durch anonyme Feststellung der Häufigkeit von bestimmten Ängsten soll die Erkenntnis entstehen, dass man mit seinen Ängsten nicht alleine ist., S. 128.

Lustige Foto-Fragekarten gestalten
Ein (Kennenlern-)Fragen-Spiel mit eigenen Haustierfotos selber machen, S. 155.

Spiele zum Toben und Bewegen

Im Unterricht bewegen sich die Kinder selten. Sitzen ist ihre überwiegende Körperhaltung. In den Pausen und bei Ganztagsaktionen wollen sie sich viel bewegen. Die folgenden Spiele aus unserer Sammlung ermöglichen ihnen das:

Plätze wechseln
Alle im Kreis mit einem bestimmten Merkmal tauschen ihre Plätze, S. 48.

Die besten Spiele in unserer Schule
Gemeinsam berichten sich die Kinder von ihren Lieblingsspielen in der Pause und stellen eine Kartei für die anderen Kinder und Mitarbeiter her, S. 88.

Berufe-Pantomime
Die Kinder stellen Berufe dar, die von allen erraten werden sollen, S. 92.

Berufe spielerisch entdecken
In einer Spielekette spielen die Kinder Gruppenspiele zu unterschiedlichen Ideen von Berufen, S. 96.

Über alle Hindernisse hinweg
Die Sporthalle wird in eine große Bewegungsbaustelle mit Hindernisparcours verwandelt, S. 123.

Gruppenraum Geisterbahn
Eine schaurig schöne Gruselbahn selber bauen und andere Kinder zum Gruselparcours einladen, S. 132.

Stuntman-Training
Eine Spielkette, bei der verschiedene körperliche Herausforderungen bewältigt werden müssen, S. 134.

Expedition ins Unbekannte
Eine Spielkette als Mitmachgeschichte, bei der eine fantastische Reise in unbekannte Gegenden führt, S. 144.

Digital wird analog
Gaming begeistert Kinder und Jugendliche. Hier werden die digitalen Helden und digitalen Spielideen ins analoge Setting geholt, S. 160.

Spielkette mit Laub
Eine Spielkette mit mehreren kleinen Spielen, bei denen achtsam mit Sommer- oder Herbstblättern umgegangen wird, S. 176.

Spiele zum Improvisieren
Die Spieleinheit aus dem Improvisationstheater lädt zum schnellen Reagieren und Darstellen ein, S. 186.

Spiele zur Entspannung und für den Stressabbau

Viele Schulkinder sind heutzutage einem hohen Stress durch Leistungsdruck, verplante Tagesabläufe, Medienkonsum und ihre sozialen Verhältnisse ausgesetzt. Spiele im Ganztag können für zeitweise Ruhe, Entspannung und Erholung sorgen:

Eine Höhle bauen
Einen Rückzugsbau erstellen und zum Lesen, Wahrsagen und Spielen nutzen, S. 68.

Wellness-Parcours
Halbgruppen gestalten sich gegenseitig mit verschiedenen Aktionen einen Wohlfühlnachmittag, S. 89.

Astronautentraining
Vier Spieler massieren eine auf ihrem Bauch auf einer Decke liegende Person mit bestimmten Bewegungen, die zu einer Geschichte passen, S. 82.

Führen und geführt werden
Auf unterschiedliche Arten führen sich die Kinder paarweise durch den Raum, S. 124.

Was ich schon mal geträumt habe …
Kinder malen ihre Traumerlebnisse auf und berichten davon, was ihnen beim Wiedereinschlafen half, S. 133.

Spielkette mit Laub
Eine Spielkette mit mehreren kleinen Spielen, bei denen achtsam mit Sommer- oder Herbstblättern umgegangen wird, S. 176.

Spiele und Aktionen zusammen mit Migranten und Flüchtlingen

In diesem und den kommenden Jahren sind eine große Zahl von Kindern mit ausländischer Herkunft in unser Bildungssystem zu integrieren. Die folgenden Spiele unterstützen diese Aufgabe in hervorragender Weise:

Ja und Nein
Die Kinder ordnen sich schnell einem angesagten Merkmal zu und tauschen sich kurz darüber aus, S. 50.

Eine Höhle bauen
Einen Rückzugsbau erstellen und zum Lesen, Wahrsagen und Spielen nutzen, S. 68.

Das hört sich gut an!
Die Lieblingsmusik mit Instrumenten begleiten, S. 80.

Internationaler Schönheitswettbewerb
Kleidung, Verzierungen und anderer Körperschmuck aus fernen Ländern werden recherchiert und für eine eigene Präsentation verwendet, S. 85.

Die besten Spiele in unserer Schule
Gemeinsam berichten sich die Kinder von ihren Lieblingsspielen in der Pause und stellen eine Kartei für die anderen Kinder und Mitarbeiter her, S. 88.

Was ich schon mal geträumt habe …
Kinder malen ihre Traumerlebnisse auf und berichten davon, was ihnen beim Wiedereinschlafen half, S. 133.

Flaggen und mehr zuordnen
Zuordnungsspiel selbst gestalten: 10 Ländernamen sollen richtig 10 Hauptstädten oder 10 Flaggen oder 10 Länderumrissen zugeordnet werden, S. 138.

Ich reise nach Tunesien und …
Ähnlich wie bei „Ich packe meinen Koffer…“ wird ein Land zusammen mit einem passenden Mitbringsel genannt; der nächste Spieler wiederholt, S. 140.

Wo war ich schon? Wo will ich hin?
Alle markieren auf einem Stadtplan und Weltkarte die Orte, an denen sie schon einmal waren…, S. 141.

Afrikanische Mühle
Gespielt wird auf der ganzen Welt. Gemeinsam wird das Spiel Kwasidaa Franka aus Ghana aus Alltagsmaterialien gebaut und gespielt, S. 146.

Wie heißt denn das?
Kinderreporter suchen Übersetzungen für ihre Wörter, S. 150.

Internationale Spiele
Nach einer Recherche suchen die Kinder Spiele aus, stellen diese der Gruppe vor und bewerten sie, S. 148.

Wie schmeckt es anderswo?
Gemeinsam werden Leckereien aus unterschiedlichen Kulturen zubereitet und in passendem Ambiente probiert, S. 151.

Methoden zum Erfinden von Spielen

Wenn Kinder für andere Kinder ein Spiel erfinden und ausarbeiten, dann ist das hochgradig lernintensiv und kreativitätsfördernd für die Erfindergruppe. Darum möchten wir die Spiele, die solche empathischen Aktionen ermöglichen, hier besonders hervorheben und empfehlen:

Bewegungslied für die eigene Gruppe erfinden
Zu einem bekannten Bewegungslied wird der Text verändert und mit den Lieblingsspielen der Kinder versehen, S. 51.

Eine Höhle bauen
Einen Rückzugsbau erstellen und zum Lesen, Wahrsagen und Spielen nutzen, S. 68.

Stadtbaumeisterspiel
Ein großes Modell unseres Stadtviertels bauen und dann damit spielen, S. 74.

Wellness-Parcours
Halbgruppen gestalten sich gegenseitig mit verschiedenen Aktionen einen Wohlfühlnachmittag, S. 89.

Die besten Spiele in unserer Schule
Gemeinsam berichten sich die Kinder von ihren Lieblingsspielen in der Pause und stellen eine Kartei für die anderen Kinder und Mitarbeiter her, S. 88.

Berufe-Quiz entwickeln
Ältere Kinder erarbeiten für gleichaltrige und jüngere Kinder ein Quiz über Berufe, S. 106.

Mein geheimer Freund
Jeder zieht den Namen eines anderen Kindes und bereitet ihm heimlich nette Überraschungen, S. 113.

Gruselgeschichte selbst vertonen
Eine Geschichte wird mit Geräuschen und Rhythmusinstrumenten gemeinsam vertont, S. 126.

Gruppenraum Geisterbahn
Eine schaurig schöne Gruselbahn selber bauen und andere Kinder zum Gruselparcours einladen, S. 132.

Afrikanische Mühle
Gespielt wird auf der ganzen Welt. Gemeinsam wird das Spiel Kwasidaa Franka aus Ghana aus Alltagsmaterialien gebaut und gespielt, S. 146.

Lustige Foto-Fragekarten gestalten
Ein (Kennenlern-)Fragen-Spiel mit eigenen Haustierfotos selber machen, S. 155.

Fälscherwerkstatt (Original und Fälschung)
Kleingruppen erstellen mit Bildbearbeitung Fehler-Ratebilder von Originalfotos oder Gemäldereproduktionen, S. 162.

Das Ratespiel mit dem Unsichtbaren
Ratebilder mit Mikroskop-Fotografie von Naturmaterial und Oberflächen erstellen, S. 182.

Riesenspiele erfinden
Neue Spielformen erfinden, indem Brettspiele so vergrößert werden, dass statt der Spielsteine Menschen spielen, S. 190.

Wir erfinden eine Kugelbahnstrecke
Unter bestimmten Materialbeschränkungen eine möglichst lange Kugelbahn bauen, S. 193.

Unterwasser-Puppenshow
Eine ganz besondere Bühnenshow entwickeln für Figuren, die nach Musik im Wasser eines Aquariums bewegt werden, S. 194.

Spiele-Schmiede
Mit unterschiedlichen Materialien Spiele neu erfinden oder bekannte Spiele verändern, S. 196.

Spiele mit einer besonderen Öffnung in den Stadtteil

Die Ganztagsbildung bietet die Chance der Entstehung von lokalen Bildungslandschaften durch die Zusammenarbeit von Schulen mit außerschulischen Bildungsträgern, Kinder-, Jugend- und Kultureinrichtungen. Diese Spielaktionen sind besonders dazu geeignet, eine solche sinnvolle Entwicklung zu unterstützen:

Stadtplan-Puzzle
Alle laufen durcheinander, tauschen Puzzleteile und legen sie bei Musikstopp passend zusammen, S. 67.

City Bound
Eine Abenteuer-Spielkette im Stadtteil veranstalten, S. 69.

Panorama-Präsentation von Plätzen und Kreuzungen
Mehrere Einzelfotos werden zu einem Panorama zusammengeklebt und auf der Innenseite einer zylindrischen Ausstellungsfläche angebracht, S. 76.

Stadtbaumeisterspiel
Ein großes Modell unseres Stadtviertels bauen und dann damit spielen, S. 74.

Was arbeiten meine Verwandten?
Die Berufe aus dem häuslichen Umfeld werden erfragt und dann in der Gruppe vorgestellt, S. 95.

Kinderspielstadt
In einer Kinderspielstadt üben die Kinder Berufe aus, verdienen Geld in ihrer eigenen Währung und verstehen so wirtschaftliche Prozesse in ihrer Stadt, S. 104.

Unser Zuhause
Kinder recherchieren nach unterschiedlichen Wohn- und Lebensformen an der Schule und in ihrem Umfeld, S. 115.

Gestern – heute – morgen
Zu sehr alten Fotografien wird erzählt, wie es heute ist, und Szenen ausgedacht und vorgespielt, wie es in Zukunft sein könnte, S. 116.

Helfer-Stadtplan
Kinder recherchieren alle Notfall- und Unterstützungseinrichtungen in ihrem Stadtteil und stellen dazu einen wandgroßen Stadtplan her, S. 117.

Wo war ich schon? Wo will ich hin?
Alle markieren auf Stadtplan und Weltkarte die Orte, an denen sie schon einmal waren…, S. 141.

Geliebte und gehasste Orte
In einem Stadtplan oder Schulgrundriss Stellen kennzeichnen, die man mag und die man nicht mag und darüber erzählen, S. 142.

Wie heißt denn das?
Kinder-Reporter suchen Übersetzungen für ihre Wörter, S. 150.

Geräusche-Detektive
Mit Smartphones werden Geräusche in der Schule und der Umgebung festgehalten, und der Standort soll erraten werden, S. 171.

Experimente am Bach
Die Kinder machen einen Spaziergang zu einem nahegelegenen Bach und nehmen ihn mit allen Sinnen wahr, S. 172.

Naturdenkmal-Ausstellung
Teams erstellen mit gesammelten Materialien aus der Natur kleine Kunstwerke, die in ein großes Gurkenglas passen sollen, S. 178.

Übersicht Downloadmaterialien

Downloadmaterial zum ersten Teil des Buches (Grundlagen)

M 1: Zehn Gebote für eine sozial verantwortliche Jugendkulturarbeit (S. 9). In: gruppe & spiel, 1/2015, S. 4–7.

M 2: Gedankenlabyrinth zum Wert des Spiels und des Spielens (S. 12). In: gruppe & spiel 4/2016, S. 25.

M 3: Weiterbildungsmöglichkeiten zur Spielpädagogik (S. 16, 27)

Downloadmaterial zum zweiten Teil des Buches (Didaktik)

M 4: Checkliste für Kooperationsverträge (S. 23)

M 5: Checkliste für die räumliche Ausstattung einer Schule für kulturelle Bildung (S. 24)

Downloadmaterial zum dritten Teil des Buches (Spiele und Aktionen)

M 6: Gestaltung einer spielerisch-interaktiven Ausstellung (vgl. all-gemeine Hinweise zum dritten Teil, S. 46). In: gruppe & spiel 3/2014, S. 46–53.

M 7: Planungskarten für kreative Feste (vgl. allgemeine Hinweise zum dritten Teil S. 46, aber auch zum Spiel „Internationaler Schönheitswett-bewerb", S. 85, und zum Spiel „Das große Like-Festival", S. 87). In: gruppe & spiel, 2/2011, S. 24

M 8: Fotos verschiedener Haustypen (zum Spiel „Mein Wunschzimmer", S. 66). In: gruppe & spiel 2/2011, S. 24.

M 9: Bauanleitungen für Schneckenhaus und Papieriglu (zum Spiel „Eine Höhle bauen", S. 68)

M 10: Bild- und Fragekarten (zum Spiel „Bilderquiz rund um's Wohnen", S. 72). In: gruppe & spiel 2/2008, S. 20–24.

M 11: Liste seltener Berufe (zum Spiel „Heiteres Beruferaten", S. 94)

M 12: Beispiele von Frageformen für die Erarbeitung eines Quiz (zum Spiel „Berufe-Quiz entwickeln", S. 106)

M 13: Fragen zu Kinderrechten (zum Spiel „Was Kinder dürfen und was nicht", S. 100)

M 14: Zeichnungen von Angst-Situationen (zum Spiel „Unser Angst-Thermo-meter", S. 128)

M 15: Beispiele für verschiedene Zuordnungsaufgaben (zum Spiel „Flaggen und mehr zuordnen", S. 138). In: gruppe & spiel 4/2011, S. 21–28.

M 16: Hinweise zur Erstellung eines Kinderstadtplans und Links zu Stadtplanbeispielen (zum Spiel „Geliebte und gehasste Orte", S. 142)

M 17: Exemplarische Spielketten (zum Spiel „Expedition ins Unbekannte", S. 144, und auch zur Erweiterung der Spielkette)

M 18: Mops-Bildkarten (zum Spiel „Lustige Foto-Fragekarten gestalten", S. 155)

M 19: Beispiele für Bildbearbeitungs-möglichkeiten (zum Spiel „Fälscherwerkstatt", S. 162)

M 20: Beispielfälle für Problemsituationen (zum Spiel „Kreativ-Labor für schwierige Fälle", S. 184)

M 21: Wortkarten: Alltagsgegenstände oder -phänomene (zum Spiel „Verrückte Erfindungen", S. 191)

Unter **www.friedrich-verlag.de** finden Sie Materialien zum Buch als Download.
Bitte geben Sie den achtstelligen Download-Code in das Suchfeld ein.

DOWNLOAD-CODE: d31152sa

Hinweis:

Die Download-Materialien zu diesem Buch enthalten Checklisten, Materialien und Beispiele, die Sie in Ihrem Unterricht unterstützen sollen. Die Übungen sind für Lernende mit Lese-Rechtschreib-Schwierigkeiten konzipiert und nicht auf eine bestimmte Altersgruppe hin orientiert, sodass sie durchaus auch für ältere Lernende geeignet sind.

Unsere Autorinnen und Autoren sowie der Verlag wünschen Ihnen viel Erfolg bei der Nutzung der Materialien!

Haben Sie Fragen zum Download? Dann wenden Sie sich bitte an den Leserservice der Friedrich Verlags GmbH. Schreiben Sie uns oder rufen Sie uns an!

Sie erreichen unseren Leserservice
Montag bis Donnerstag von 8 – 18 Uhr
Freitag von 8 – 14 Uhr
Tel.: 0511/40004-150
Fax: 0511/40004-170
E-Mail: leserservice@friedrich-verlag.de

Wir freuen uns über Ihre Rückmeldung und helfen Ihnen gerne weiter!